Gaozhiliang Fazhan Beijingxia
Lüyoulei Zhuanyequn Jianshe Chuangxin Yanjiu

高质量发展背景下
旅游类专业群建设创新研究

刘晓杰 杜 娟 徐 婵 著

北京 · 旅游教育出版社

图书在版编目（CIP）数据

高质量发展背景下旅游类专业群建设创新研究 / 刘晓杰，杜娟，徐婵著. -- 北京 ：旅游教育出版社，2023.12

ISBN 978-7-5637-4547-0

Ⅰ. ①高… Ⅱ. ①刘… ②杜… ③徐… Ⅲ. ①高等职业教育－旅游－专业设置－学科建设－研究 Ⅳ. ①F59

中国国家版本馆CIP数据核字(2023)第013703号

高质量发展背景下旅游类专业群建设创新研究

刘晓杰　杜　娟　徐　婵　著

策　　划	李荣强
责任编辑	陈　志
出版单位	旅游教育出版社
地　　址	北京市朝阳区定福庄南里 1 号
邮　　编	100024
发行电话	（010）65778403　65728372　65767462（传真）
本社网址	www.tepcb.com
E - mail	tepfx@163.com
排版单位	北京旅教文化传播有限公司
印刷单位	北京虎彩文化传播有限公司
经销单位	新华书店
开　　本	710毫米×1000毫米　1/16
印　　张	14.5
字　　数	187 千字
版　　次	2023 年 12 月第 1 版
印　　次	2023 年 12 月第 1 次印刷
定　　价	68.00 元

（图书如有装订差错请与发行部联系）

前言

教育部、财政部《关于实施中国特色高水平高职学校和专业建设计划的意见》（教职成〔2019〕5号）提出：“为深入贯彻落实全国教育大会精神，落实《国家职业教育改革实施方案》，集中力量建设一批引领改革、支撑发展、中国特色、世界水平的高职学校和专业群，带动职业教育持续深化改革，强化内涵建设，实施高质量发展。”在总体目标中又明确：“围绕办好新时代职业教育的新要求，集中力量建设50所左右高水平高职学校和150个左右高水平专业群，打造技术技能人才培养高地和技术技能创新服务平台，支撑国家重点产业、区域支柱专业发展，引领新时代职业教育实现高质量发展。”“双高计划”明确指出专业建设重点布局在现代农业、现代服务业、战略性新型产业等技术技能人才紧缺领域。近年来，旅游业规模不断壮大，新型业态不断涌现，旅游业对拉动经济发展与提高人民生活质量的作用越来越突出，旅游类专业群肩负着培养适应旅游产业链发展需要的人才重任，是推进旅游类专业高质量发展的关键举措。

《高质量发展背景下旅游类专业群建设创新研究》一书共分六章，从旅游业高质量发展入手，阐述“十三五”旅游业发展成就、文旅产业新业态，系统梳理了旅游大类专业发展变迁、旅游大类职业教育发展现状，从校企合作、人才培养、课程建设、师资队伍等方面，分析了旅游职业教育高质量发展面临的机遇与挑战；系统阐述了专业群建设理论基础、组群逻辑，结合“双高”专业建设项目院校专业群建设实例，在专业群校企合作创新机制、专业群人才培养模式创新、专业群课程体系构建创新、专业群教学团队建设创新、专业群管理运行机制创新方面提出了可行性对策建议，并探寻了职业院校高质量推进旅游类专业群建设的策略和思路。

本书是广东省职业教育“双师型”名教师工作室（2022–2024）项目（广东省教育厅粤教师函［2022］6号）阶段性研究成果、广东省普通高校人文社科重点研究基地：粤港澳数字文旅研究基地项目（2023WZJD019）阶段性研究成果、新时代职业学校名师培养计划（2023—2025年）项目（教育部办公厅教师函［2023］23号）阶段性研究成果、第三批国家级职业教育教师创新团队项目（中华人民共和国教育部教师函［2023］9号）阶段性研究成果。在著作的写作过程中，广州番禺职业技术学院刘晓杰、宁波职业技术学院杜娟、黑龙江职业学院徐婵，发挥各自专业特长，分工合作，刘晓杰提出全书的编写思路和体系设计，完成第一、六章撰写；杜娟完成第二、五章撰写，并完成全书统稿校对等工作；徐婵完成第三、四章撰写。

在本书编写过程中，团队参考查阅了大量专著、图书、文献及网络资料，援引、借鉴、改编了不少文旅融合经典案例，在此对原作者一并表示感谢！

由于编者写作水平有限，以及分工编写的缘故，本书难免存在疏漏与不足之处，敬请专家、学者和广大读者批评指正，以便适时进行修改调整，取得更大进步。

编者

2023年11月

目录

第一章　旅游类专业发展变迁

第一节　旅游职业教育发展历程

2019年2月，国务院印发的《国家职业教育改革实施方案》明确提出，要继续以习近平新时代中国特色社会主义发展理念为引领，将职业教育放在高等教育发展和社会主义经济建设中更加重要的地位，职业教育发展已经上升到国家战略层面。

旅游职业教育也一直跟随着我国旅游业的发展脚步，旅游业的崛起也触发了旅游职业教育的迅速发展。旅游院校作为重要人才培养的供给者，培育了大量专业旅游人才，促进了我国旅游业的健康快速发展。40多年来，旅游职业教育在我国从诞生到成长，从薄弱走向强大，逐步建立了符合时代发展的现代旅游职业教育体系，逐步形成了多元化、相对完整的专业人才培养体系，探索出了具有中国特色的现代旅游职业教育培养体系。旅游职业教育在整个职业教育体系中的作用举足轻重，同时也对我国旅游行业的发展起到了积极的推动作用。

由于旅游业发展之初大多是为外事招待服务，相对应旅游职业教育的重点是培训专门的外事招待工作人员。但随着社会经济的发展，至20世纪90年代初期，我国已经意识到旅游业在推动内需发展和国民经济发展中的重大作用。伴随着我国市场经济体系的建立，旅游业进入了高速发展阶段。这一阶段，旅游院校数量迅速增加，到20世纪90年代中期已经达到了一定规模。

进入新世纪，无论是国内游还是国外游，我国旅游活动人数都在逐渐攀升，对旅游人才培养水平的要求也日益提高，开设旅游专业的院校数量也不断增长；同时，旅游院校开始注重教育教学质量建设，追求内涵式发展。伴随着时代发展进程，我国旅游业对国民经济的贡献日益扩大，战略地位也日益提高，已发展成为国家战略性支柱产业，旅游职业教育为适应旅游业的发展不断改革创新，逐渐由规模化建设向内涵式发展转变，从供给侧出发提质培优培育人才，为我国旅游业的发展培养了大批高素质、高技能人才。我国旅游职业教育发展主要历经以下四个阶段。

一、旅游职业教育的孕育阶段（1949—1979年）

1979年，上海旅游高等专科学校创立，学者们通常将这一时间点作为旅游职业教育的正式起点。在这之前经过30多年的探索实践，从初始的旅游教育培训和旅游院校、旅游专业建立的艰辛过程，到学校扩招、学生减少的严峻局面，再到旅游产业迅速成长、市场前景逐渐开阔，我国旅游职业教育经历了一段曲折的发展历程。这一阶段，我国旅游职业教育所做出的成绩与我国的经济发展、社会进步有着直接关系，特别是新时期我国社会主义建设取得的伟大成就，直接推动了旅游职业教育的跨越式发展。

新中国成立之后，我国举办了一系列专门面向旅游一线的工作人员，包括导游、外语翻译、专职驾驶员、服务员等的短期培训。上述工作人员主要来自涉外接待部门，包括中国旅行社、华侨服务社、中国国际旅行社等。这一时期的旅游业发展和今天的产业化是截然不同的。这一时期，也就是新中国成立之初的旅游业务主要是针对外国友人的接待和统战等工作，如1949年10月成立的我国第一家旅行社——福建厦门华侨服务社，包括此后成立的中国国际旅行社等都属于此类。早期接受旅游相关业务培训的工作人员及这一阶段的专业知识积累，对今后旅游专业教学及专业建设实践都起到了积极的推动作用。

1959年至1966年，我国共举行过5次全国性的导游翻译工作会议，在第五次全国导游翻译工作会议召开之前，周恩来总理还特意对参加全国培训的导游翻译人员所需完成的任务做出了具体指示，指出每一位导游都要力争成为“五大员”，即服务员、陪同员、安全员、宣传员、讲解员；同时要力争做到“三过硬”，即政治思想过硬、专业知识过硬、外语业务能力过硬。周总理的上述指示后来也成为培训翻译、导游等有关人员的基本准则。

二、旅游职业教育的探索阶段（1980—1995年）

通常认为，我国旅游业的快速发展始于1978年。自此之后，我国出台了多项政策来推动社会经济的发展，旅游业受到广泛关注，社会影响力日益提高，随着社会的发展和我国国际地位的提高，由最初的政府部门只关注入境旅游的发展到逐步意识到旅游产业发展的重要性，开始重视国内、国外旅游市场同步发展。我国的旅游业在政府与市场的共同促进下获得了极大的发展，相关政策红利提升了我国旅游业的发展动力，为旅游业发展提供了广阔的空间，进而使得旅游业实现跨越式发展。①

我国旅游业发展初期主要服务于国家对外交流，经过改革开放，旅游业已由计划经济逐步转型为社会主义市场经济产业，成为国家经济发展和社会公共服务的重要领域，这些变化离不开当时的有关国家经济政策、制度的推进和保障。这一时期，我国旅游业一直围绕着社会主义市场经济发展与社会发展、经济腾飞、社会文化繁荣和为人民群众创造幸福美好生活等方向发展，在我国的历史社会发展阶段中创造出了辉煌的成就，国家出台并实施的相关方针、政策、法规等对旅游业的发展起到了重要指导作用。在我国改革开放的进程之中，我国旅游业发挥着举足轻重的作用，一直冲在经济社会发展的最前沿做好破冰工作，促进了旅游业的稳定与发展②。

新中国成立之后，出于对当时国情的综合考虑和权衡，我国将开展外交接待活动作为我国旅游业发展的重点工作，政策的实施在发展我国民间外交、提高我国的政治地位及其对世界影响力等方面起到了重要作用。改革开放以后，我国旅游产业发展逐步向经济建设、国际旅游发展过渡。1979年，邓小平发表了“黄山谈话”，指出要着力发展“两油（游）”，一是石油；二是旅游，提出我国旅游事业发展只有重点地抓，加快地抓，才能成就一番大事业，这为发展旅游业发展指明了方向。旅游业借助改革开放的东风，通过我国丰

① 杨勇，程玉.改革开放40年旅游业发展的中国道路及其世界意义［J］.旅游学刊，2019（1）：3–5.
② 戴学锋.旅游业应定位为引领社会经济全面深化改革的破冰行业［J］.旅游学刊，2015（3）：7–8.

富的自然和人文旅游资源吸引了大批境外游客，逐步形成了入境旅游人数显著增长的健康发展局面。但因为当时国内存在交通发展滞后、接待设施欠缺、入境旅游市场旅游产品紧缺、旅游产品生产和经营发展滞后等问题，这些不利因素都成了旅游发展的主要障碍，尤其是旅游人才的缺乏严重制约了旅游发展的速度。随着市场经济建设的快速发展，在各级政府的领导下，大量基础设施建设的开展，逐步解决了旅游的供需矛盾，为持续发展旅游业提供了基础保障。1985 年，《关于当前旅游体制改革几个问题的报告》提出，要着力发展国内旅游，形成入境游、出境游和国内游齐头并进发展的良好局面，并在国家政策上为国内旅游的加快开发夯实基础。在此背景下，我国的旅游行业发展开始走向快车道。

1986 年，全国范围的旅游工作会议举行，我国旅游业第一次被纳入国民经济社会发展计划中，这标志着我国旅游业取得了显著进步，我国旅游业正逐步地向社会主义市场经济过渡。党的十四大后，我国开始逐步建立社会主义市场经济体制，1993 年发布的《关于积极发展国内旅游业的意见》标志着我国旅游产业由只重视入境旅游，逐步转向国内旅游与入境旅游共同发展，国内旅游开始占据旅游市场主体。20 世纪 90 年代，我国旅游业促进经济发展和增加消费的功能逐步显现出来。1995 年，我国开始实行“双休日”制度和“黄金周”小长假政策，在较大范围内带动了我国国内假日游的蓬勃发展，国内旅游市场也开始迅速成长，并逐步步入发展快车道。我国旅游业已逐步形成入境游和国内游相辅相成、国内外旅游齐头并进的良好发展态势。在社会主义市场经济发展环境下，在行政管理为主的发展背景下，政策的出台对旅游产业系统合理地调动各方面的资源，进行全面建设起到了极大的推动作用。

随着旅游业的发展，旅游行政主管部门相继设立，旅游院校也逐步建立起来。为培育适应我国旅游业发展的高技能旅游人才，1978 年，我国一些旅游教育机构在国家有关行政部门的扶持下相继成立，主要承担酒店、导游等相关旅游服务人员的岗位培训，组织从业人员和管理人员的相关培训工作[①]。

① 陶汉军 . 关于我国旅游教育发展阶段性的认识［J］. 旅游学刊，1997（S1）：6–9.

国家旅游局和有关教育主管部门在旅游学校和旅游专业的建设方面，起到了积极的促进作用。

20 世纪 70 年代后期，南京旅游学校的成立开了我国旅游管理专业职业教育的先河。此后，上海旅游高等专科学校创立，成为我国旅游高等教育的起点。此后，我国开设旅游专业的高校也如雨后春笋般逐步发展壮大。1980 年以后，旅游本科教育也逐步形成，国家旅游局前后共与 8 所院校合作成立了旅游系或开设旅游相关专业，有些院校还设置了国际旅游方向。进入 90年代，随着我国旅游业的迅速发展和教育体制的深化改革，旅游学校以及旅游管理专业在全国部分地区也逐步建立起来。截至 1995 年底，我国新建立的与旅游有关的专业学校数量已达到了 138 所，学生总数统计约有 2.01 万人。

我国于 1991 年公布了《关于大力发展职业技术教育的决定》，明确提出职业技术教育的重要意义。旅游业的综合性、实践性等特点，对旅游职业教育的人才培养水平提出了更高的要求。这一时期旅游职业教育的蓬勃发展，与国家旅游局和高等教育主管部门的支持密切相关，有关政策措施的实施也对旅游高等教育的发展起到了巨大的促进作用。根据我国旅游行业的建设需求，国家积极筹划和建立旅游高等院校，从而调动起高等院校的办学积极性，并培养了大批可用的旅游人才，进而带动旅游高等院校和旅游相关专业的建立，为我国旅游学科的建设发展奠定了基石。

在专业设置方面，因为旅游管理专业是新兴专业，并没有形成自身的专业优势，更没有发展成独立的学科，所以通常都会设置于外语学科、历史人文、经济管理等其他学科之下，如旅游外语、旅游文化、旅游经济管理等专业。而在课程和教材建设方面，由于旅游专业建立初期缺乏比较完整的课程体系，也没有配套的教科书可供使用，所以一些旅游院校从国外引入了部分较成熟、先进的课程教材，以供教师教学使用。1981 年，我国举行了第一届全国旅游教材座谈会，并组织专家学者、专业教师自编教材、讲义，逐步形成了旅游专业系列教材。

在师资方面，因为当时我国旅游职业教育还属于跨学科综合性专业，所以专业师资中除了少部分旅游专业出身的教师外，原有的外语、地理、经济管理等其他学科的教师也加入了旅游教育教学与研究领域，同时有些院校还招募了部分国外专家一起从事旅游教育教学和科研工作。

改革开放之初，我国旅游业在很大程度上是为了服务外交接待而产生和发展起来的，为满足当时我国旅游业发展的需要，对旅游专业人才的培训主要着眼于外事的接待服务。所以，这一时期旅游管理专业的重点培养对象是具备社会主义觉悟，了解毛主席对外政策、外事纪律和必要的涉外礼仪，了解我国现代宾馆酒店管理知识，同时具备一定外语能力，既红又专的旅游管理人才；目标是培养适应我国旅游业外事接待所需要的人才，注重政治立场和基本素质，强调专业技能知识，突出外语能力。20 世纪 80 年代中期，随着国家的各项方针政策促使各类社会资本纷纷向旅游业流转，我国旅游业已逐步开始向社会主义市场经济推进。另外，这一时期旅游专业的特点也发生了改变，培养目标也发生了一定的变化，主要是培养具备社会主义觉悟和良好涉外工作素养，具备一定外语水平、体魄健康、又红又专的酒店运营管理人员、翻译导游专业人才等。这一时期的主要任务由上一个阶段的培训“行业管理人员”，转向培养“技术专业人才”，反映出这一时期我国旅游业性质的变化，同时在一定意义上也体现了我国旅游业发展和旅游职业教育形势的重要变化。

旅游业具有实践性、综合性、服务性的特点，所以旅游职业教育的人才培养不仅要提高学生的专业知识水平，更重要的是培养学生扎实娴熟的职业技能。习近平总书记指出，劳动者素质对一个国家、一个民族发展至关重要。这一阶段，从培养应用型专业技术人才的总体目标来看，关注学生综合素质的全面发展，尤其注重对学科知识和专业所需技能的培养。20 世纪 80 年代后期的旅游管理专业人才培养目标可以概括为：为我国旅游产业培育德、智、体、美全面发展，有着良好的社会主义觉悟、较全面的专业知识和技能，以及具备较高文化素养、一定的外语水平、身体健康的专业技术人才。这一阶段的专业人才培养目标已经开始重视专业人才的综合素养，并强调德、智、体、美全面发展。

三、旅游职业教育发展阶段（1996—2005 年）

改革开放阶段，我国旅游业在有关政策的指导下，适应国际市场的经济发展规律，实现了迅速成长，对国民经济发展的拉动功能也逐步提升。1997

年，出境旅游领域全面放开。同时，国家从政策层面出台一系列政策，保证了出境旅游的正常开展。此后，三大旅游市场领域全面放开，三足鼎立的旅游发展局面初步建立。1998 年，我国旅游业被确定为“社会主义国民经济新的主要增长点”，更加巩固了其在社会主义国民经济中的地位，引发了又一场旅游发展浪潮。而进入 21 世纪，由于我国旅游业的加速成长，其重要性也进一步增强，地方政府部门从直接干预变成了宏观调控，并站在政府顶层设计的层面去引导旅游产业的迅速发展。2001 年，我国印发了《关于进一步加快旅游业发展的通知》，指出要加速推动中国旅游业的健康发展，充分调动各方面的积极性，进一步突出旅游业作为综合性产业的重要引领功能，并进一步深化大旅游的发展战略理念。在政府和市场的双重影响下，我国旅游产业管理已步入了法治时代。随着各种旅游法律法规政策的出台，政府对我国旅游业的监管也更加严格规范，我国旅游市场秩序良好，旅游消费者利益也得到了进一步保护。

20 世纪 90 年代之后，我国社会主义市场建设促进了各行各业的蓬勃发展，旅游业也不例外。旅游产业对专业人才的需求量大增，很多职业院校、高等院校都看到了培养人才的新方向。随着我国旅游产业的兴起及国家政策的大力支持，地方高校纷纷改变了学科与专业布局，相继创办了旅游相关专业，为旅游行业培养大批专业人才，这一时期的旅游教育在规格与水平上迈上了一个新台阶。

在这一阶段，部分综合性学校也已开始设立旅游专业，甚至部分国家重点高校也逐渐开始设置旅游专业来培养旅游人才。同时，部分独立建制的旅游类高职学校也在各地陆续成立，旅游院校规模逐步扩大。随着 1996 年《职业教学法》和 1998 年《高等教育法》的出台，国家第一次在教育体系上明确确定了职业教育与职业院校的地位。1996 年底，教育部又明确了我国旅游专业为工商管理下设的二级学科，旅游专业进入新的发展阶段。世纪之交，我国高等院校在国家有关政策的引导下进行了扩招，高等教育向新发展方向转变，即向大众化转变。由于国家扩招政策的推动，高等教育在校生数量急剧上升，学校规模也在迅速扩张。与此相对应，2001 年，国家设立和批准高职学校设置的权力下放，划归各省级人民政府管辖，各地区的普通高职学校数量迅速增加。随后，我国对高职学校的办学水平与质量进行评估，规模扩招与院校升格让高职教育火了起来[①]。到2003年，我国初步实现了高等教育大众化的目标。同年，旅游专业成功获批博士学位点，标志着旅游教育由专科、本科、硕博研究生层次构成的人才培养体系已经形成[②]。到2005年底，全国开设有旅游专业的高等院校已有693所，在校生达到30.84万人。

对于高职教育如何发展、走怎样的路线，国家有关教育主管部门已通过多次研讨会，明确了要一直遵循以就业为主导、以服务发展为目标，走产、学、研相结合的发展路线。在学科评价、教学质量评定方面，有关主管部门制定了相应政策规定，对全国高等院校人才培养评价工作进行指导。培养评价工作的全面开展，发挥了良好的评价功能，有效地保证了高职高专院校、普通高等学校的人才培养质量，也极大地推动了我国高等教育的规范化建设。这一时期，我国旅游高等职业院校规模急剧增长，院校总量不断扩大，招生人数和在校生人数规模也迅速增长。在人才培养结构上和层次上日趋多样化，逐渐构建了完善的人才培养体系，已形成集教学、科研、社会服务于一体的综合系统。在教学与专业建设方面，课程体系更加完备，开发了许多先进的教材与图书。在师资建设方面，虽然教师队伍水平有了一定提高，但仍然适应不了现代旅游教育的需要。在专业人才培养方面，我国旅游类高等院校所培养的人才数量和质量都在一定程度上滞后于旅游行业的发展，且高等职业教育教学质量也亟待提高。随着旅游产业规模的扩大，旅游教育发展速度过快，也必然会产生一些问题。而快速的规模扩大导致了旅游专业名称比较混乱，培养目标模糊不清，课程体系同质化严重，处于粗放式发展模式。

邓小平南方谈话之后，我国开始社会主义市场体系建设。旅游产业在新的社会经济发展大背景下，努力适应激烈的全球市场竞争并不断拓展，对旅游人才的数量提出了更高的要求。旅游业不仅需要旅游人才掌握扎实的专业理论知识与技能，还需要具备崇高的职业道德、健康的心理素质、快速的应

① 张新民.中国现代高等职业教育的发展分期和问题反思［J］.高教发展与评估，2020（1）：28-35.

② 王毅卓.中外旅游比较研究［M］.长春：东北师范大学出版社，2018：9.

变能力、团队合作精神、创新精神等①。这一阶段，人才培养的重点是培养符合旅游事业发展的要求、学科专业知识扎实、专业技能熟练、思想素质与心理素质过硬、能够完成相关专业任务的高级管理技术人才。

从这一阶段的人才培养目标可以看出，各个旅游专业领域大都涵盖以下几个要素：政治素养、综合素质、学科素质和技能、身体及心理素质。由于这一时期国内外市场激烈竞争，对旅游专业人才逐渐强调“健康的心理素质”“能否满足职位需求”“高水平专业技术人员”。随着旅游业市场地位的不断提升，在国家政策的大力支持下，出境导游也逐渐增多。2000 年，《关于加强高职高专教育人才培养工作的意见》提出要培养全面发展的高素质应用型专门人才，学生要具备专业理论知识与技能及高尚的职业道德与敬业精神。步入 21 世纪，旅游院校的人才培养目标强调要有坚定的社会主义政治方向，顺应我国旅游行业发展的新需求，热衷于旅游事业，德智体美全面发展，拥有优秀的职业素养，可持续发展能力强。

四、旅游职业教育深化阶段（2006 年至今）

我国经济社会建设逐步进入新常态，为促进我国产业结构优化，旅游业积极响应，逐步实现了升级转型。2009 年，国家发布的《关于加快发展旅游业的意见》明确提出了“把旅游业培育成为国民经济的战略性支柱产业和人民群众更加满意的现代服务业”，我国旅游业正式进入高质量发展时期。在各级政府的政策推动下，旅游业的战略地位也日益发生变化，如今已发展成为我国重要的支柱产业。“十一五”末期，我国国内旅游规模在全球排名第一，出入境游客数量均为世界领先，形成了国内、入境、出境三大旅游市场和谐快速发展的新局面。

随着我国大众旅游时代的来临，旅游消费也开始变成了人们日常消费的组成部分，呈现出频次逐年增高的现象。2013 年，我国旅游业根本大法《中华人民共和国旅游法》的出台让我国的旅游业发展有法可依。同年，《国民旅游休闲纲要》出台，促进了大众旅游消费需求。2016 年，我国提出将全域旅

① 杨卫武．不断完善中国旅游职业教育体系［J］．旅游学刊，2015，30（10）：11-13.

游作为重要旅游发展策略。与以往的旅游发展模式有所不同，全域旅游通过协调区域合作，推动旅游业态优化、提升和转型发展，优化旅游产品供应结构，最大程度发挥了旅游综合效益。2018 年，文化部与国家旅游局合并，组成新的部门——文化和旅游部，开创了文化发展与旅游发展相融合的新纪元。当前，一些旅游新兴业态出现，大众旅游需求已由较低层次向中高端发展，不只是局限于游山玩水，而是更加注重强调个性化、特色化、多元化的高品质要求。我国旅游业借助改革开放的巨大红利，取得了史无前例的成绩。有学者分析指出，政府通过优惠政策来引导、合理调节旅游产业发展，一方面能够改变旅游市场运行机制存在不足而造成的问题，另一方面可以加快旅游产业结构调整以及旅游产业质量的优化提升①。而我国旅游业也在长期发展过程中，通过处理好地方政府部门和企业双方之间的合作关系，积极做好行业深化改革，走出了具有中国特色的旅游业发展道路。

2006 年，我国旅游高等院校从学校数量上看，已取得了一定的发展规模，同时开办旅游专业的学校数量还在持续增加，且招生总量和在校生数量也在不断增加，我国旅游高等院校已步入了较为平稳的规范化发展阶段。

这一阶段，我国旅游人才培养问题越来越受到关注。我国旅游业的“十二五”人才发展计划，明确指出“旅游人才在旅游业发展中处于优先发展的地位”。2013 年，全国设立的旅游专业的高职学校有 1067 所，总在校生数为 39.35 万人，在我国当前和未来的旅游人才培养领域中，我国旅游高职学校已承担了人才培养的主要责任。

上述情况标志着我国旅游业的发展已具备了较为强有力的高素质人才支撑，人才培养对我国旅游业的全面升级和发展壮大产生了巨大的推动作用。《“十三五”旅游业人才发展规划纲要》对旅游人才的培养目标更加明确，但由于旅游业具有实践性较强的特点，不论高职毕业生还是应用型本科生、硕士生，都需要进一步培训和提高实际操作能力。政府部门相继出台了一系列政策文件，为旅游专业高职人才培养的发展指明了发展路径和目标。

新时代，旅游新兴业态不断变化，对旅游人才培养的供给方提出了更高

① 王慧娴，张辉 . 中国旅游政策评估模型构建与政策变量分析［J］. 旅游科学，2015，29（5）：1–13.

要求。旅游高等教育在国家有关政策的支持下，在不断摸索中，努力做到了提质培优、高质量发展。这一阶段，我国旅游职业院校遍地开花，并发展成一定规模。旅游职业院校关注我国旅游行业动态，不断调整人才培养目标，满足行业发展的需求，积极培养适应我国旅游行业发展所需的专业人才，由规模型发展向内涵型发展转变。在师资队伍建设方面，学校的专业教师主动走出课堂，与旅游企业、行业建立联系，积极开展专业交流合作，开展社会培训、社会服务等工作。随着旅游相关专业的发展，其涉及的行业标准、专业建设、理论与实践等领域的旅游研究课题也逐步开展起来，并取得了显著的成绩。在看到成绩的同时，也不可否认旅游人才培养过程中的问题依然存在，有待更深入的研究和探讨。

随着社会经济发展，旅游新业态也不断涌现。伴随经济全球化和国际化的发展，新技术的推出和应用，以及产教融合、文旅融合的发展对旅游人才的培养提出了全新挑战。这一时期，专业人才培养目标立足于发展现代旅游服务业，所培养的人才能适应区域旅游行业的新发展，强调综合知识和专业知识兼备，并突出优秀的职业道德，提升学生的国际化视野，为现代旅游服务业培养高素质技术型复合人才或专门人才。

第二节 旅游职业教育专业目录发展变迁

专业目录是高等技术职业学校的重要指导性文件，是调整专业、培养人才、管理招生、指导学生就业的根本依据。高职专业目录的调整有其特殊的发展演变路径，2004 年以前高职专业目录大多参照本科学校专业目录，出现了学科数量众多、划分过细、区域特色不够明显的现象。从 2004 年全国高职高专教育指导性专业目录诞生，到 2015 年专业目录的修改与后续补充专业，再到 2021 年 3 月由教育部颁布的《职业教育专业目录（2021 年）》，高职专业目录一直都与我国特殊历史时空下的经济社会发展规律相联系，在反映新时代要求的过程中进行了动态变革和调整。

一、中国高职旅游专业在学科目录时间维度的演变过程

（一）2004年版高职旅游类专业目录：奠定专业发展基础

2004年，教育部发布了《普通高等学校高职高专教育指导性专业目录（试行）》（以下简称《目录2004版》），该目录共计19个专业大类、78个专业类、532个专业。这是我国第一次将岗位作为专业的设置标准，充分体现了我国高职高专教育的特点，以及高等职业教育和就业创业教育之间的紧密联系。《目录2004版》共有6个旅游专业大类，设置了14个与旅游相关的专业（表1-1）。

表1-1 《普通高等学校高职高专教育指导性专业目录（试行）》（2004版）旅游类专业

大类	专业名称	专业代码
5102 林业技术类	森林生态旅游	510207
5205 民航运输类	空中乘务	520503
	航空服务	520504
6401 旅游管理类	旅游管理	640101
	涉外旅游	640102
	导游	640103
	旅行社经营管理	640104
	景区开发与管理	640105
	酒店管理	640106
	会展策划与管理	640107（目录外）
	历史文化旅游	640108（目录外）
	旅游服务与管理	640151（目录外）
6402 餐饮管理与服务类	餐饮管理与服务	640201
	烹饪工艺与营养	640202
	西餐工艺	640221S（目录外）
6601 语言文化类	旅游英语	660109
	旅游日语	660111
6701 艺术设计类	旅游工艺品设计与制作	670111

《目录 2004 版》解答了职业院校专业设置规范化的问题，有效推动了职业教育的改革与创新发展，也夯实了我国职业教育旅游类专业健康发展的基础。

（二）2015 年版高职旅游类专业目录：注重学生的全面发展

2015 年，教育部在《目录 2004 版》参照行业和职业类别的基础上，对《普通高等学校高职高专教育专业设置管理办法》和《普通高等学校高职高专教育指导性专业目录（试行）》进行了全面修订。与《目录 2004 版》相比，修订后的专业目录在结构体系上做了一些调整，涵盖了大部分旅游相关专业，将旅游管理、旅游服务与管理、涉外旅游、历史文化旅游 4 个专业整合为旅游管理专业；空中乘务、航空服务 2 个专业合并整合为空中乘务专业；中西面点工艺、中西面点工艺与营养 2 个专业整合为中西面点工艺专业；导游、英语导游 2 个专业整合为导游专业；旅游工艺品设计与制作并入工艺美术品设计专业；会展策划与管理、休闲服务与管理 2 个专业并到旅游大类专业目录里。

这种调整改革旨在通过推动专业设置与产业需求对接、课程内容与职业标准对接、教学过程与生产过程对接、毕业证书与职业资格证书对接、职业教育与终身学习对接，关注个人的长远发展，以此促进我国高等职业教育事业更好地服务社会主义市场经济建设发展。

（三）2021 年版职业教育专业目录：旅游职业教育发展新起点

2021 年，教育部按照“十四五”规划和 2035 年远景目标纲要中对职业教育领域的相关规定，发布了《职业教育专业目录（2021 年）》。新版目录设置了旅游中职教育、高职专科、高职本科教育，以及在各个时期不同层面的新专业来衔接国家现代产业体系制度，其中，旅游类专业增加了 4 个高职教育本科专业，分别为旅游管理、酒店管理、旅游规划与设计、烹饪与餐饮管理；另外，高职类专业增加了定制旅行管理与服务、民宿管理与运营和智慧旅游技术应用 3 个新专业，数量增至 23 个。景区开发与管理、酒店管理和餐饮管理等专业分别更名为酒店管理与数字化运营、智慧景区开发与管理和餐饮智能管理，凸显了数字化赋能和智慧化变革的新变化（表 1–2）。

表 1–2 《职业教育专业目录（2021 年）》旅游类专业

大类	专业类	专业名称	专业代码
旅游大类（职教本科）	3401 旅游类	旅游管理	340101
		酒店管理	340102
		旅游规划与设计	340103
	3402 餐饮类	烹饪与餐饮管理	340201
旅游大类（职教专科）	5401 旅游类	旅游管理	540101
		导游	540102
		旅行社经营与管理	540103
		定制旅行管理与服务	540104
		研学旅行管理与服务	540105
		酒店管理与数字化运营	540106
		民宿管理与运营	540107
		葡萄酒文化与营销	540108
		茶艺与茶文化	540109
		智慧景区开发与管理	540110
		智慧旅游技术应用	540111
		会展策划与管理	540112
		休闲服务与管理	540113
	5402 餐饮类	餐饮智能管理	540201
		烹饪工艺与营养	540202
		中西面点工艺	540203
		西式烹饪工艺	540204
		营养配餐	540205
农林牧渔大类（职教专科）	4102 林业类	森林生态旅游与康养	410210
交通运输大类（职教专科）	5003 水上运输类	国际邮轮乘务管理	500304
	5004 航空运输类	空中乘务	500405

续表

大类	专业类	专业名称	专业代码
教育与体育大类（职教专科）	5702 语言类	旅游英语	570203
		旅游日语	570207

从《职业教育专业目录（2021 年）》的变化来分析，其内涵大致反映出我国旅游职业教育的三种发展新趋势：一是国家对旅游专业中高职学校建设的整体规划已经从以往的单一方向向整体规划、全方位兼顾、全面深入的方向推进；二是自 2018 年以来，文旅融合的趋势已开始在旅游各专业中得到体现，第一次提出了“葡萄酒文化与营销”“茶艺与茶文化”等专业，并将旅游新业态、发展趋势反映在专业名称上，譬如“餐饮智能管理”“酒店管理与数字化运营”等；三是应用性更强、中高本相衔接也更加紧密，如出现了“定制旅行管理与服务”“民宿管理与运营”等新兴专业，同时在旅游类、餐饮类专业上，实现了高职本科层次教育的重大突破。

二、从高职旅游类专业目录变迁看旅游职业教育内涵发展

（一）旅游职业教育内涵发展的特点

20 多年来，我国高职学校对旅游学科目录进行重大调整时，“以服务为宗旨，以就业为导向”的总体理念不变，但在特定时期相应的人才培养定位和专业建设特点却不尽相同。

20 世纪 90 年代末，旅游职业教育以培养技术应用型人才主要目标，为的是满足市场经济对旅游领域专业人才的巨大需求。进入 21 世纪以来，社会生产方式和教学方式出现了两个显著变化，一是从工业化经济社会向知识型经济社会过渡；二是由单一的学历教育向终身教育转变，职业教育更强调关注学生的全面发展，将职业教育培训与终身教育相对接。2018 年，随着文旅融合和人工智能发展趋势的不断变化，专业目录改革对专业特色建设提出了新需求，以衔接现代产业体系、服务产业链发展、进一步推进专业更新和数字化改革为目标。

分析我国近 20 年来旅游高职专业的变化不难发现，我国职业教育的发展

方向日益明晰，职业院校所肩负的使命也日益清晰，职业院校从粗放式增长走上内涵式增长的轨道已成为各方共识。

（二）旅游职业教育内涵发展的阶段性成果

从2004年教育部出台专业指导目录起，我国先后采取政策推动、计划引导、资金扶持等方式，对职业教育内涵式发展作出明确要求，其中主要的标志性事件如下。

一是建立专业指导委员会。2006年，教育部组建了“高职高专旅游类专业教学指导委员会”和“高职高专餐旅类专业教学指导委员会”，这从根本上解决了以往旅游类专业建设中各自为政的问题。

二是符合国家发展对专业内涵式提升的新要求。2015年，我国教育部发布的《高等职业教育创新发展行动计划（2015—2018年）》、2019年国务院发布《国家职业教育改革实施方案》明确了关于专业设置与行业要求对接、教学内容与职业要求对接、教学活动与实际工作流程对接的要求，而这些要求也体现在全国各级政府部门的各类政策文件和举措中。

三是指导性专业目录的更新速度加快。时隔11年之后，教育部于2015年颁布了《普通高等学校高等职业教育（专科）专业目录》，对职业院校专业范围进行了调整，并计划逐年对目录内容加以增补，如在2019年增补了研学旅行服务与管理、葡萄酒营销与服务等旅游类专业。在学校专业设置的管理体制领域，也可以对以往目录制向负面清单制改革，还要求除了国家统筹进行建设规划的高职专业以外，各职业院校可以按照专业发展的具体要求，自主选择专业方向，这极大地激发了旅游职业院校积极对接产业行业的积极性。

四是制定国家专项建设计划，助力旅游专业发展步入新阶段。教育部、财政部2006年开始实行的“国家示范性（骨干）高等职业院校建设计划”、2015年至2018年实施的高等职业教育创新发展行动计划项目（优质高职学校）、2019年开始实施的“中国特色高水平高职学校和专业建设计划”（“双高计划”），都为推进旅游专业高质量发展打下了坚实基础。特别是“双高计划”项目，将专业群定为专业构建的新方式，直接突破了以往单一专业建设面临的适用性壁垒难题，有效促进了各个专业的整合发展和优势互补。

综上所述，我国在旅游职业教育内涵式发展的进程中，取得了如下阶段性成绩：解决了旅游专业建设各自为政的难题；提出了专业设置与产业需求对接、课程内容与职业标准对接、教学过程与生产过程对接的专业建设要求；进一步提高了旅游职业院校积极对接产业的主动性，专业设置更加符合社会需要与变化。

（三）旅游高职专业目录变迁展望旅游人才培养迭代

在新时代的文旅融合背景下，伴随着新一代大数据和人工智能等信息技术的高速发展，文旅融合、旅游科技融合、综合学科交叉的文旅产业，其新的岗位对旅游相关从业人员的职业素养、专业技能、综合素质及今后可持续发展能力都提出了更高的要求。新版专业目录重新设置和定位了领域相对窄的专业，同时使高职学校培养的技能人才呈现单面倾向，以满足未来市场对复合型技术技能人才培养的需要。

专业更新和数字化改革与重塑是新版专业目录的逻辑起点。站在新起点，我国旅游职业教育领域人才培养模式应从以下方面进行改革。

一是抓住产业变革特点，逐步推行“1+X”证书制度试点改革。应动态调整专业设置，同行业、企业需求对接，培养学生职业生涯发展所需各项能力，助力学生获得与专业相关联的技术技能资格证书，提高学生毕业后的工作适应力。

二是建立旅游人才知识与技能培养模式，弥补文旅人才培养的缺口。根据文旅融合背景下市场对旅游人才培养质量的新需求，应建立明晰的培养目标与培养要求，以有效的培养手段、稳定的培训主体，促进文旅人才培养通识性认知、专业化知识和实践能力相融合，从而形成文化旅游职业教育培养的“理想模式”。

三是健全人才培养保障制度。要加强人才培养体制的开放性，从培养对象的选择、课程体系、教学手段及师资队伍建设等方面推动旅游职业院校与行业、企业的合作，促进普通教育与职业教育的互通和渗透；完善旅游职业院校评估机制，根据新阶段教学评估的总体规划，充分运用第三方中介机构和大数据平台，科学、多元评价职业教育的整体办学水准。

四是把学历教育和职业培训灵活结合，开拓育训紧密结合人才培养模式。完善旅游职业教育资源布局，创新旅游职业教育组织形式，实现旅游职业教育和文化旅游产业联动发展。根据育训结合、长短结合、内外结合的要求，学校面向包括学生在内的所有社会成员广泛进行旅游相关业务培训。

五是推进旅游职业教育产教融合人才培养改革。以文化先行、产学一体、校企合作为主要手段，以职业教育集团、产教融合联盟等为平台，集成各地政府部门、相关企业、职业院校、教育研究机构的合力，形成政行企校一体化人才培养模式，促进文化产业与旅游业融合发展，把产教融合贯穿旅游人才培养发展全过程，通过加强政策指导，推进先行先试，推动人才供需衔接与业务流程再造，逐步建立产教融合的长效机制。

在我国旅游业的近 20 年发展历程中，旅游职业院校在与时俱进中稳步发展。现阶段，由于国家正在大力推行职业教育创新发展高地工程建设、中国特色高水平高职学校和专业群建设、本科层次职业教育改革试点等，我国职业教育也迎来了前所未有的发展契机。

第二章　旅游业高质量发展

2017年，党的十九大明确提出“高质量发展”，意味着我国经济由高速发展阶段转向高质量发展阶段。2022年1月20日，国务院发布的《“十四五”旅游业发展规划》共有11处提及了“高质量”、10处提及了“优质”，在《“十四五”旅游业发展规划》中将高质量发展理念作为一条主线贯穿全文，涵盖高品质发展、文旅融合、数字旅游、绿色发展、空间结构格局、产业整合、全域旅游、供需改善、管理水平、资源共享等诸多领域。在百年未有之大变局背景下，怎样做到高质量发展成为我国旅游业界共同关注的热点问题，高质量发展是一个不断提高、不断完善、多元参与的动态进程。

第一节　“十三五”时期旅游业发展成就

“十三五”期间，在以习近平同志为核心的党中央正确领导下，我国的文化和旅游产业按照稳中求进的总体发展方针，贯彻并落实全新的可持续发展观，强调文化与旅游融合发展，加速推进我国旅游供给侧结构性改革，快速健康发展全国性的大众旅游，各地积极推进全域旅游建设，努力促进全国旅游业的高质量发展，积极将旅游产业发展逐步纳入国家经济发展总体框架，旅游业作为国民经济重要支柱的作用得到巩固。“十三五”期间，旅游业与其他行业跨界融合、协调发展，行业规模不断壮大，新型业态不断涌现，旅游业对经济与社会稳定健康发展的整体拉动功能越来越突出。旅游产业发展是建设小康社会、满足大众对美好生活期待的刚性需要。“十三五”时期，我国每人每年平均旅游次数达到4次，广大人民群众通过旅游饱览祖国秀丽山川，体验灿烂文明魅力，极大增强了自身的幸福感、安全感、获得感，旅游已经成为传播推广中华文化的主要载体。随着文化产业与旅游产业的深度融合互动，我国红色旅游、乡村度假、文化演艺、文化遗产旅游等快速发展，旅游在宣传中华优秀传统文化、改革开放后先进文化等领域起到了积极推动作用。旅游业已发展成为助力国民经济结构优化的巨大驱动力，各省、自治区、直辖市及我国重点发展的旅游城市纷纷把旅游产业当作支柱产业、先导产业置于优先发展的位置上，为旅游业创造了优良的发展环境。

很多地方通过旅游业走出了“绿水青山就是金山银山”的可持续发展道路，各景区在重点维护环境生态环境的前提下，科学合理有效地促进了环境资源价值实现，走出了一条绿色环保先行、可持续发展的中国特色旅游发展道路。有些地方将旅游作为打赢农村脱贫攻坚战和助力乡村繁荣蓬勃发展的主要生力军；全国各地方政府在推进农村脱贫攻坚战时，也普遍借助红色旅游的历史文化优势和绿色生态资源优势积极发展乡村旅游，巩固了乡村振兴的物质基础。

旅游成为增进国内外交往协作和增强我国人文软实力的主要途径。“十三五”时期，出入境旅游蓬勃发展，呈现良好态势，年出入境旅游总人次冲破3亿人次。“一带一路”旅游交流合作、亚洲旅游推进行动计划等向纵深蓬勃发展，旅游在讲好中国故事、展现“美丽中国”新面貌、推动人文与国际交流等领域产生了重大影响。

一、从“高速度”向“高质量”，人民生活更美好

党的十九大报告对我国市场经济发展作出了重要论述：“我国社会主要矛盾已经转化为人民日益增长的美好生活需要和不平衡不充分的发展之间的矛盾”“我国经济已由高速增长阶段转向高质量发展阶段”。“十三五”期间，旅游业成为市场经济发展重要组成部分，以成就大众美好生活需求为发展目标，力求从“高速度”向“高质量”转变与提升。

（一）以民生服务为中心，全面建设小康社会

“十三五”期间，随着我国居民人均收入增长，旅游逐渐成为大众生活的不可或缺的重要组成部分。旅游业发展对社会民生方面的重大影响也越来越

突出，由国务院办公厅发布的《“十三五”旅游业发展规划》指出：旅游业发展必须坚持以人为本，以广大人民群众的生活满意度为重要标准。

“十三五”时期，我国旅游业一直以实现人民大众的美好生活需求为基本目标，不断加大旅游基础设施建设力度，不断完善旅游管理中心等相关服务设施，智慧旅游、红色旅游、乡村度假、休闲娱乐旅游等发展加速，冰雪旅游、研学旅行、体育旅游、邮轮旅游、康养旅游等产业不断丰富；“互联网+”智慧旅游深度推进，旅游景区服务质量不断提升、智能化管理水平持续提高，旅游市场监管能力逐步增强，游客满意度不断提升。

旅游业的快速发展不但为旅游者提供了良好的服务，也为一些地区带来了脱贫致富的机遇。文化和旅游部为扎扎实实开展旅游扶贫工作，特别是“三区三州”等相对困难地区旅游帮扶成果明显，国家发展和改革委员会办公厅、文化和旅游部办公厅还联合印发了《“三区三州”等深度贫困地区旅游基础设施提升工程建设方案》，通过政策扶持当地旅游业实现了健康发展。

旅游开发做到因地制宜，通过重点规划乡村旅游，为乡村经济繁荣赋能。2016年至2019年，甘肃省新开发旅游专业村271个，扶持发展农村旅游合作社151家、旅游民宿652户、农家乐2500余户，对特别贫困地区开展社会技术培训6000多人次，促进了55.46万人脱贫致富。河南省于2018年建立旅游扶贫工作领导小组，并抽调精锐力量专门负责此项工作，设立了“包片联县”机制，做到了职责明确、落实落细，截至2018年底，全省近30万户扶贫户通过发展旅游相关产业完成了脱贫致富。

（二）敢于变革创新，促进旅游高质量发展

2018年，我国旅游业发展迎来了重要改革时期，党的十九届三中全会审议通过《中共中央关于深化党和国家机构改革的决定》。同年4月，文化和旅游部正式成立，实现了“诗与远方”的完美结合。

在中央政府与各地的全力推进下，全国上下开始重视文化与旅游的融合发展。在此背景下，文化与旅游融合特色不断凸显，热度持续上升。例如，网红文博场馆、沉浸式图书馆相继出现，给参观者带来“文旅兼备”的精神感受；文创市场快速发展，逐渐开发了一系列市场知名度较高的文创产品，红色旅游逐步兴起，更多的大众在旅游线路选择时会选择红色旅游景区。

近年来，我国旅游业改革创新措施越来越多，已然成为当前我国改革创业活动较为活跃的领域之一。2016 年，习近平总书记在宁夏考察时表示，“大力发展全域旅游，方向是对的，要继续走到底”。“全域旅游”已多次出现在政府工作报告中，并得到了从中央到各地政府的支持。2019 年 9 月，全国已建立第一批 71 国家全域旅游示范区，第二批的建设工作也按计划稳步推进。

2015 年 4 月，习近平总书记对“厕所革命”做出明确指示，要求在“厕所革命”中要弘扬钉钉子精神，采用针对性的措施，一项接着一项抓，抓一项成一项，积小胜为大胜。“十三五”时期，根据旅游需要，深入贯彻完成旅游公厕建设的三年计划，在各地积极探索并实施以商养厕、生态公厕、电子地图导厕等模式，出现了不少新亮点。

（三）发挥优势，落实国家战略

“十三五”时期，旅游业密切对接重要国家经济发展计划，那些关联度高、产业链长的产业带动作用得到发挥，在“一带一路”建设、助力乡村发展、城镇化建设、京津冀协同发展、粤港澳大湾区建设、长三角整体建设、长江流域经济带开发、黄河流域的生态保护与高质量开发等方面都取得了诸多进展。

为促进京津冀一体化发展，京津冀地区数次开展和举办农村旅游协调管理联合研讨会，共同出台了《京津冀旅游协同发展示范区合作宣言》，签订《京津冀乡镇旅游合作建立共享共识》《京津冀红色旅游加盟合作协议书》等。

为促进粤港澳大湾区的建设，广东积极推动构建全球一流文化和旅游休闲服务湾区，积极推进中小企业贸易展览，全球体育节事、文化休闲、主题公园、保健疗养、滨海娱乐、邮轮游艇、娱乐购物等新业态产品开发，积极推动世界级文旅大都市群构建。

长三角区域三省一市以“产品共建、线路共推、品牌共塑、市场共育”的发展思路，签署了合作协定，共同举办精品线路推介会，并出台了一系列优惠政策。2019 年，长三角区域三省一市联合实施新政策，形成了“一处失信、处处受限”的地方旅游诚信联盟惩罚体系。

2019 年，中央全面深化改革委员会会议批准了《长城、大运河、长征国家文化公园建设方案》。文旅部作为主要负责单位之一，积极推动国家文化公园工程建设，制定了国家文化公园建设项目保护计划，探索编制全国文化和旅游融合开发专项规划，等等。

二、文旅融合优势叠加，充分激活增长动力

促进我国文化与旅行融合发展，是我国政府所做出的具有跨时代意义的重大决定。“十三五”时期，我国文化和旅游等相关部门继续以习近平新时代中国特色社会主义思想为指引，充分领悟文旅融合的重要战略地位和现实意义，继续以文塑旅、以旅彰文，促进文化建设发展和旅游工作的全领域、多方面、全流程深层次融合，以改革与创新迸发活力，形成文化建设内涵发展的新优势。

（一）统筹推进，创新发展

文化和旅游部以供给侧结构性改革为主线，坚持不懈补齐短板、调整内部结构、增强经济发展后劲，加速推动重点行业体制机制变革，大力促进文化和旅游产业高质量发展。“十三五”时期，文化和旅游产业的经济发展水平与效率将持续提高，数字文旅、旅游文创、网络直播、在线旅游等新兴产业获得发展。2018 年，我国文化及相关行业增加值为 4.12 万亿元，旅游及相关行业增加值为 4.15 万亿元，占我国国内生产总值的比例分别为 4.48%、4.51%，成为国民经济发展的主要动力。

文化和旅游内涵建设与融合开发效果显著，以资源融合、业态融合、产品融合、信息交流提升等一体化为核心，形成了文化旅游资源叠加的良好态势。2019 年，中共中央办公厅、国务院办公厅出台了《长城、大运河、长征国家文化公园建设方案》，国家文化公园项目工程建设步入了新时期；同年，文化和旅游部出台了《关于促进旅游演艺发展的指导意见》，旅游结合文化的新型体验式演艺产业出现了新的发展时机。公益文化服务设施和旅游服务设施的整合运用渐成常态；与“欢乐春节”“美丽中国”等特色项目形成共同的发展合力。

新时期下，文旅融合发展对贯彻国家经济快速发展工作方针和构建社会主义文化强国有着重大意义。文化和旅游部认真贯彻、密切联系重大国家重大发展战略，发挥了文化和旅游在经济发展与社会进步过程中的关键作用，

建设了大批具有示范性、引领性的重大工程，且已初见成效；为推进黄河文明保存与继承，颁布了《大运河文化遗产保护利用传承规划纲要》《大运河文化和旅游融合发展规划》，形成了传统文化与旅游共同发展的良好局面。

（二）规划引领，先行先试

作为国务院推进机构变革的重大战略部署之一，文化和旅游部于2018年4月8日正式挂牌，随后，我国各省文化和旅游部门体制改革也基本完成。北京、天津、上海文化和旅游局相继挂牌，重庆也成立了文化和旅游发展委员会，海南则将此机构更名为旅游和文化广电体育厅，西藏自治区设立旅游发展厅，全国多数地区也都完成改革，成立文化和旅游厅。

部分地区进行试点，并制定了以“文化和旅游融合发展”为内容的政策措施，在体制改革与布局规划等方面进一步发力。

《关于推进北京市文化和旅游融合发展的意见》于2019年12月发布，在自然资源开发、城市空间布局、品牌业态、社会公共服务、市场经营管理、对外文化交往、保障措施等7个领域共提出26项措施，明确把北京市建设成世界历史文化名城和世界一流旅游名城的战略目标。北京市文化和旅游局有关领导认为:“以文旅融合提高都市人们的生活品位、生活质量，提升大众生活的幸福感、获得感，是我们要坚持的中心理念。”

《广东省加快推进文化和旅游融合发展三年行动计划（2020—2022年）》指出，开展红色旅游文化增效转型、岭南历史文化传承发展、粤美乡村旅游振兴、旅游基础设施和公共服务提档升级、文化旅游品牌做强做大、文旅新产业新动力培育、文化旅游产品发展等工程，将广东省建成为我国优秀文化传播、现代文旅产品深度融合的世界级优秀文化旅游目的地。

《山东省文化旅游融合发展规划（2020—2025年）》围绕文化发展内涵建设，落实新旧动力转变的重要任务，积极推进文化旅游行业供给侧结构性改革，促进产业整合、服务质量提高、生产要素集约发展，努力建设“好客山东”升级版。山东省文化和旅游厅的有关领导认为:“规划力求通过充分发挥齐鲁地域的人文资源优势，大力发展文化特色旅游，努力建设文旅融合的现代化发展新高地，建设世界知名文化旅游目的地。”

（三）产业融合，业态创新

行业的融合和技术创新是文旅融合的主要内涵。国务院办公厅印发的《关于进一步激发文化和旅游消费潜力的意见》指出，推动文化、旅游产业发展和现代信息技术的有效结合；建立国家文化发展与旅游产业一体化的重要示范区。由国家发展和改革委员会、中央宣传部、文化和旅游部等23部门共同制定的《关于进一步激发文化和旅游消费潜力的意见》指出，丰富我国文化旅游市场，将塑造全新的具有中国特色的文化与旅游业态；培育并打造一些发展基础好、旅游市场发展能力潜力强、现代化程度高的世界文化旅游重要城市、国家文化发展与旅游消费示范城。

浙江省将文化与旅游发展作为“双万亿”重点领域，开展了一批落地见效的实际行动：以宁波、杭州两座全国文化消费试点城市为榜样，促进文化发展和旅游消费的提质与转型，不断扩大影响面；打造了全国第一个文化建设与旅游发展相结合的信息资源共享的大数据仓；开展了浙江省文化与旅游产业综合实验区的改革试点工作；全面推动城市公园建设，制定了《浙江省诗路文化带发展规划》和“四条诗路”的黄金旅游带三年行动计划，创建了本省文化与旅游融合发展的品牌。

天津在部分涉农地区选取10个经济困难村庄，挖掘整合农村民俗文化和旅游资源，根据“市场化、高品质、有特色、可复制”的发展思路，争取将其建设成文化产业基础好、人文气息足、文化产品形象好、引领带动好的农村民俗文化旅游乡村，并以此为重点，进一步弘扬乡村民俗文化，整体提升乡村旅游文化品位。

我国文化和旅游行业创新发展速度很快，近年来，随着红色旅游、博物馆游、研学游、景区演艺、文创产品、主题公园等的迅速发展，我国传统文化资源正加速转化为游客最喜爱的旅游商品与服务，未来一段时间，文物保护、文化演艺、动漫、文创、创新服务等在旅游产业的不同分类区域、不同服务阶段之间深入融合，将进一步拓展融合的方式、深度与广度。

三、加强创新驱动，夯实发展后劲

“十三五”时期，文化产业和旅游产业围绕全面建设小康社会的各项重要任务，以高质量发展为宗旨，以实施供需侧结构化转型为主线，以市场经济发展为目标，不断进行观念创新、体制革命、产品创新、服务创新、业态创新、经营管理创新等多种创新性活动，旅游业整体呈现了蓬勃发展、质效升级的良好局面。

“十三五”时期，在中央与各地的共同努力下，我国旅游条件明显好转，旅游企业数量稳定增加，整体经济效益明显提高，旅游者满意度也越来越高，旅游业已成为国民经济高速增长的重要引擎和提升人民群众幸福指数的重要路径。

（一）创新体制机制，聚力转型升级

《“十三五”旅游业发展规划》明确提出“理念创新，构建旅游发展新模式”。“十三五”时期，旅游业作为国内改革创新效果最为明显的领域之一，全国文化产业与旅游产业一直秉承观念融入、思想解放和绿色可持续的发展理念，不断改革创新发展机制。

文化和旅游部挂牌组建后，旅游业也迎来了重要的发展契机。全国各省、自治区、直辖市全力以赴推动文化产业与旅游体制改革，继续以文塑旅、以旅彰文，采用文旅融合模式协调文化产业和旅游产业的创新发展。

“十三五”时期，我国大部分地区打造了全域旅游发展模式。例如，广东、湖北、辽宁等地形成了各省党委主要领导统筹、政府部门主要领导分管的全域旅游领导机制和政府部门联动机制。重庆市文化和旅游发展委员会会同市级政府部门共同出台了 16 个政策配套方案，形成了“1+16”的全域旅游发展系统工程。

体制机制的改革创新，推动了各地文化事业和旅游公共服务体系的构建，旅游基础建设、公共服务设备等重点工程建设力度持续加大，旅游公共交通便捷服务体系更加优化，游客集散系统、游客驿站、景区公厕等基础工程建设不断完善。全国各地政府还积极鼓励推动建立地方特色文化基础建设工程，统筹建立城市书屋、农村戏台、农家文化乐园等，为人民群众提供更多公共文化娱乐空间。

（二）创新产品业态，激发市场活力

“十三五”期间，我国旅游业根据居民消费转型升级、居民消费分类和居民消费层次开展技术创新，同时根据供给侧结构性改革，结合信息化手段开展技术革命，推动许多新技术、新产品及新的经济发展模式的出现，增加了旅游产品供应，提高了旅游产品质量，给人们提供了良好的旅游体验。我国旅游业已经逐步地由借鉴学习为主进入了自主发展主导的新时期。

现如今，越来越多旅游景区开始运用5G、旅游大数据分析、信息技术等技术手段监测旅游者人数、疏散、分流，为旅游者提供了全方位服务。旅游住宿企业也由单纯的客房餐饮供应场地转变为不同生活方式的沉浸式体验场地，向主题客房、特色民宿、创意旅居空间等新业态延伸，免登记入住、刷脸入住、指纹入住等方式由幻想变成了实际。旅行社的产品也从多人数团队旅游逐步进入细分市场，私人定制、小包团、特色游、深度游和一些小众游等产品进一步得到大众认可。在线旅游平台服务商也不断推陈出新、升级产品结构，给旅游者带来了多元化选择空间，极大方便了大众旅游者的出游。

有关统计数据表明，2019年我国在线旅游市场的成交规模已突破1万亿元，通过网络在线进行旅游产品预订用户规模突破4亿。更多的旅游企业正逐步从“线下”转型至“线上”，在线旅游企业已然进入旅游产业链发展的“核心地位”队列。

“十三五”时期，各级文化和旅游机构紧随居民消费上升态势，并针对旅游者需求的变化趋势，进一步增强精品观念，乡村旅游、红色旅游、康养旅游、研学旅游等加速推进。截至2022年底，全国已确定国家AAAAA级旅游景区318家、国家级旅游度假区60家、全国乡村旅游重点村1000个、全国红色旅游经典景区300处，高质量旅游产品供给越来越丰富。

各地积极推行“旅游+”政策，积极推进旅游与传统文化、工业、商业、农耕、教育、医疗、体育运动等行业融合发展，工业旅游、体育旅游、康养旅游、研学旅游、邮轮旅游、冰雪旅游、低空旅游、夜游等多元融合业态迅速成长，文化主题旅游、文旅融合产业示范基地、自驾游汽车营地、中国特色旅游乡村、露营地、非遗小镇、非遗工坊等建设不断推进，成为我国旅游业新的增长点。

（三）创新服务监管，推动提质增效

“十三五”时期，我国各地的文化和旅游产业发展与旅游公共管理服务能力、旅游监管能力稳步增强。

文化和旅游部在全国范围内有序推进了全域信息化试点改革，在河南大力推行“互联网+政务工作”改革试点工作，旅游景点、旅游饭店、旅行社等审核工作都可在网上完成。北京市充分运用网络、信息化、新型信息技术，进一步提高了旅游市场监管效能和水平，并建立了首都旅游产业运行监测调度中心。河北、云南等省份加速推进“一部手机游”试点改革，建立完善旅游景区分时预约管理服务网络平台。浙江省积极推进文化旅游执法与检察机关、公安部门、旅游市场监督、司法工作、民间调解协同监管工作模式，实施“最多跑一次”的试点改革工作。江苏省借助智能文旅网络平台的电子大屏，各景点实时人流分布状况，包括景区领导、安全管理人员名录和联系方式一目了然，一分钟内调度指挥便能到达现场。

各级文化和旅游行业主管部门不断改进监管方式方法，即以强化诚信监管为重点，逐步构建完善的贯通文化市场主体整个生命周期，联结事前、事中、事后全监管过程的新型管理机制。2022 年 7 月，武汉市文化发展和旅游局在官网上公布出 221 家旅行社“信用报告”，这是湖北省文化和旅游厅利用旅游大数据分析技术提出的“网络+信用监管”新措施，既给旅游者提供了出游参考依据，又强化了对旅游企业诚实守信、规范运作的监督管理。

“十三五”时期，是我国旅游业进行结构性转变的关键阶段，市场需求从过去单纯的旅游观光，逐渐转变为参观游览、休闲度假和商务旅游三驾马车齐头并进的发展趋势，旅游产品开发方式由行政管理为主的公共服务与国有资产经营，转为由国有、民营企业与混合所有制经营齐头并进的多元化供给体制；产业管理方式则由文化产业和旅游产业各自运转，转向文旅相融的新型的经济共生体制。

四、协调促发展，聚力高质量

统筹协调发展是破解人民群众日益增长的美好生活需要和不平衡不充分的发展之间的矛盾的重要途径。“十三五”期间，随着大众旅游的迅速蓬勃发展，国内旅游、入境旅游、出境旅游三大旅游市场的游客量均快速增长，但随之而来的是旅游业结构不均衡、不完善的发展问题日益突出，我国大众出游需求与旅游业市场供需结构间的问题也越来越突出。围绕突破这一发展瓶颈，我国旅游产业必须立足统筹协调发展的理念，依靠进一步优化空间布局、完善基础设施工程、提高旅游要素技术水平，在强化薄弱应用领域建设中增强发展后劲，在突破瓶颈的工作过程中获取创新发展动力。

（一）综合优化都市布局，构建新型功能区

"十三五"期间，旅游产业全面实现跨地域的要素融合，促进了旅游产业集聚开发，积极建设新兴的旅游功能区，形成了发展新格局。

旅游业主动响应党中央、国务院有关战略部署，推进东西部协同健康发展。2018年，文化和旅游主管部门推出10条"西部行"自驾游精品旅行线路。2019年，文化和旅游主管部门又推出了连通我国西部各地区的"三区三州"旅游大环线；多次开展文化旅游帮扶对接项目，开展活动多选在需要深度扶贫的乡村地区；援疆、援藏等旅游活动持续开展、陆续落地。

旅游产业积极推进长江流域国际黄金旅游资源观光带开发。2017年，《长江国际黄金旅游带发展规划纲要》编制发布，随着政策的颁布，长江流域岸边的传统制造业正在悄悄改变：昔日的矿坑披着"绿衣"华丽转身成国家AAAA级旅游景区，而布满历史沧桑感的近代制造业旧址与现代化厂房被旅游观光铁轨串起来，在长江流域岸边，这样的改变也在进行。

（二）加强基础设施建设，提升公共服务水平

"十三五"时期，旅游行业还积极对接其他国家重大战略，推动京津冀、长三角等区域协调发展，助力边境地区稳定发展。2018年，国务院同意设立内蒙古满洲里、广西防城港边境旅游试验区，文化和旅游部等十部门联合印发了《关于印发内蒙古满洲里、广西防城港边境旅游试验区建设实施方案的通知》。

旅游行业开始推进旅游"厕所革命"，从细微之处入手，以改善旅游者的旅游相关感受。2020年9月，我国旅游厕所建议管理新三年行动计划已经进入成果评价阶段，文化和旅游部开展了综合考核工作。

国家文化和旅游行业主管部门大力推进基础设施提档升级。2017年，国家发展改革委、文化部、国家旅游局等联合出台了《"十三五"时期文化旅游提升工程实施方案》，扶植旅游行业基础配套和公共服务设施项目建设改造等。2018 年，国家发展改革委、原文化部、原国家旅游局等联合出台了《“十三五”时期文化旅游提升工程实施方案》，重点扶持贫困村旅游基础设施项目的建设。

（三）提升要素水平，促进产业升级

旅游业的健康和谐持续发展，离不开“食、住、行、游、购、娱”旅游六要素的协调发展。“十三五”期间，旅游产业提高餐饮业质量、建设新型民宿企业、完善旅行社业务、开发旅游商品、促进娱乐业健康持续发展，进一步满足人民群众对美好生活的新需求。

“十三五”期间，旅游业“食”元素内涵不断丰富，既有一定水准的高端餐饮，也有乡土特色的地方特产小吃，既有创新品牌，也有老字号，西安的羊肉泡馍、兰州的牛肉拉面等都成了游客选择目的地的重要参考因素。

“十三五”时期，旅游领域着力促进住宿行业的多元化发展，星级宾馆改造升级，民宿行业发展各具特色。文化和旅游等相关主管部门进一步加强政策扶持，为刚刚起步的民宿行业快速发展保驾护航。2017 年，住房和城乡建设部、公安部、原国家旅游局共同制定并出台了《农家乐（民宿）建筑防火导则（试行）》，针对各地民宿消防安全管理重点难点进行规范管理。2019 年，文化和旅行部又印发了《旅游民宿基本要求与评价》，深入推动住宿标准化管理建设。为推动民宿行业健康发展，文化和旅游部每年都会举办全国乡村旅游和民宿发展相关工作会议，就全国民宿行业发展情况做出战略部署。

“十三五”期间，旅游行业在“游”的要素上集聚优势资源，严抓服务质量，以提高旅游者满意度。为保护好 A 级景点“金字招牌”，从国家到地方都不断加强智慧旅游工程建设。严格执行景点预约机制，提高游客体验舒适度；与此同时，还进一步强化 A 级旅游景区动态监督管理，对一批景点与服务管理不到位的景区进行处理，有些景区还被警告甚至摘牌。

第二节　旅游业高质量发展

高质量发展是"十四五"时期以来我国经济发展的重要目标，同时也是我国旅游业发展的主要方向。

一、以需求侧管理为突破口，形成旅游市场新发展格局

从市场经济基本原理上看，需求和供给既是经济学中的基本理论，也是构成市场经济的最主要内容。需求带动供给，供给创造需求，这是市场经济运行的重要原理。长期以来，我国的旅游经济增长，主要来自供给侧的发力，即供给促进了需求增长，如旅游城市的建设，先进技术的创新推动了智慧旅游和乡村旅游的发展，我国全域旅游示范区建立，国家A级景区、国家旅游度假区认定等，都从供给侧角度推动了我国旅游经济的增长。随着我国步入经济转型时期，旅游发展格局不断变化，导致最终消费才是推动我国经济发展的最主要动力。由于新发展理念的落地实施，我国恩格尔系数和基尼系数显著降低，旅游、娱乐和保健类的需求潜力大大提高，我国利用旅游消费这种新兴动力，促进经济可持续性增长的功能会越来越突出，旅游将是构筑我国经济增长格局的一个关键动力。

但是，这个消费新动能的高效实现，依赖于需求侧的深刻变革和高效管理。旅游消费和其他消费行为有所不同，它的实现除了具备相应的经济实力以外，还需要有相应的时效保障，尤其是连续性时效的保障。2000年，我国国内游客数量之所以呈现"井喷"式增加，是因为我国实施了"十一"七天长假假日制度，国内旅游持续性增加与我国实施"五一""十一"和"春节"这三项七天长假假期制度有密不可分的联系。由此可见，旅游数据增长是通过假期管理制度改革，释放了游客流动性而产生的。

想要以需求侧管理为重点，形成旅游需求的稳定增长局面，首先，要分析国家休假制度和游客消费需求之间的重合程度，以实现存量调节，让国家公共休假时间在不大幅增长的情况下，也能充分发挥休假的旅游功能。其次，

全面推行职工带薪休假制。我国政府除规定最低工资标准外，还增加了职工最低带薪休假时间，并通过相关制度保障职工的基本休假权益。最后，研究影响游客需求的制度性问题。

旅游业进入全新的时代，要适应旅游消费增长和生活消费水平提高的时代潮流，不断挖掘旅游市场潜能，打通影响我国旅游蓬勃发展的管理体制的梗阻和机制堵点，如研学旅游的教育制约因素、房车露营的交通和车辆管理制约因素、游艇行业的水路管理体系制约因素、低空旅游的空管机制制约因素等，以实现合理的供需侧控制，从而构建我国旅游发展的新局面。

二、以旅游便利化为基础，构建旅游市场“双循环”新局面

旅游作为我国经济发展的一个重要产业，具有综合性的特点，涵盖产业门类也很多。有关调查研究表明，目前旅游所涵盖的国民经济行业门类已达到 110 多种，但就产业的拉动效果而言，少有产业可与旅游带来的效应相比拟。如今，随着我国旅游业态的不断变化及游客消费能力的提升，尤其是技术带来的旅游变革的出现，旅游业的经济效益传导可以由消费领域向制造领域，尤其是向旅行装备制造业的生产领域扩展，如房车、游艇、登山设施、滑雪装备、露营装备、户外运动设施等，这些都为制造业的蓬勃发展提供了新的市场和新的经济增长点，对促进我国构建“双循环”新经济发展格局起到了举足轻重的作用。

就当前旅游发展总体情况而言，如何构建旅游和国家“双循环”相适应的新发展模式，全面推进旅游智能化、便捷化是一个重大问题。相关主管部门在规划我国旅游服务体系时，必然要触及旅游发展的基本要素，包括旅游要素配置的优化问题，但是，如果从旅游者的视角来理解，由于游客所需要的并非旅游的要素化，而是旅游的便利性，因此，不同的旅行类型对于旅游要素的需求程度也是有所不同的，旅游服务中各种要素怎样根据这种旅游服务类型进行有机结合以实现旅游的便利性，便成为一个关键的课题。

旅游便捷化不仅是消费环境问题，而且是旅游高质量快速发展的重要问题。旅游便利化的实施不是一种单纯的旅行要素整合，也并非单纯的智慧旅游科技运用与服务设施建立，而是一种体制设计问题，是通过各种机制运行

来完成的。我国的市场管理有两个特点，就行业管理来看，采用的是部门管理。根据政府部门所拥有的核心功能而进行系统设置。例如，交通管理部门主要是负责管理车辆和道桥，不管是游客还是交通参与者，其部门管理者都是相同的，都属于政府部门负责的客体。为了保证交通顺畅、车辆正常行驶、实现交通安全，政府部门的相关规定制定得越细致越好，但是旅游的便利化并不是政府部门所要考虑的主要问题，政府应从属地管理出发，对居住地居民进行管理。因为当地行政管理工作的重心是服务这个地区的居民，为定居居民提供公共服务，至于游客，因为他们不是这个城市的居民，并非政府部门服务的对象，所以政府部门可以为本地居民的交通构建起合理的、便捷的出行系统，而没有义务为外地游客的出行构建方便的交通系统。我国很多城市都提到了打造“宜业宜居”城市的口号，却很少有城市提出打造“宜业宜居宜游”的目标。当整个社会无论行业管理或者区域管理部门，为了自己的内部目标对其管理目标进行控制后，其便利化的达成便是个十分困难的问题。

从旅游大环境视角出发，想尽快形成以国内旅游大循环为基础、与国内国外旅游双循环共同推进的新旅游局面，就必须坚持以促进不同领域、不同旅游形式的便利化为基础，系统性地去调整不同领域、不同要素、不同管理机关的管理制度，逐步建立出行方便、旅游自由、游客满意的现代旅游服务体系、机制框架与管理机制，从而构筑出旅游发展和经济发展“双循环”相互适应的新的增长态势。

三、以国家文化公园建设为基础，形成旅游新发展格局

就旅游基本性质而言，它除了具备经济性质以外，还具备人文性质和社会性质。在我国旅游发展初期，人们往往更注重于旅游的经济性质，而很少重视它的社会性质和人文性质。旅游不仅仅是一种生活休闲方式，更是一种体验学习和生活经历，对成年人而言，旅游可能是一种生活体验，对青少年而言，旅游是一个增长生活阅历的重要途径，对学生而言，旅游也是一种学习体验。习近平总书记提出，中华民族自古就把旅游和读书结合在一起，崇尚“读万卷书，行万里路”。在现代经济快速发展时期，世界各国尤其是文化

强国，在旅行活动中，除把旅游当成一项休闲体验外，更重要的是把旅游当成一种重要的学习手段与生活阅历来进行宣传。旅游可以让本国民众尤其是本国青少年熟悉祖国的发展历史、地域特征与演变过程，从小培养爱国意识。从教育规律而言，在我国，让少年儿童通过探险、旅行认识中华文明的起源和发展脉络，能对其开展更全面的素质教育。

旅游由经济性质向社会性质的转变，是人的生存模式向人的学习模式和社会成长模式过渡的体现，是一个国家文化发展成熟与否的主要指标。所以，在当前旅游的新发展时期，形成带有教育目的的游览体系、创造带有学习模式和社会生长模式的旅游形式，是一个非常重要的任务。就当前而言，以大运河、长征、长城和黄河四个国家文化公园的建设为基础，通过对国家文化公园中不同的文化内涵、文化遗产、文化基因、文化特征、历史事件、重要工程、代表性景点等地域特征的深度发掘和系统整合，可以建立具有人文特征的国家文化旅游系统，让国家公园不仅仅作为人们体验生活的空间，还能作为广大民众体验文化的空间。

四、以全域旅游示范区为着力点，形成县域旅游新发展格局

从我国当前的旅游发展空间布局来看，县域旅游起着关键性的作用。第一，县域是我国文化旅游资源主要承载地，全国大部分的历史人文旅游资源和自然景观旅游资源都分布在县域范围；第二，县域是我国当前国内游客和部分外国游客入境旅游的主要目的地，同时也是各类旅游形式发展和延伸的理想空间；第三，县域是旅游城市化发展方式的最好实现地，发展旅游能够更高效地促进县域社会经济发展。

县域作为国家主要的旅游发展地区，游客对县域旅游有着巨大的需求，但游客供给结构却存在一些问题，从而产生了供给紧张和旅游需求不充分、发展不均衡共存的局面。而当前，我国广大县级政府对发展旅游的主体意识，以及县域旅游经济与社会发展、旅游产业架构、公共服务能力、旅游市场管理、旅游发展格局、旅游交通发展水平等，同城市旅游相比又存在较大的差异，所以，县级政府亟须以县域发展为突破口，在旅游供给上发力，改善县域旅游供给结构不完整的现状，以满足当前广大游客对旅游发展的需求，这

成了我国旅游未来发展的重点任务。而我国的历史发展经验证明，不论是国民经济发展、社会进步，还是旅游开发，县域都是重要基础。只有把县域旅游市场做大做强，我国旅游市场才能做大做强，只有完善了县域旅游市场系统，我国的旅游产品系统才能更加完善，旅游业才能在我国市场经济发展中发挥更大的作用。

县域全域旅游示范区的创建等工程已成为发展旅游经济的重要目标与任务。近年来，文化和旅游部开展了全国县域全域旅游示范区的创建试点，大大地激发了县域开发旅游的热情，经过国家全域旅游示范区的建设与验收标准的有效指引，县城旅游条件得以实质性改变，旅游新业态得以全面开发，旅游服务水平整体提升，旅游发展格局日益完善，旅游产品不断丰富，旅游信息技术水平日益提高，旅游供给和旅游需求日益匹配，旅游供需结构日益完善，旅游管理专业人才队伍日益发展，县域发展旅游整体服务能力得以提升，相关领域拉动力也日益提升，形成了我国县域旅游发展的新格局。

在未来发展中，要充分总结县域旅游建设的成功经验，进一步提高全域旅游开发效率，促进全域旅游示范区建设工作向优质、标准化推进，并以此为重点，努力构建县域旅游的良好发展局面。

五、以世界级旅游城市建设为基点，构建入境旅游新发展格局

在我国旅游市场发展的新阶段，大力促进入境旅游快速发展，是我们创新旅游发展布局的关键性工作。入境旅游市场呈现规模性发展，不仅是社会主义文化强国建设的关键评估指标，而且是我国创建“双循环”创新发展战略布局的关键因素。入境旅游如果不能规模化发展，社会文化强国就不算完善，“双循环”新经济发展布局也就不会完善。所以，我们要站在文化强国、经济强国的历史发展角度，全方位认清入境旅游发展对文化强国建设和构建“双循环”发展新格局的重要意义。依靠旅游自由化、便利化、游览形式多元化和旅游高质量快速健康发展等体制、技术和管理方式的改革创新，全方位促进入境旅游可持续性发展。

全球旅游发展的历程证明，促进入境旅游发展和世界旅游城市的建设和发展密不可分。入境旅游发展的运作模式无论是点线旅游形式，还是板块旅

游形式，都是以全球知名度较高的旅游城市为基础的。例如，法国旅游若缺少像巴黎这样的世界级旅游目的地，法国就不可能成为全球的入境旅游强国；而美国旅游若缺少纽约、洛杉矶、旧金山等世界级旅游目的地，美国就无法成为入境旅游强国。当今世界各国都不谋而合地把世界级旅游城市建设当作一个旅游经济发展的重要坐标，来促进入境旅游市场发展壮大。

从我国入境旅游市场起步来看，它也是以城市为基础的，即北京、上海、广州、桂林和西安这五大城市组成我国入境旅游产品，支撑着我国入境旅游30余年的发展。在我国旅游新发展阶段，我们要针对我国不同城市的经济特征、人文特点、历史遗存、城市品位、产业结构，以及城市及其管辖区域内所具备的自然风光和历史文化景观，构建起世界级旅游城市评估准则体系，并通过规范指导，建设具备全球知名度和文化影响力的世界旅游名城，从而在旅游自由化、旅游便利化及提供服务正面清单等领域给予特殊政策的帮助，促进我国入境旅游城市健康快速发展。

六、以乡村民宿开发为重点，形成城乡一体化新发展格局

目前我国国内旅游快速发展的历史经验证明，休闲观光农业旅游与乡村旅游既是当前所有旅游形式中最具生命力的旅游类型，更是当前对我国经济社会发展与进步贡献最大的旅游形式。从我国经济社会发展历史来看，发展乡村旅游也是解答我国当前改革与发展难点问题的关键领域。而当前改革与发展过程中的诸多难点，如贫富差距问题、二元经济结构问题、“三农”问题、乡村宅基地的商品化问题、农村土地流转等问题，也大都能够借助农村旅游业的发展而得到富有实效的解答。同样，乡村旅游更是共享经济的主要表现形式。所以，从新的发展理念来看，在新发展阶段，我们必须把乡村观光旅游和休闲农业作为农村现代化进程中的重要组成部分，作为全面体现新发展观的主要旅游形式，全力推进并使之形成高质量快速发展的局面。

目前，乡村旅游形式也在不断创新，由农家乐发展为乡村住宿的新形式——民宿。这标志着我国乡村旅游发展模式出现了重要转变，这个转变不仅是旅游形式上的转变，更是乡村旅游在管理上、市场经济发展主体上的转变。大量真实数据证明，城乡一体化发展的基础问题是文化认同感、经济认

同感与社区认同感，而民宿恰恰把这三种认同感融合到一起，实现了城镇居民和农村居民认同感的一致。乡村民宿的出现及发展，尤其是一些正在进行乡村旅游文化和艺术化改建的带有传统乡村文化的民宿，让城市居民不再觉得乡村旅游是低端旅游、体验值不高的旅游、无趣的旅游，反之，会觉得它是彰显身份、富有高文化品位象征的旅游形式，因此成为广大中产收入群体所青睐的旅游形式。有了乡村民宿这个新旅游形式，大批有理想、有能力的年轻人可以返乡创业，大批的艺术家、创业者可以在乡村完成自己的梦想，从而成为现代意义上的乡贤阶层，为我国农村现代化建设提供智力保障。

需要明确的是，全面建设乡村民宿是当前我国民宿建设的一种普遍现象，而这个现状也必须得到正确认识。乡村民宿并不是依靠新建，而是经过艺术化和特色化改建；乡村民宿是共享经济的表现形式，而不是产品经济的表现形式。民宿主要是针对因小村变大镇、农村空心户、空心村庄等而产生的大量空闲土地，实施旅游化改造而产生的。经过农村民宿旅游化改造，城市居民有了全新的文化旅游形式，农村居民也获得了一定收入，农村民俗文化得以弘扬，农村景观得以保存。因此，在新旅游的时期，人们应该站在城乡统筹发展的新高度上，来充分地诠释乡村民宿所开发的历史价值、社会作用和人文价值，从而促进乡村民宿的健康发展。

七、以高等级景区等建设为重点，构建高质量旅游新发展格局

步入旅游创新发展阶段，高质量发展成为旅游经济发展的重要目标。围绕这个目标，如何建设，怎么解决难题，怎么在全国范围内实现旅游高质量发展的目标，是“十四五”期间需要破解的主要难题。党的十九届五中全会审议通过的《中共中央关于制定国民经济和社会发展第十四个五年规划和2035年远景目标的建议》明确提出，推进文化和旅游融合发展，建立一批具有历史文化底蕴的世界级旅游景区和度假区，建设一批历史人文特色突出的国家级文化旅游休闲城市和街区。

以高等级景点、度假区和休闲小镇打造为目标，是形成全国旅游高质量建设和布局的可行方向。旅游景区、度假区和休闲社区，是观光旅游、度假旅游和休闲旅游三种旅游类型的主要存在空间，同时观光、度假和休闲三种

旅游类型又是我国国内的主要旅游方式，在旅游市场份额中占据了绝对优势。因此，对上述三个主要空间类型的高等级开发，能够充分促进观光旅游、度假旅游和休闲旅游的有效开发，进而推动旅游产业全领域高质量发展局面的形成。

对于高等级景区、度假区和休闲街区概念的界定，不可单纯地从技术层面判定，还应从人文、经济和社会的三个层面来衡量。首先，高等级意味着应该有历史文化底蕴，景区要成为有人文内涵的文化景区，度假区要成为有人文功能的度假区，休闲街区要成为有人文内容的休闲街区；其次，高等级景区等应具备较好的全要素经济性和社会效益，景区、度假区和休闲街区都要有较大的投入回报率，要有较好的经济效益、社会效益，要有较高的经营管理和服务能力，要对这个行业起到引领示范作用；最后，高等级景区应对社会经济发展起到一定引导作用，通过景区、度假区等休闲社区的建立，能够促进所在区域旅游的全面开发和建设，提高经济和社会发展水平。

八、以数字化平台应用为主要推手，构建旅游产业新发展格局

旅游新发展阶段，文化产业升级是一个重点发展方向。旅游产业提档升级就是要将我国旅游产业由资源依赖向科技支撑转变，由传统的旅游产业向现代服务业过渡。那么，我国旅游产业怎么提升？依靠哪些能力提升呢？这是事关我国旅游行业如何保持持续竞争力、挖掘发展潜力的重要问题，更是一个需要破解的难题。

我国旅游行业的新发展格局，可以通过旅游智慧信息平台的建立和旅游数字化平台企业的创新途径得到实现。我国旅游行业发展是社会分工的必然结果，利用社会分工的方式为生产服务可以明显提升劳动效率。正因如此，我国旅游行业需要借助资金和劳动力这两种传统因素共同产生社会分工，所以，长期以来，我国旅游企业要么为区域经济服务，要么为世界范围的极细化行业服务，所以服务内容的深度与广度都有所欠缺，所能涵盖的领域范围也不足。但是网络的出现弥补了这些不足，首先，随着管理规模的增大，相关旅游企业能够整合地域性零散企业，整合统一旅游业务的标准后，实现产品输出；其次，利用网络进行交易的旅游中介业务，可通过网络的自动化方

式进行交易；再次，互联网使得旅游企业生产成本降低，相对于实体性旅游营销网点，信息传递更快捷，边际成本较小，以网络信息技术为平台的旅游电子化产品的开发，是一项更为深远的社会分工，必然对现代旅游产品体系的建设产生重要影响。

我们所说的现代数字化产业网络平台，是指由大数据、新一代技术、手机互联网、云计算技术、区块链等各种数字化信息技术所构成的“数据复合体”，即与实体旅游价值链、旅游产业链相结合的全产业互联网旅游系统。数字化服务将是未来旅游产业的主要形式。它将以穿透性的信息和科技作为关键驱动手段，利用信息创造多样化的业务，并连接各种场景实现科技贯穿，同时打造智慧供应链，整合旅游供应链条，而这些推动手段又使得互联网时代的旅游消费者成了未来旅游的基础消费主力，新型消费时代的旅游将不断转变为旅游供给要素和新旅游模式。今天，数字化网络平台已不再只是资讯的供应网络平台，更是游客活动与行为的联结空间，并将进一步促使我国传统旅游六要素串联式、单一的游客供应方式，逐步走向划分更为细致、要素供应更为自主化的网络信息平台运营模式。“互联网 + 饭店”“互联网 + 民宿”“互联网 + 演艺”“互联网 + 博物馆”等新型行业和市场主体也已逐步建立。网络成为一个技术手段，导致原有的旅游行业组织形式，由彼此隔离到各自为营，再向网络带动的旅游生态协同方式不断发展。这种旅游机构形式不同于旅行社机构，其工作方法与商业模式有着本质的不同。以数字化平台为核心，还会产生新兴的旅游业态形式，包括旅游数字商品的开发、制造、贸易、消费等环节，主要涉及数字化技术提供商、旅游电商公司、在线企业、大数据分析公司、旅游智慧咨询服务机构等。

九、以旅游试验区为示范，构建旅游创新发展新格局

在我国旅游新增长时期，创新驱动是促进旅游业高质量健康增长的关键动力。面对这个跨行业、跨区域和多部门配合的复合型领域，创新驱动发展包含机制创新、技术创新、生产要素创新、产业技术创新、制度创新等方面，是一项复杂的系统工程。但旅游发展目标的不确定性、区域旅游经济发展的不均衡性和影响旅游发展关键性因素的差异性，都导致各地区旅游业发展过

程没有能够做到整体齐头并进，而需要通过不同的旅游试验区加以创新，并起到引领示范作用。

关于体制和政策的创新，我们可以选择在一些有代表性的省、市建立我国旅游综合改革实验区，探索建立与完善我国旅游元素有效流转、旅游服务资源共享、旅游与文化融合、旅行产品多样化等相关机制、体制与措施层面的创新；关于边境地区旅游政策的创新，可以选择在边境地区建立边境旅游综合开发实验区，探讨边境游客流通、跨国旅游协调管理与通关便利化等政策领域的创新；关于旅游购物的创新，可以选择在主要旅游城市或重要旅游地区，建立我国公民自由商品实验区，研究免税商品、退税机制和措施，以此减轻我国居民外出旅游时购买国外商品外币支付的负担；关于研学旅行的创新，可以选取若干具备一定研学旅行条件的区域，建立研学旅行的实验区，探讨研学旅行在旅游要素配置、资源配置、场地开发、研学旅行教材编写等领域的技术创新；关于房车旅游的发展，可以选取若干地域规模较大的区域，如新疆、内蒙古、西藏、青海、黑龙江等，建立房车营地的实验区，研究与房车旅游有关的旅游路线设计、营地创建、房车出租、房车管理等的体制、政策与科技的创新。所以，通过建立各种形式的旅游实验区来寻找并克服影响旅游开发体制、技术和条件的阻碍，在总结实践经验的同时，适时在国内推介，是创新发展、带动旅游新开发局面的关键任务。

十、以发挥行业协会功能为手段，形成旅游管理新局面

在我国旅游经济发展时期，建设高水平的市场经济体系，是一项重要任务。市场体系既是我国社会主义市场经济体制的正常运转基石，也是我国社会主义市场经济体制的一部分。在旅游行业发展方面，建设高水平的市场体系突出表现为市场经济发展顺畅、市场竞争体系完善、市场秩序健康有序、市场管理规范等五大层面，其实质就是怎样实现市场经济中合理进行资源配置的问题。长期以来，我国的旅游开发一直采取政府主导型策略，政府部门在资源配置中发挥了重要角色，我国旅游行业的发展方向、市场取向、建设导向，基本上是由政府主管部门决定的。而数字旅游、红色旅游、全域旅游、乡村旅游、文旅融合等都是由政府部门提出的。按照党的十九届五中全会的

精神，在我国旅游行业新的发展时期，建立起以适应社会主义市场经济发展的新旅游机制，是构建我国旅游创新健康发展局面的主要内涵。

新型旅游管理体系和制度的形成，是与调动旅游行业协会、相关商会的积极作用密不可分的。旅游协会是一个特殊的社会中介组织，是现代市场体系的重要组成部分，是市场走向完善的一个标志，健康发展的现代旅游市场体系需要以一个制度完善的旅游协会为基础。在旅游市场经济领域，政府管理部门主要位于宏观经济层面上，其经济作用是对市场的宏观调控，是企业之间的新型市场沟通纽带。旅游协会和相关商会是社会中介组织的一种存在形式，是伴随着市场健康发展而逐步发展和成熟起来的。在市场经济环境下，国家采取政府干预方式直接控制各类企业，而个体公司往往会遭遇各类经营风险的冲击，也存在着无序的不公平竞争，所以这就需要旅游协会与相关商会保护旅游企业的各项权益，维护旅游企业的正当利益，改进旅游市场管理，保障旅游市场秩序，提高行业自律约束能力。因此，在我国旅游管理新发展阶段，进一步完善我国旅游协会的功能，发挥商会功能，是形成我国旅游管理创新与发展格局的一个关键环节。

第三章　专业群建设基础理论

对专业群建设基础理论的提出进行溯源，在教育学领域首次出现在2006年《教育部 财政部关于实施国家示范性高等职业院校建设计划加快高等职业教育改革发展的意见》（教高〔2006〕14号）文件中，将建成500个左右特色专业群作为目标任务；在经济学领域首次出现在产业集群理论中，明确了产业与专业之间相互关系，对我们进行专业群建设理论研究具有至关重要的指导作用；在管理学领域首次出现在资源基础理论中，系统化地对专业群建设的专业设置、课程开发及内部治理进行阐释。此后，专业群建设理论还在工学、法学等领域有所提及，鉴于职业教育产教融合特点，我们仅从教育学和经济学两大领域对专业群建设基础理论进行研究，作为高等职业学校专业群建设与人才培养的理论依据。

第一节　经济学相关理论

一、产业集群理论

产业，是产业经济学的主要研究目标，产业集群理论则是产业经济学中的重要组成部分。职业教育的本质属性决定了其与产业和产业集群之间的关系，也决定了产业与产业集群必然在高素质技术技能人才培养中发挥作用，而职业教育为地方经济发展服务的特性，进一步对地方经济社会发展必然要与专业或者专业群产生协同关系进行了约束。因此，专业群建设基础理论研究应从产业集群的概念界定、发展历程、特征性质和集群关系等方面开展，旅游类专业群建设基础理论还应深入旅游产业集群层面。

（一）产业集群理论的内涵

1. 产业集群理论概念界定

（1）概念源起

对于谁提出的产业集群理论，目前国内外学术公认的是权威学者美国的迈克尔·波特（Michael Porter）教授。他主要从产业经济学研究发展过程中对产业集群的概念进行了综合阐述，首发于《国家竞争优势》一书，2003 年迈克尔·波特教授又从竞争优势获取的角度对产业集群理论进行了丰富和完善。综合迈克尔·波特教授上述两次对产业集群内涵的阐述，我们可以将产业集群的概念界定为：产业集群（簇群）是指在某特定领域中，以主导核心产业、价值链等相关产业要素为基础的地方性生产体系，与行业紧密相关的企业和机构共同使用一定区域内的市场、设施等资源，共同构成强大的竞争优势，实现资源集聚和规模扩展等系列效应，进而提升整个区域的发展竞争力①。

（2）概念与专业群关联分析

从迈克尔·波特的产业集群概念中我们可以梳理得到：一是产业集群的形成囿于一定的区域范围，结合专业群建设可以将其理解为专业群服务的区域，这是理论前提；二是集群内的企业或者相关生产部门的合作与配合能够促进集群的更新与发展，有效提高自身的创新能力，结合专业群建设可以将其理解为专业群的内部专业，这是理论之根本；三是集群内的更新、发展和创新，能够有效降低企业成本和竞争成本，从而提升集群的整体竞争力，结合专业群建设可以将其理解为专业共享和共建，这是理论优势。因此，如果用该理论对专业群建设进行分析，可以将迈克尔·波特的产业集群概念称为产业集群竞争优势理论，主要从区域优势、合作优势、资源共享优势对专业群建设进行了理论指导，对专业群的内部机制建设和对外服务发展具有重要意义。

2. 产业集群理论分支研究

（1）马歇尔产业集聚理论

相比较迈克尔·波特的产业集群理论，马歇尔（Marshall）的产业集聚理

① （美）迈克尔·波特．竞争论［M］．北京：中信出版社，2003：211.

论主要从规模经济和外部经济的角度对产业集群进行研究，被国内外学者认为是古典经济学的理论代表。马歇尔理论的核心是对引起产业集聚的原因进行多方分析，明确了除自然条件、共同奖励等内因外，还有规模经济、企业间的信息传播、人才集聚、产业集聚等外因。结合专业群建设可以将其理解为专业群的实习实训条件及产教融合基地等内外因素之间的关系。这一概念界定指出产业规模不断扩大、信息技术知识传播不断增多、人才汇聚不停倍增，这些现象造成的产业集聚依托的是外部经济。因此，如果用该理论对专业群建设进行分析，我们可以将马歇尔的产业集群概念称为产业集群外部因素理论，主要从内外因现状及关系制约对专业群建设进行理论指导，对专业群的实习实训条件建设具有重要意义。

（2）韦伯区位理论

韦伯（Webber）区位理论则跳出了产业集群本身，从空间角度对产业集群概念进行研究，为专业群服务区域经济或者现代工业区位发展奠定了理论基础。韦伯以“企业生产总体费用越低，区位条件就是最好”为理论前提，认为工业区位是产业聚集的决定因素，把产业集群的形成归结为四个方面的原因：一是技术设备的发展，二是劳动力组织的发展，三是市场化因素，四是经常性开支成本①。同时，韦伯还对集聚因素进行了分析，指出“任何集聚都能引起相反的倾向，即增加支出。在给定的情况下，这类积极因素和相反倾向平衡后的差额才是有效的实际集聚能力”，就如同集聚经济函数“像半边抛物线，越来越慢趋近最大值”，这对产业集群的集聚效应具有重要指导作用。因此，如果用该理论对专业群建设进行分析，我们可以将产业集群发展分为两个阶段，一是企业自身扩大而产生集聚的阶段；二是各个企业通过相互联系而产生集聚的阶段。显然，第二阶段与专业群建设特征相吻合。因此，从专业群建设角度可以将韦伯区位理论表述为产业群是某一区位内相互关联企业的集聚体。

（3）佩鲁增长极理论

佩鲁（Francois Perroux）是首位聚焦产业集群增长效应研究的学者，以

① Colin Michael Hall.Food tourism around the world：development management and markets［M］. Butterworth–Heinemann，Oxford，2003.

“经济空间”理论为基础提出了关于产业集群的增长极概念，这是关于产业集群理论的又一突破。佩鲁认为，各种生产要素围绕某一中心大规模地聚集可以使这一中心迅速发展，这一中心称为增长极。值得注意的是，这种经济增长是以支配效应为特征的，并不像均衡增长模式那样有规律，为了分析有支配效果发生的经济的非均衡增长，佩鲁引入了“推动性单位”（propulsive unit）及“增长极”（growth pole）概念，其提出的是非均衡增长战略，即通过“增长极”对周围资源和产业的吸聚和带动作用来实现的[①]。由于佩鲁增长极理论将由产业集群中具有强大实力的核心企业来引领“主导产业”定义为前提，这与专业群建设中的核心专业密切相关；同时，“主导产业”对其他相关产业具有“支配作用”和“扩散效应”，这与专业群组群逻辑是对应的。因此，如果用该理论对专业群建设进行分析，我们可以通过增长极理论确定专业群的核心专业，并进一步研究各专业之间的关系，这对专业群组群逻辑研究具有重要意义。

（4）克鲁格曼经济地理学理论

克鲁格曼（Krugman）对产业集群理论的贡献在于，他是首位把产业集聚与国际贸易因素紧密联系起来进行研究的学者，并在已有的“空间角度”和“经济空间”研究的基础上，从“经济地理”角度进行深入研究，构建了“中心—外围”的产业集群模型，从规模经济的角度分析了产业集群现象。克鲁格曼从国家规模经济的角度，对规模收益的递增原理进行剖析，得出其发展专业化的结果与国家生产要素禀赋差异之间的关系。克鲁格曼这一理论与波特的竞争优势理论相对应，提出了产业内不完全竞争行为，产业集群不是为了产生竞争优势，而是能锁定不同地区、不同产业和产业内不同生产要素贸易作用的企业和集合体的发展优势，从而确定各自在后续发展中的角色，这一角色对应“中心—外围”的产业集群模型关系建构。这一理论与目前专业群建设相关内容不完全呼应，但能充分解释和说明专业群与专业群之间的发展优势和服务定位。因此，如果用该理论对专业群建设进行分析，我们可以通过经济地理学理论对专业群构建进行比较分析，尤其是对标其他高职学

① David J Telfer.Strategic alliances along the Niagara Wine Route［J］. 2001（01）.

校进行专业群组建具有重要作用。

（5）杨小凯基本分工与专业化理论

杨小凯虽未明确提出产业集群概念，但其在专业化分工基础上对新型古典经济学分析框架进行构建，是国内从经济学角度对产业集群理论研究取得突破性成果的学者。杨小凯认为，产业空间集聚能够实现企业报酬递增而不是收益递增，这一观点在实际上论证了产业集群产生和存在的合理性，对集聚所引起的分工变化进行了归纳总结，得出企业内分工、企业间分工、产业分工或社会分工 4 种分工解释。杨小凯的基本分工与专业化理论，更符合我国市场竞争规律，也充分解释了产品交易的频率增加会增加交易成本和机会成本，但如果存在长期合作关系或者集聚关系，合作和集聚建立的信任基础会导致交易成本和机会成本的降低，对专业群推进产教融合、校企合作具有重要的指导作用。因此，如果用该理论对专业群建设进行分析，政校行企在专业群建设中的专业化分工，对降低专业群建设成本、扩大集聚效应具有至关重要的作用，这一理论对专业群治理结构构建具有重要意义。

（二）产业集群的主要内容

1. 产业集群中的弹性产业链

在对产业集群理论内涵研究中发现，无论是何种观点的产业集群理论研究，其所产生的集聚效应、效率效应、规模效应和扩散效应都存在因素之间的正反比例关系，这种关系之间的耦合形成产业集群中的弹性产业链。按照效应分析弹性产业链，如果与集聚效应呈正比例关系，则产业链的长度越长，集聚的企业就越多，反之越少；与效率效应呈反比例关系，则产业链的长度越长，新的企业进入及集聚的难度就越小，反之越大；与规模效应呈正比例关系，新企业进入后产业链向两边延伸的长度越长，为产业集群带来的经济效益就越大；与扩散效应呈正比例关系，则新企业进入后的产业链长度越长，给产业集群及其企业带来的新鲜血液就越多，生命力就越顽强，反之越少。在专业群构建中，弹性产业链对专业群个数、专业方向和组群逻辑有着重要影响。

2. 产业集群中的发展环境

“空间角度”“经济空间”“经济地理”的产业集群理论研究，都包含了产业集群中的市场秩序、集聚机制、基础建设、政府政策等重要因素，这些因素构成的发展环境对产业集群的发展有重要的影响。首先，根植区域发展是产业集群发展的资本，是产生各方效益的第一步；其次，成体系的政策支持是产业集群发展的保证，是产业集群形成的根本保障；再次，科技创新活力是产业集群发展的动力，也是集群企业的良性互动因素；最后，完善的基础设施与配套服务是产业集群发展的根本，也是一个产业集群发展程度的体现。总体来看，产业集群的发展环境对决定市场配置、优化产业结构、增强对企业吸引力、促进集群产业发展都具有积极作用。在职业教育专业群建设中，发展环境对专业群产教融合、校企合作和人才培养模式改革有着重要影响。

3. 产业集群形成的区域品牌

与单一的企业相比较，因集聚效应作用，集群企业品牌建立并不需要投入大量的财力、人力和物力，但正因为要形成区域品牌，所以不能从单一企业品牌建设的角度考虑集群企业匹配，而要从资源利用角度出发，立足区域品牌定位去整体建设。一是在区域企业共建资源基础上建立区域品牌，通过对区域内企业品牌的认可和推广，打造集群整体品牌形象从而使单体品牌受益；二是在区域内部企业等不同组织间资源共享基础上，建立区域品牌，单一企业投入少量资源，通过政府、其他企业和机构的资源共享，打造集群整体品牌形象从而使单体品牌受益。在上述两种区域品牌形成过程中，通过区域企业资源共建应先聚焦龙头企业，龙头企业的品牌即代表了区域品牌，从而辐射带动其他企业品牌发展；而通过区域内部企业等不同组织资源共享，可以均衡分布集群内所有企业，实现不同企业合力打造区域品牌。在职业教育专业群构建中，区域品牌对专业群内核心专业和其他专业发展策略有着重要影响。

4. 产业集群中的辅助性机构

产业集群是由企业、专门的供应商、服务提供者、金融服务单位、相关产业的制造商等主体汇集而成的，同时产业集群还包括销售渠道、客户、辅助产品制造商和专业基础设施供应商，及提供专业培训、相关信息、标准制定、贸易协作等服务的其余有关社会机构和政府等，这充分说明一个产业集群的成功构成，需要产业链条内众多“链状节点”的支持，这些“链状节点”即是辅助性产业。辅助性产业与产业集群中的核心专业相辅相成，核心产业的壮大能形成正向发展，但缺少辅助产业的支撑，则不能有效发挥规模效应和效率效应。在职业教育专业群构建中，辅助性机构对同属相同专业类或专业大类的专业群外部专业建设发展具有重要作用。

5. 产业集群中的产业转型升级

产业转型发展是一种较宏观的综合性过程，是产业升级迭代、更新递进的最典型呈现，也是产业发展过程中的必然现象。尤其是产业集群中的企业，受产业链、发展环境、区域品牌等内容的影响，动态调整、转型升级也是大势所趋。企业吸纳人才、创新改革、采用新技术，都能够促进产业转型升级。区域产业转型升级发展水平在一定程度上决定了高职教育专业群的发展水平，集群内企业的转型升级，能助推整个产业的转型升级，增强企业的创新能力，并且推动产业集群的转型发展，从而使整个产业集群的竞争力得到提升，带动整个区域甚至周边区域的经济发展。在职业教育专业群构建中，产业转型升级对专业结构动态调整机制、专业持续发展机制建立都具有重要作用。

（三）产业集群的特征

1. 专业化特征

产业集群的首位特征是专业化，这与杨小凯基本分工与专业化理论研究一致。专业化特征主要表现为：在产业集群内，各个集群单元通过专业化分工共同完成最终产品，其中集群企业和辅助性机构分别负责产品生产的某一个环节或提供某一方面的保障，这种专业化分工即为集群特征的表现。这种专业化特征使得产业集群内部的政府、行业、企业和辅助机构等能够明确分工、相互配合、高效合作，政行企及辅助机构对最终产品提供的专业化作用，最终目的是通过自身专业化的特点，保障产品的生产和最终的销售环境都处于一种良性运行状态，这一特征是产业集群与单一企业的本质区别。

2. 集聚性特征

集聚性特征表现为技术集聚和空间集聚，因集权企业的技术差异而产生，这种差异使不同企业技术优势在产业集群内聚集，这种聚集显然超越了单一企业内部的技术融合，为技术创新和发展提供了有益机会。而空间集聚特征的呈现是因为产业链的要求，企业间存在水平或垂直关系，这种联系与互补促进了空间集聚的形成，因为只有空间上的集聚才能为产业链的链动提供动力和支撑。值得注意的是，空间集聚特征的集聚不是距离空间，而是关系空间，是企业和企业彼此融合入侵的空间集聚。总结而言，无论是技术集聚还是空间集聚，集聚性特征都受产业集群各个效应的影响，集聚的根本目的是使效应呈现正向发展倾向。

3. 网络化特征

网络化特征主要包括正式网络化特征和非正式网络化特征，也可以称为契约网络和非契约网络，这种分类的集群网络化受企业的技术集聚和空间集聚影响。一般情况下，很多集群内的企业通过契约或合同等形式开展合作。但也有另外一些企业间的合作行为并没有通过契约等形式进行，而是建立在非正式的人际信任、信用等基础之上。这种非正式、非契约的网络构建行为，应该是集群效应作用下的独有特征，也正是这种网络化特征，逐渐让集群内的企业和辅助机构实现彼此同化，它们通过同化形成共同的价值观、行事规则、行为规范和人际关系等，这种同化的“幂效应”在一定程度上能整体提升集群凝聚力。

4. 根植性特征

在网络化特征生成行为中，根植性特征顺应呈现，使集群企业间具有更高的关联性、信任度和依赖性，而这些特性减少了集群企业与外部企业构建网络的机会，也省去了集群企业与其他外部机构产生关联或交易的可能，从而让原有的价值观和目标更为坚定且凸显。因此，根植性特征是指在集群内的政府、行业和企业及辅助性机构在集聚效应作用下，形成相似的社会文化、制度背景、价值标准及共同目标等根植性因素，因素相互作用使集群内的政府、行业和企业及辅助性机构网络关系更稳固，集聚效应更明显，企业也会更加愿意扎根于同一集群内，保证区域经济的良性循环。同时，要注意的是根植性特征并不是一成不变的，它需要保持专业化、集聚性和网络化的相对稳固，彼此作用。

（四）旅游产业集群

1. 旅游产业集群的概念

关于旅游产业集群的概念，学术界一直处于争论中。2004 年，北京联合大学尹贻梅教授等人最早对旅游产业集群的概念进行界定，提出“旅游产业集群是聚集在一定地域空间的旅游核心吸引物、旅游企业及旅游相关企业和部门，为了共同目标，建立起紧密的联系，协同工作提高其竞争力”①；邓冰等学者认为，“旅游产业集群是旅游核心吸引物、旅游企业及旅游相关部门的支持企业和部门，彼此存在密切的经济联系，在一定区域空间内集中并协同发展”②；还有学者从产业链的角度给出定义：“旅游产业集群是由有效的旅游供应链而组织起来的一系列旅游活动和旅游服务，其目的是旅游目的地所在单位协同作用以便提高目的地的竞争力。”③不难发现，很多学者在研究旅游产业集群时，会将产业集群的理论与旅游地生命周期等理论相关联，从分析和研判旅游潜力和走向、解决旅游地可持续发展能力出发，对旅游产业集群的概念进行总结，这类研究并未从产业集群的主要内容去考虑旅游产业集群的构成。旅游业作为第三产业的主要代表和重要支柱，如果从产业集群的角度进行分析，在集群主要内容中，发展环境和辅助性机构占有更为重要的位置；在集群特征中，专门化特征和网络化特征体现得更为明显；同时从其受不可抗力因素影响的结果来看，它对旅游产业集群中的产业转型升级要求更高。因此，从研究旅游类专业群建设与人才培养的角度，我们可以将旅游产业集群界定为：由旅游产品供给方、旅游产品开发方、旅游产品经营方和旅游产品需求方等多方主体构成，在服务区域旅游产业发展、企业运营发展与合作竞争过程中形成的集合体。

2. 旅游产业集群形成的影响因素

根据产业集群概念的界定，旅游产业集群的形成必然受内外因影响，因它们同时起作用。具体包括：一是马歇尔产业集聚理论所指的旅游企业内部因降低成本需求而向集群化发展，能更大程度地促进整体发展；二是迈克尔·波特竞争优势理论所指的旅游企业内部为寻求规模经济而向集群化发展，能更大程度地激发竞争优势；三是佩鲁增长极理论所指的旅游企业内部基于合作创新的需要而向集群化发展，能更大程度地激发创新动能；四是迈克尔·波特竞争优势理论所指的旅游企业受外部资源条件推动旅游产业形成集

① 黄建康．产业集群论［M］．南京：东南大学出版社，2005.
② 赵书虹．旅游产业集群论［M］．北京：科学出版社，2010.
③ 于锦华．旅游产业集群与竞争力研究［M］．北京：经济管理出版社，2014.

聚，能更大程度地形成资源共享优势；五是韦伯区位理论所指旅游企业受外部客源市场影响形成集聚，能更大程度地形成发展的优先地带；六是韦伯区位理论所指旅游企业受外部交通区位与条件影响形成集聚，能更大程度地奠定区位发展基础；七是克鲁格曼经济地理学理论所指旅游企业通过外部紧密的横纵向企业联系形成集聚，能深入推进专业化分工；八是佩鲁增长极理论所指旅游企业受外部政策扶持“硬件”设施和其他内部“软件”发展，推进产业集群增长效应产生。

3. 旅游产业集群的竞争优势

通过对旅游产业集群的特征和影响因素进行分析，可以得出旅游产业集群竞争优势主要表现为以下几方面。一是成本优势，旅游产业集群内的企业之间可以共享旅游资源，深入开展合作，明确专业化分工，共同完成配套旅游产品的生产，降低旅游产品生产的成本，由于成本优势会促使集群内企业网络产生的总价值量大于单一企业产生的价值，进而使集群生产效率得以提升。二是整体创新能力提升，旅游产业集群为游客、各类旅游服务商及相关机构提供一个信息交流平台，相互之间的沟通能够找到旅游产业集群所提供的各类产业所存在的问题，从而进行不断的完善，也能够使更多的资源得到共享，从而优化企业内部资源。同时，旅游产业集群也提供技术、创新平台，促进旅游活动和旅游创新，强化旅游产品整合和衔接创新，等等。三是旅游集群品牌打造，在整合旅游产品和资源集聚过程中，旅游产业集群内各主体通过协调合作，在打造、宣传主题品牌时，也推动了次级品牌的发展，进而形成更具有吸引力的组合化品牌。四是优化旅游产品结构，旅游产业集群可避免同类企业所生产的产品缺乏创新性、相似度较高等原因而导致的不良竞争，并能够加强企业间的技术交流与共享，生产出更好的旅游产品。

二、三螺旋理论

职业教育的显著特点之一是政府、行业、学校和企业对人才培养的多方参与，在学校外，政府、企业或者行业产业也是促进人才培养模式改革创新的必要因素。而学校、产业、政府三者相互作用，推动在学校内部或者专业建设中的人才培养和创新活动开展，符合三螺旋创新模式的形成。因此，专业群建设中的三螺旋理论，应从三螺旋理论的内涵、模型衍化、三螺旋理论和三螺旋理论与专业群机制、三螺旋理论与校企合作等方面进行研究。

（一）三螺旋理论的内涵

1. 三螺旋理论的提出

与其他经济学领域理论不同的是，三螺旋理论的提出受到了生物学相关理论的影响。1952 年，美国化学家罗比特·科里和莱纳斯·鲍林受到了生物学脱氧核糖核酸结构的启发，认为基因、生物组织和环境之间为非固定的因果关系，三者处于一个动态螺旋关系中，相互独立又互为因果，因此被称为“三螺旋”。随后，美国亨瑞·埃茨科威兹教授与荷兰的斯道夫·罗特教授在工业大发展背景下，针对以组织或机构间的合作为特征的创新行为，先后引入三螺旋理论用于研究大学、产业和政府之间的最佳形态和互动关系，尤其对知识的创造、传播和创新发展进行了明确阐述，并合作发表了《大学与全球知识经济：大学—产业—政府关系的三重逻辑》《三重螺旋——大学、产业、政府关系：以知识为基础的经济发展的实验室》，这标志着从大学—政府—产业角度提出的三螺旋创新模式正式诞生。在随后的 20 多年发展中，三螺旋理论逐渐成熟，随着国际三螺旋大会的持续举办，越来越多的大学、企业和政府代表开始对创新模式进行深入研究。相对高职教育而言，这种三螺旋创新模式，对专业群建设中的“政校行企”协同搭建多元育人平台同样具有重要的指导作用。

2. 三螺旋理论的内涵

通过对“大学—政府—产业”三者关系的界定而研究三螺旋理论内涵，我们可以发现三者存在一种非线性关系，这种关系会通过复杂的制度构建和组织安排形成。因此，三螺旋理论是指在研究“大学—政府—产业”三者多重关系活动中，以市场需求为桥梁，在长期的契约关系和非契约关系的交流互动过程中，形成的三种力量交叉螺旋上升的新关系，着重关注“政府—产业—大学”三者交叉协作关系的相关理论。在“政府—产业—大学”互动中，三条螺旋线分别为：一是大学通过对社会经济活动进行知识资本的供给而形成的科技螺旋线；二是企业将新技术和新知识运用到生产中，通过实践和市场需求提供科研项目和科技成果的扩散而形成的产业螺旋线；三是政府通过制度构建和创新环境的优化而形成的政府螺旋线。三者之间的交叉协作关系相对稳定，主要表现为：政府螺旋线统筹协调技术传播与培训中的各种关系；产业螺旋线为技术传播与培训提供平台，增强吸引力；科技螺旋线利用技术资源实现技术转移或技术开发。

3. 三螺旋理论的内容

（1）大学是区域产业创新的原动力

在两次大学革命的推动下，大学形成五大职能，即人才培养、科学研究、社会服务、文化传承创新和国际交流合作。其中，人才培养职能要求大学要为产业、政府提供充足的人才，科学研究职能要求大学要向区域提供最新的科研成果及研究型的人才，社会服务职能要求大学要促进各项科研成果的转化，培养出优秀的产业化实用人才和先进技术工人，三种职能相互作用，为创新活动开展提供充足的智力、人力支持，为区域产业创新提供良好助力。可见，大学为区域产业创新提供科研成果和人力资源支撑，是“三螺旋”关系发展的原动力。

（2）企业是区域产业创新的推动力

通常情况下，企业可以分为面向市场导向型企业和科研导向型企业。其中，市场导向型企业偏重科研成果转化，科研导向型企业偏重前期基础研究，前者是应用推广，后者是技术攻关。三螺旋理论研究下的企业则是市场和科研双导向并重，企业凭借自身对市场需求与发展变化的敏锐洞察力，联合区域内各机构，通过人、财、物、资等要素资源的循环，促进知识创造和交流再生，营造区域内浓厚的创新氛围，指引区域产业创新的方向，共同推动区域新技术的产生。可见，企业是产业的有机组成部分，也是承担区域产业创新活动的推动力，能带动“三螺旋”创新模式的实现。

（3）政府是区域产业创新的驱动力

政府的角色定位通常是通过直接或间接的创新政策影响区域产业创新行为。政府通过法律法规的制定、创新氛围的营造、创新行为的激励等措施鼓励和引导区域产业创新行为，可称为宏观驱动；政府利用资金支持某一科研创新方向，帮助协调理顺各机构之间关系、搭建不同机构之间对话交流平台等为区域创新活动的开展提供助力和保障，可称为微观驱动。但有一点值得注意：政府自上而下的创新会制约创新要素的充分流动，不利于区域创新的健康发展，这就要求政府在创新活动中应主动寻求最适宜的位置，不可缺位亦不可越位。可见，政府在三螺旋模式中提供政策法规等，构成了“三螺旋”关系发展的驱动。

（二）三螺旋理论模型衍化

1. 国家干预模型

国家干预模型是三螺旋理论的最早形式，是社会主义发展阶段“政府—产业—大学”之间的典型关系体现（图 3–1）。这种模式中，政府处于主体地位，是创新活动的领导者，大学和产业处于次要但相互平衡地位，是创新活动的执行者。这种三螺旋模型的构成，主要是由于人们期望政府提供资源而使其处于主导地位，这种主导地位会随着资源投入的不断增加而越发明显。这种模型的典型代表是苏联、部分拉美国家和计划经济体制下的中国，因此，即使不大量投入资源，也会对相对弱小的产业和大学进行操控或指导。即使大学和企业进一步创新，但受限于资源投入主体也被限制在相对有限的时空范围内，创新行为依然会受到政府的操控和指导，导致缺少激励和动能。因此，国家干预模型的三螺旋理论有着无法解决的问题，被给予资源的大学和企业缺少必要且有效的激励，参与创新的动能不足，同时也容易导致官僚主义的出现，阻碍大学和企业等机构的进一步创新和合作。

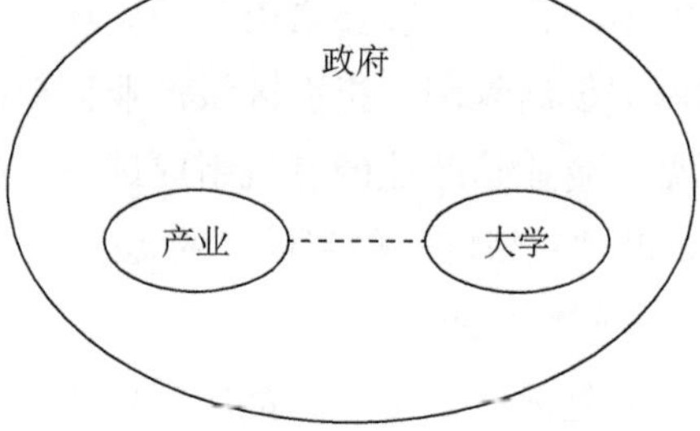

图 3–1　三螺旋理论国家干预模型

2. 自由放任模型

自由放任模型起源于机构范围彼此独立、相互分离的国家，是三螺旋理论中第二种典型关系的体现（图 3–2）。这种模式中，政府并没有明显的统治优势，只有在关系失衡或者市场失效的情况下政府才会干预，政府的主体地位才会显现。同时，大学在模型中负责进行科学研究和输出优秀人才，产业则是按市场定位提供生产或者服务自我运行，从大学里寻找对自己有价值的知识，通过买卖市场关系与其他公司相关联。政府、产业、大学之间只保持有限的相互作用，互动非常少且存在极强的便捷性，当个体在两个机构中同时发挥作用时往往会发生利益冲突。因此，自由放任模型的三螺旋理论可以充分开展创新活动，但缺少政府、产业、大学三者间的资源与信息共享，也无法进一步融合，模型内创新效率不高。

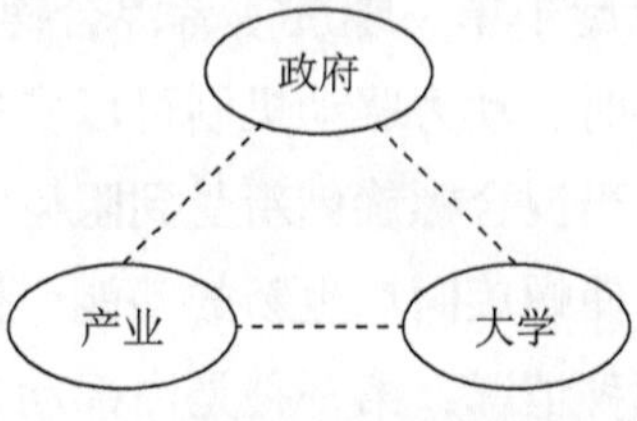

图 3–2　三螺旋理论自由放任模型

3. 三螺旋创新模型

三螺旋创新模式是三螺旋理论的主模型，模型中政府—产业—大学相互重叠，是通常学者所研究的三螺旋理论的典型关系体现（图 3–3）。这种模型中，政府、产业与大学之间关系是混合交叉的，这就导致了其他混合组织的产生，在产生的其他混合组织中，政府、产业与大学的角色会随之发生变化，职能也会进行相应调整，这一过程本身就是创新的过程。同时，由于混合组织的存在，三螺旋创新模式中的一个螺旋体可以被混合后的另一个替代，而此时原本起主体价值作用的那个螺旋转变为支撑机构。因此，政府、大学、产业在这一状态下都可以担任创新的主体机构，三者相互作用，实现动态平衡。例如，美国硅谷与斯坦福大学、伯克利加州大学就是这种三螺旋创新模型，高校毕业生通过创业将大学最新的科技成果进行转化，培育产业并使其持续增长，最终促成了电子信息产业集群的形成，引领区域内或其他产业协同发展。

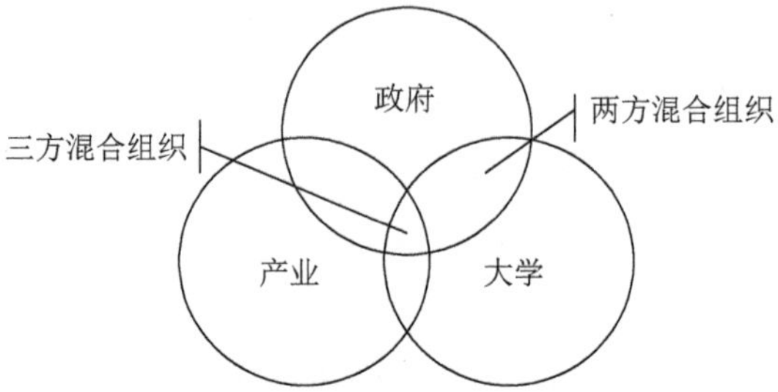

图 3-3　三螺旋理论创新模型

（三）三螺旋理论与专业群机制

1. 三螺旋理论下的动力驱动机制

动力驱动机制是三螺旋中单一螺旋或者混合螺旋创新行为的根本原因。当单一螺旋创新受到阻碍时，动力驱动机制可以发挥内驱动作用，促使单一螺旋内部产生新的动能。当混合螺旋创新受到阻碍时，动力驱动机制可以促使各单一螺旋进行合作，使螺旋间产生新的动能。根据上述两种情况可以得出，动力驱动机制存在两种情况，第一种是内部动力驱动，由单一螺旋谋求自身发展产生，即使有混合螺旋存在，但螺旋间未形成合作或互动，依然是内部动力驱动在发生作用；第二种是外部动力驱动，这种驱动可能来自混合螺旋间的合作和互动关系，也可能受市场竞争压力、科技创造活动或其他政策引导而产生。在专业群建设中，动力驱动也存在两种情况：一是专业群内部专业自身持续改进、专业转型升级所产生的驱动力；二是专业群专业间、校企间或者政府与行业间等，因共同的人才培养目标所产生的驱动力。

2. 三螺旋理论下的创新协同机制

通常情况下，个体受内外部动力驱动而产生的竞争与合作、互动与发展被称为协同。因此，三螺旋理论下的协同是指政府、企业与大学在内外部动力驱动下，为了自身的发展或为了彼此间的经济利益最大化，通过合作互动等形式形成新的螺旋体或者螺旋关系，这种关系相互交叉、相互渗透、相互融合，从而产生一种螺旋上升的良好状态。因此，协同创新机制应包括知识、技术和制度三个要素，分别对应着大学、产业、政府三者的协同作用。在这种机制中，必须看到的是之所以能形成协同，是因为政府、企业与大学之间的互动产生了优势互补，这种互补可以将竞争和冲突降到最小，将合作和共赢放至最大，这也是三者之间关系均衡、分配均衡的一种体现。同时，在螺旋上升的过程中继续进行优势互补，持续上升，最终实现螺旋体的整体利益最大化。在专业群建设中，创新协同机制是提升核心竞争力、实行创新发展战略的关键。

3. 三螺旋理论下的资源共享机制

资源共享机制是螺旋间创新协同的基础，只有螺旋间充分共享，才能促进螺旋间利益最大化，从而满足单个螺旋内驱力和自主创新的产生。这种充分共享的前提是稳定的结构、公平的原则和信任的关系。稳定的结构是相对于共享而言的，因为螺旋体间的共享行为会促进新的知识、技术、制度和相关利益分配的产生，而这些因素的产生过程可能影响稳定关系，从而导致结构失衡。公平的原则是为了资源共享机制而建立的绝对原则，是保证共享进行且产生驱动力和实现利益最大化的前提，也是实现共赢互补的必要条件。对政府而言，公平能确保为不同创新主体提供政策法规的支持和保护；对大学而言，公平能保证教学和科学研究活动处于良好且有效度的状态；对企业而言，公平可以克服自我保护主义和狭隘主义并达到最优合作状态。信任的关系是在法治有效的基础上，建立的非契约关系基础，从而保证资源正常共享和高效共享。在专业群建设中，资源共享是人才培养模式构建的必备基础，是校企合作的关键因素。

4. 三螺旋理论下的发展保障机制

针对政府、产业和大学三者特征，三螺旋理论的保证机制包括制度保障、人才保障和分配保障。制度保障是以法律法规或制度文件的形式，设立各种创新服务平台，构建符合螺旋上升的平台和监督机制，以保障单一螺旋体的权利义务和混合螺旋体的长远性及健康发展。人才保障既要保障人才培养主体，又要保障被培养人才的全面发展，这种保障能为人才从学校到社会或企业的转移流动过程提供必备通道，并通过校企合作建立相关的就业实习保障基地，为人才与企业的匹配流转提供支持。分配保障是对政府、大学与产业三者的利益分配的同步保障，对政府而言，保障单个螺旋在协同创新当中各司其职、有效配合；对大学而言，保障从政府或者企业获得充足的教学资源和科研经费；对企业而言，保障能从另外两个主体获得相应的资源支持，最终通过分配实现有效和长远发展，以促进区域经济的快速和健康发展。

（四）三螺旋理论与校企合作

1. 专业群内校企合作各主体的地位

三螺旋理论下的专业群校企合作，对高职学校而言不是通常所说的三螺旋创新模型，不存在绝对政府、企业和高职学校之间的主体转换与混合，应该是在政府主导下，高职学校和企业双方的非零和博弈的合作机制，但又有别于三螺旋理论的国家干预模型。而是政府、企业、高职学校有着等同的地位即都是合作办学的主体，但存在绝对的核心即政府在人才培养中的绝对地位。因此，校企合作的三螺旋关系应该是以政府为核心的并列关系，三者除了保有各自传统的独立功能外，还通过相互作用形成兼具另外两螺旋的功能。在这种并列关系中，企业和高职学校之间的关系更稳固，因为二者是政府的两个核心支撑点，两者可以在不损害彼此利益的基础上实现利益最大化，进一步提高合作层次。

2. 专业群内校企合作各主体的职能

根据三螺旋创新模型，政府、产业和高职学校三个主体各具两种职能。一种是三者各自在螺旋体内保持独立地位和身份的自有职能。例如，政府作为契约关系的来源，具有依法管理各组织和稳定相互作用的基本职能；高职学校是新知识新技术的来源，负责提供系统的教育服务，具有依法办学并培养人才的基本功能；专业群服务产业的所属企业则是进行生产的场所，具有依法生产并获取利益的功能，这种功能存在于单螺旋体的非混合区。另一种是三者互相关联作用后产生的衍生功能，如政府发挥教育行政主管部门作用和在三螺旋中处于核心地位，投入资源开展建设；高职学校可扮演企业的角色，将技术资本化作为目标；企业则为了提高层次而对员工进行创新人才培训，提供人才培养的相关教育服务，并通过开展高水平的科学研究和合作经营来分享知识，体现出企业的另一种主体功能。

3. 专业群内校企合作各主体的关系

理想的三螺旋理论下专业群校企合作运行模式是在整合以政府为核心的政策资源、以高职学校为主体的教育资源及以产业为主体的社会资源的基础上，加强并激励单螺旋间的相互作用和渗透，真正实现“三位一体”的螺旋体，产生螺旋上升效果，从而创造整个螺旋体的巨大效益。将三螺旋理论引入专业群校企合作中，可以更好地厘清政府、高职学校、企业及专业群专业之间的关系，明确各主体的职能定位，更全面地实现专业群的人才培养目标，更有效地推动专业群内校企的深度合作与整体发展，对培养服务区域经济发展、与区域产业转型升级相对接的高素质技术技能人才具有积极的作用和现实意义。

三、资源基础理论

资源作为经济学研究中的热门话题，在职业教育专业群建设中同样有重要体现，如专业群课程体系建设要基于底层共享、中层互选、顶层分立的资源基础条件。除此之外，共享型实习实训基地建设、教师教学创新团队建设都是资源基础理论中的静态资源观、组织资源观的典型体现。因此，专业群建设中的资源基础理论，应从资源基础理论的内涵、主要观点等专业群资源管理方面进行研究。

（一）资源基础理论的内涵

资源基础理论产生于1959年，已被广泛应用在多个研究领域，成为管理学的重要基础理论。其中，资源主要是指组织能够展现核心竞争力的任何事物，既可以是有形资源，也可以是无形资源，主要用于检验资源异质性造成的绩效差异。资源基础理论的核心内容是存在基于资源基础研究的两个假设：一是组织拥有不同资源；二是组织拥有的资源不可复制。只有这两个假设成立，才能针对性地分析资源差异造成的绩效差异，也可以进一步解释在竞争环境中因资源而产生的独特竞争优势。从上述研究假设可以得出，教育活动中的知识、技术、技能、模式都可以被纳入资源基础理论的资源范畴。在随后的研究发展中，通过对资源基础理论的进一步研究验证，对资源替代性、模仿性和价值性的界定，将资源分为有形资源、无形资源和人力资源三大类。同样，在教育活动中，有形资源包括实习实训条件、学习生活环境等物质资源；无形资源包括知识、技术和办学特色、办学定位；人力资源包括师资队伍、合作企业人力资源情况；等等。

（二）资源基础理论的主要观点

1. 组织外部的资源基础观

资源基础观出现于资源基础理论从萌芽到成长阶段，是由产业组织观转变而来的，目的是从资源差异的角度理解组织竞争优势，这一观点的提出使“竞争优势、资源基础、管理创新、战略合作、绩效管理”等词语成为资源基础观的重要标签，从企业发展和竞争层面对资源进行研究和从企业管理能力差异方面对资源进行研究均不同程度受到了学者的关注。这一观点虽然处于资源理论发展的早期，却是将对资源基础的研究从产业向企业层面转移的关键，它主要包括三个方面的观点：一是康纳于1991年将资源基础观与经济学的5种经典流派进行比较，指出资源基础观从企业层面研究竞争优势来源，不同于产业组织观研究，是一种新型组织理论①，这一观点对于专业群建设的意义在于，可以从专业群本身去分析资源基础，不用放在高职学校或职业教育的大范畴之内；二是格兰特从资源视角对组织战略的形成进行分析，指出其与组织外部行业环境分析战略形成的差异，这一观点对于专业群建设的意义在于，可以从专业链与产业链资源连接去分析资源基础；三是戴尔和辛格于1998年从企业层面解释和预测了为什么有些企业能够建立可持续竞争优势、获得更高回报，从而推动战略管理研究视角转变②，这一观点在专业结构动态调整时对资源分析具有指导作用。

2. 组织内部的资源基础观

如果仅从组织外部对资源基础观进行研究，必然无法得出全面的资源基础观。因此在资源基础观的成长阶段，学者们从之前“管理创新、战略合作、绩效管理”等组织外部聚焦到“资源、能力、管理、知识”等组织内部差异，分析内部资源差异对绩效、创新、发展等状态的影响，主要包括两方面的观点：一是巴尼于1991年提出，当组织外部环境差异无法充分解释持续竞争优

① Conner，K. R .A Historical Comparison of R esource-based Theory and Five Schools of thought within Industrial Organization Economics：Do We Have a New Theory of the Firm?［J］.Journal of Management，1991，17（1）：121-154.

② Dyer,J,and H. Singh. The R elational View：Cooperative Strategy and Sources of Interorganizational Competitive Advantage［J］. Academy of Management R eview，1998，23（4）：660-679.

势来源时，组织是否能够成功地获取和管理资源成为关键[1]，这一观点对于专业群建设的意义在于，可以通过专业间逻辑关系优化获取专业建设资源；二是格兰特于 1996 年提出，组织拥有更好绩效的关键在于对内部个人和群体知识的有效整合，组织内部创新的过程有利于独特竞争优势的产生，这一观点对于专业群建设的意义在于，可以通过人才培养模式创新和提升人才培养的竞争优势。

3. 动态能力发展资源观

动态资源观出现于资源基础理论从成长到成熟的阶段，由原有的静态资源观转变而来，目的是在动态视角下探究能力与持续竞争优势间的关系。这一观点的提出使“动态能力、吸收能力、组织能力、应急能力、能力和能力发展、能力来源”等词语成为动态资源观的重要标签，并在动态能力发展的影响下逐渐成为资源基础理论的重要观点。与资源基础观研究相比较，重要的是对资源和能力进行区分，深入研究动态能力对持续提升竞争优势的影响，主要包括三个方面的观点：一是马克多克于 2001 年提出，在能力构建模式下管理者通过设计和建设组织系统从而提高企业获取资源的生产力[2]，这一观点对于专业群建设的意义在于，可以通过学校内部组织机构统筹培养资源，提高人才培养质量；二是温特于 2003 年提出，组织发展动态能力强弱主要取决于投资动态能力与临时性解决问题的成本和收益对比及战略竞争有效性的要求[3]，这一观点虽然对专业群建设没有直接指导作用，但对校企合作还是具有借鉴意义的；三是布林克于 2010 年提出，不能单纯将高阶能力视为一定优于低阶能力，而是需要分别看待两种能力的优劣，对其互动进行管理，这一观点虽然与专业群建设没有直接关联，但对分层教学具有重要的指导意义。

4. 动态能力整合资源观

动态能力发展的变化会促进能力整合，这也是动态资源观在持续竞争中

① Barney, J.B.Firm Resources and Sustained Competitive Advantage [J] .Journal of Management, 1991, 17 (1): 99–120.

② Makadok, R. Toward a Synthesis of the Resource–based and Dynamic — capability Views of R ent Creation [J] . Strategic Management Journal, 2001, 22 (5): 387–401.

③ Winter, S. G. Understanding Dynamic Capabilities [J] . Strategic Management Journal, 2003, 24 (10): 991–995.

的优势体现，这种优势只有在动态能力整合过程中才能得以完整呈现。这一观点的提出，使“能力、动态能力、吸收能力、知识创新”等词语对动态资源观进行了丰富和完善。与动态能力发展相比较，动态能力整合使学生们对资源的变化有了进一步研究，主要包括两方面的观点：一是哈尔法特和彼得瑞夫于2003年提出了能力的生命周期概念，认为组织整合资源的能力会根据其不同发展阶段产生差异，且通过能力的动态变化能够有效地说明竞争优势的动态变化，这一观点对于专业群建设而言，会随着专业群建设的推进呈现动态变化；二是萨拉于2006年提出，在组织整合资源时，管理者需要对组织已有的资源集合进行选择，建立所选资源之间的联系、组合，并不断协调各类资源之间的冲突和矛盾，这一观点对于专业群建设而言，可以通过推进集团化办学实现资源整合。

5. 个体行动者的微观资源观

微观资源观出现于资源基础理论从成熟阶段到新发展阶段之时，由原有的组织资源观转变而来，聚焦到组织内微观个体层面的资源差异、个体行动者的价值差异及投资。这一观点的提出使“战略人力资源管理、战略微观基础、个体差异、社会资本、专用人力资本、高层管理团队”等词语成为个体行动者的微观资源观的重要标签，并使个体行动者等微观基础成为资源基础理论未来的重要发展方向，它主要包括三个方面的观点：一是巴尼于2011年提出，微观基础研究关注组织内个体认知、行为差异及个体间互动，能够有效地补充、完善资源基础理论研究，这一观点对于专业群建设而言，可以通过加强教师教学创新团队建设实现个体差异均衡和个体间的互动；二是查德威克于2015年提出，企业各层次的管理者都需要参与资源管理的过程，通过战略人力资源促进组织系统优化，进而影响组织绩效的增长，这一观点对于专业群建设而言，应进一步优化专业群内部激励机制；三是霍尔特和彼得于2015年提出，管理认知能力的概念及类型划分，包括管理者感知、捕捉及再次配置资源三个方面的能力，从微观层面揭示了个体认知对组织资源的影响，这一观点虽然与专业群建设没有直接关联，但对教师职业生涯发展具有重要的指导意义。

6. 社会互动的微观资源观

在个体行动者的微观资源观研究过程中，学者发现资源管理和资源编排对组织内的个体行动有明显的促进作用，围绕组织资源的内涵、价值及作用形成了社会互动过程，这种过程是资源对组织绩效的影响。这一观点的提出，使“社会绩效、企业持续性、企业社会责任、利益相关者理论、利益相关者导向”等词语对微观资源观进行了丰富和完善，资源基础理论与社会制度、社会结构、多元利益等企业竞争优势元素的互相影响关系得到深入研究，主要包括两方面的观点：一是布洛迪于2013年提出，运用实证研究方法验证了市场情境中的资源利用和制度情境中的资源利用对组织绩效产生不同的影响，这一观点对于专业群建设的意义在于，可统筹协调高职学校和合作企业之间的资源；二是巴尼于2018年提出，从社会性视角将多元利益相关者互动融入资源基础理论，这一观点对于专业群建设的意义在于，可以推动校企合作双方人才培养任务分配。

（三）专业群资源管理

专业群资源管理内在机制可以遵循资源基础理论应用框架中的资源应用横向维度，通过专业群资源管理影响因素、专业群资源建设发展路径两个方面对专业群资源与发展互动关系进行研究。

1. 专业群资源管理影响因素

资源基础理论研究表明，专业群的内部资源影响因素包括专业建设资源基础、专业人才培养能力、师资队伍能力等。其中，拥有良好的专业资源建设基础的专业群可利用资源优势提高人才培养质量，然而不同专业在不同人才培养阶段所需资源基础不同，因此各专业应结合人才培养的资源现状和需求情况匹配相应的资源。资源匹配是与专业人才培养相关的政府、行业、企业和学校，合理地对现有的资源进行优化升级，提高专业人才培养能力，以应对区域经济发展和产业转型升级等外部环境需要。在此过程中，师资队伍对资源管理具有引领作用，可以参与资源战略制定、资源应用，以此带动专业群对校企资源的整合重构。从专业群外部资源来看，国家政策、人才需求、产业发展、区域环境等均能对资源管理产生影响，在此种情况下，专业群在资源管理过程中应以制度契合为导向对外部资源优势进行合理利用，最终实现内外协同效应。

2. 专业群资源建设发展路径

专业群资源在建设过程中，受职业教育敏感度的影响，很难依靠专业自身免受产业和经济影响，也很难依靠专业自身实现价值增值，最终导致人才培养无法适应人才需求。因此，依据资源基础理论，专业群应立足自身服务面向群体，主动采取与产业链、岗位链和人才链相匹配的资源建设行动，以促进专业持续改进。具体而言，专业群在每一阶段的人才培养定位中，应通过知识与技术的获取、创新不同个体间的资源共享及对自身现有资源的转化，创造人才培养的新价值，使其与人才需求相匹配。专业群处于产业链上、中、下游不同位置时，应对内外部资源进行编排从而实现专业人才培养质量的持续提升。可见，专业群资源建设与发展，无论内外部资源是何现状、呈现何种关系，资源间的编排、激活、融合势必会重构已有资源体系，形成新的核心资源体系，从而进一步提升资源建设与应用质量。

第二节　教育学相关理论

一、教育内外部关系规律理论

教育是由人、组织、政治、经济、社会等多方共同开展的培养活动，多方参与成为教育活动开展的显著特征。职业教育以其与地方经济、产业发展、企业经营等多元化主体共同开展人才培养活动的特征，突出了参与教育活动主体的多元性，也凸显了教育活动内部要主动适应，教育活动外部要全面适应，如高职教育专业动态调整主动适应区域产业的转型发展。因此，专业群建设中的教育内外部关系规律理论，应从该理论的内涵与发展、理论价值和职业教育之间的内外部联系三个方面进行研究。

（一）教育内外部关系规律理论的内涵与发展

教育内外部关系规律理论是源于我国本土的理论，最早由全国第一所高等教育研究机构——厦门大学高等教育科学研究室主持人潘懋元教授于 1980

年提出。在当时的教育学术研究中，更多的学者把教育话题放到哲学、经济学界进行研究，呈现了教育与上层建筑、生产力之间关系的四种观点。潘懋元受到其他学者研究争论的启发，总结形成了教育的两条基本功能：一是促进人的发展；二是促进社会的发展。同时，从两条基本功能出发，对应分析得出两条基本规律：一是对应促进人的发展教育的内部规律；二是对应促进社会发展存在的教育的外部规律。这两条基本规律即为教育内外部关系规律理论的原型。当时学术界对其的最早表述如下：教育的外部关系规律是指从整个社会说，教育跟政治、经济其他社会现象的关系，教育所处的位置和在社会中所承担的任务。社会主义教育必须通过培养全面发展的人为社会主义政治、经济、生产力发展服务。教育的内部关系规律是指社会主义教育必须通过德育、智育、体育培养全面发展的人[①]。直到1986年，潘懋元教授在其出版的《高等教育学讲座》第二讲中对“教育的基本规律及其对高等学校教育的作用”作了比较全面的表述，并且对1980年的表述作了适当的修正。主要是教育外部规律强调了教育与社会政治经济和文化科学之间相互制约的关系；内部规律更注重对人的德智体美劳的全面培养。随后至20世纪90年代中后期，教育理论因在各种专著、学术论文中被广泛引用而产生了极其重大的影响并日渐成熟。1985年、1993年的中共中央、国务院关于教育的宏观文件，也强调了教育与社会主义市场经济体制和政治、科技体制改革之间的关系，揭示了教育外部规律的实质。

（二）教育内外部关系规律的理论价值

1. 对学术研究的价值

教育内外部关系规律的提出将教育行为现象提升到教育基本理论层面，丰富了对教育工作者探寻教育本质实践的指导，尤其是潘懋元教授当时主要研究高等教育，因此对同属于高等教育的高等职业教育的学术研究，更具有重要的指导意义，也从教育基本理论层面解释了过去教育工作中出现的各种问题和现象，这就是该理论学术研究价值的第一个层面——解释教育实践的问题和现象。学术研究价值的第二个层面，就是帮助教育实践者对可能和必

---

① 潘懋元 . 高等教育学及教育规律问题［M］. 湖南大学出版社，1980.

然发生的教育现象做出有效引导，这取决于教育外部关系的一个子因，即受社会发展条件影响，教育既要主动适应社会发展需要，也要为社会发展提供动能。在这种影响下教育必然会对可能发生的结果进行预设，同时也充分反映了教育内外部关系规律的科学性。学术研究价值的第三个层面，就是教育内外部关系本身就能构建教育体系，通过“教育与社会发展关系”和“教育与人的发展关系”进一步研究教育的进步和发展，进一步探讨有助于提高教育教学质量的办法，对社会发展和人的培养在理论层面给予正确指导。总之，教育内外部关系规律置于学术研究界，其概念的科学性、推理的逻辑性、表述的准确性和简明性足以确立和巩固其科学的地位。

2. 对应用研究的价值

教育内外部关系规律受提出者潘懋元教授工作性质的影响，先通过高等教育与政治经济、文化生活之间的关系，确定了理论研究和实践发展内容。从理论内涵来看，高等职业教育与政治、经济、文化等因素的联系更紧密，受区域经济发展、产业影响更明显，也就是说教育外部关系显现更突出。如果从高等职业教育专业建设角度去分析教育内外部关系规律理论，则可以更多地跳出教育活动本身，从高等职业教育与产业发展等社会元素之间的必然联系去研究。这种研究的转变，更加符合教育内外部关系规律需要“跳出教育论教育”的研究前提，也能更加深入地分析各种教育类型的基本规律。这样，我们将这一理论的研究起点，从原本的学科理论体系的应用层面调整为专业理论体系，这种逻辑起点的调整，对后续层层深入、逐步展开，由表象到本质的理论应用总结具有更重要的意义。与尚未完成知识体系构建的教育学和高等教育学相比，高等职业教育的应用研究就更需要相关理论的进一步指导，而这种指导必须建立在大量的教育实践和其他学者的研究经验基础之上，要形成从实践到理论的闭环，这样才能为高等职业教育的专业体系构建奠定基础，同时也对建设中国职业教育体系具有重要的参考价值。

3. 对教育实践的价值

任何理论研究的重点都是为了指导实践，因此，脱离了教育实践的教育内外部关系规律理论就完全失去了理论存在的价值，将理论应用到实践中，是对理论的再研究，也是推动理论的再升级。在这一过程中，一般会出现三种情况。一是用理论指导实践的初级阶段，理论需要与实践进一步碰撞，要通过政策、制度等元素将理论转化为实践，实现从理论到实践的转化。二是理论转化为实践后的适应阶段，因为任何人的认知都带有一定的主观性，对因理论转化而形成的制度政策会从主观先行判断，这就需要采取讨论、交流等方式推进适应阶段的民主化，消减主观对理论转化实践的影响，使理论更可行。三是理论转化为实践后的提升阶段，教育内外部规律理论真正要解决的是人才培养过程中制约教育质量提升的内外部关系，对这种规律的掌握可以解决高等职业教育改革与发展实践过程中的一系列人才培养问题，继而继续丰富和完善理论。现阶段，运用教育内外部关系规律理论研究高等职业教育专业群建设，对未来职业教育体系构建有着重要的指导作用，教育内外部关系规律的提出、表述和对于规律之间关系的探讨本身就是教育研究领域的创新所在，正不断接受来自理论与实践的检验，最终将臻于完善。

（三）教育内外部关系规律理论与职业教育

1. 规律要以人才培养为核心

（1）对接受教育的人的培养

无论是高等教育还是高等职业教育，其出发点和归宿都是对人的培养，人才培养作为教育的永恒话题，是一切活动的中心，而这种人的培养活动恰恰对应了教育内部关系规律。而教育内部关系规律要求教育要支撑人的全面发展，要通过德智体美劳五个方面的培养使受教育者具备终身学习和可持续发展能力。同时，教育内部关系规律也对“德智体美劳”的均衡发展提出了要求，内部的五个培养内容要均衡，不能重智轻劳、重美轻体。2018 年教育部在《关于开展“三全育人”综合改革试点工作的通知》中提出了“三全育人”；同年，在全国教育大会上，习近平总书记强调要培养德智体美劳全面发展的社会主义建设者和接班人，“五育并举”第一次由国家领导人正式提出；2020 年教育部印发了《大中小学劳动教育指导纲要（试行）》，这些都是教育内部关系规律以人才培养为核心的事实检验。

（2）对实施教育的人的培养

落实“五育并举”，促进学生全面发展在“人”，这个“人”指的就是教师队伍。职业教育与普通教育在教师队伍建设上的本质区别或显著特征，是

“双师型”教师培养，而这种“人”的培养活动恰恰对应了教育外部关系规律。职业教育“双师型”教师培养，需要政府发挥主导作用，让教师主动遵循教育外部规律；也需要组建如校企合作管理委员会等符合教育外部规律要求的非行政组织，建设提供培养“双师型”教师队伍的基地；还需要创新体制机制，让学校和企业的教师双向流动，提高“双师型”队伍质量；更需要制定“双师型”队伍认证制度，形成队伍建设的自补给动能，这些活动都与教育外部规律中的政治经济、社会文化息息相关。2019 年，教育部等四部门印发《深化新时代职业教育“双师型”教师队伍建设改革实施方案》，这是教育外部关系规律以人才培养为核心的事实检验。

2. 规律要以制度建设为保障

潘懋元在教育内外部关系规律的研究中心指出，制度建设是保证规律运行的最有效手段。对高职学校而言，制度一般包括学校章程、组织机构制度、工作流程制度、资源配置制度和人员激励制度等多方面内容，任何一方制度的缺失都可能影响教育内外部关系规律的形成和实施。现阶段而言，高职学校的制度建设正在逐步完善的过程中，其研究相对薄弱，因此在教育内外部关系规律理论指导下，高职学校制度建设包括以下内容：一是制度对教育内部关系规律的促进作用，即制度对新时代中国特色职业教育体系构建的促进；二是制度对教育外部关系规律的约束和平衡作用，即如何促进产教融合、校企合作，发挥好政府资源配置的约束和平衡功能；三是制度对高职学校服务区域经济社会发展的支撑作用，即对专业转型发展的支撑；四是制度对高职学校之间的合力发展具有引导作用，即对职业学校集团化办学的引导；五是制度对高职学校治理能力提升具有推动作用，即对职业学校教职工代表大会、校友代表大会、教学工作管理委员会等建设的推动。因此，只有搭建好高职学校的制度框架，才能保障教育内外部关系规律在人才培养中的全面应用。

3. 规律要以育训结合为方向

目前，高职学校生源结构呈现多样化特点，一般情况下学生包括统招生、单招生、扩招生、中高职贯通培养学生、高本贯通培养学生等类型，学生入学渠道不同导致培养标准不同，学生基础不同导致学习需求不同，学习需求不同导致学习形式不同，学习形式不同导致考核标准不同，这期间还存在认知水平、学习目标等其他非闭环中的因素的不同，这些势必会促进高职学校分类培养，也间接导致了育训结合成为职业教育改革的基本趋势。2019 年，《国务院关于印发国家职业教育改革实施方案的通知》明确提出，“落实职业院校实施学历教育与培训并举的法定职责，按照育训结合、长短结合、内外结合的要求，面向在校学生和全体社会成员开展职业培训”，2021 年全国职业教育大会上，习近平总书记对职业教育工作作出重要指示，强调“增强职业教育适应性，加快构建现代职业教育体系”，充分说明了加强育训结合是职业学校的重要人才培养内容，是建设现代职业教育体系的需要。因此，育训结合对高职学校的育人机制、办学格局、服务能力、育人模式都提出了一定的要求，这些要求应在遵循教育内外部关系规律的前提下，为学生提供灵活多样的培养模式，全面提高人才培养质量。

4. 规律要以特色发展为目标

各高职学校在办学过程中，要充分考虑地域、生源、文化等客观环境因素，也要考虑专业、优势和社会声誉等社会需要因素，这些因素综合决定了高职学校的办学特色。关于高职学校的特色发展，不同专业的教育工作者在不同场合都进行了界定和阐述，董刚将包括办学定位、治理能力、教师队伍、专业建设、社会服务和办学特色等内涵的“职教自信”定位为特色发展；于雷和王娟将教育类型、教育层次和教育个性等方面的办学实践定位为特色发展；张慧和查强将文化认同、多元一体、动态交互等内容的内涵元素定位为特色发展。无论哪种观点，高职学校的办学特色都必须要遵循教育内外部关系规律，要在人才培养中进行深刻实践，呈现具有唯一性、稳定性、公认性和发展性的认知符号。

二、共生理论

共生作为事物融合发展、人类社会进步和个体成长的重要源泉，已成为优化人才培养过程的必要手段，共同实施教育活动已成为完善人才培养质量的必然要求，对构建职业教育人才培养平台、创新职业教育人才培养模式、推进产教融合校企合作具有重要意义。因此，专业群建设中的共生理论，应从该理论的思想内涵、构成要素和在教育领域的运用理念三个方面进行研究。

（一）共生理论的思想内涵

1. 共生理论的概念界定与发展

共生理论是一个源于生物学、发展于各个学科领域的理论，对其内涵的界定可以从两方面入手：一是“共”，不同个体之间共生、共存、共处、共享、共进、共勉等关系；二是“生”，不同地域之间共生、寄生、滋生、腐生等存在途径。因此，最早提出这一理论的德国真菌学家德贝里认为，共生是不同生物体之间协助共存的方式，两者或者多者之间表现出共生互惠或者相互抑制的成长关系，并能够以此关系长期存在[①]。随后，共生理论被哲学界进行了丰富，对其从不同研究方向进行呼应的西方学者都可以被称为共生理论的哲学研究者，如提出过程哲学思想的研究者怀特海、提出主体间性思想的胡塞尔、提出“此在”与“共在”辩证观点的海德格尔、提出主体交往行为理论的哈贝马斯、提出人与自然关系的思考的罗蒂等，直至发展到复杂性哲学研究中心的“共生学”思想，无不证明了共生理论思想内涵的丰富性、交互性与延展性。近现代时期，国内学者李思强、复旦大学教授胡守钧均在哲学、社会学中对共生理论进行了丰富。时至今日，共生理论在学术界已经不拘泥于统一的界定或者阐述，大部分学者普遍认为：不同条件下、不同领域中，不同事物之间能够共同存在并且形成一定的模式，就可以纳入共生理论的研究范畴。

2. 共生理论的中国化阐述

将共生理论置于哲学研究中，中国古代著名的哲学家庄子在战国时期即提出了“天人合一”的思想；《易经》更是把人放在中心位置，将天、地、人并立起来，向人类描绘了天人和谐共生共长的美好愿景。这一观点被汉代著名大儒董仲舒发展成“天人合一”的哲学思想体系，后又得到宋明理学的进一步发展，并由产生了中华优秀传统文化的重要组成部分——合文化，成为“中华民族五千年来的思想核心与精神实质”，以及影响传统中国社会人们思维方式和行为指向的重要思想。习近平总书记在 2015 年第七十届联合国大会上第一次完整提出了人类命运共同体理念的五大内涵，将合文化所蕴

① 罗思．共生理论下来凤县民俗体育与地方发展的融合研究［D］．湖南：湖南师范大学，2019.

含的“天人合一”的自然观、“和而不同”的价值观、“天下为公”的治理观，是中华民族在长期的共同生活和对内对外相互交往的过程中形成的一种建构和谐社会秩序和推动国际友好往来的重要价值认同体系①。合文化在教育领域也被进一步应用，提出了教育共同体、学习共同体、实践共同体等共生实践。

（二）共生理论的构成要素

通常情况下，共生的构成包括三个基本要素，即共生单元、共生关系和共生环境，这三个要素在交叉发展中会形成共生模式，存在共生界面，构成要素之间的关系是相对稳定的，但会随着共生单元的调整而发生变化（图3–4）。

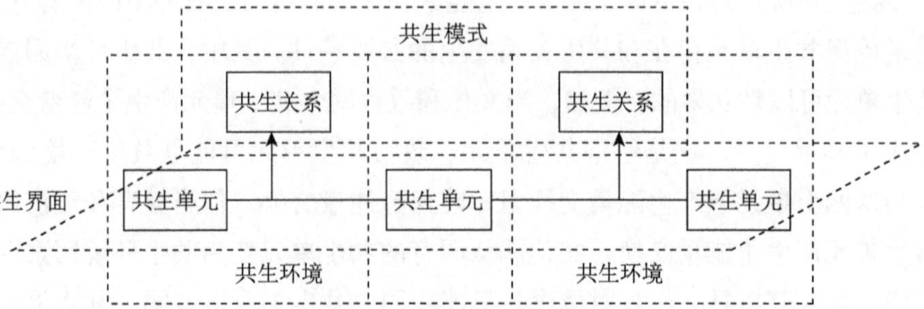

图 3–4　共生理论构成要素

1. 共生单元

共生单元是共生的最小单位，也是其最基本介质。通常情况下，我们判定共生单元的存在不以共生单元的呈现形态，而是以是否产生了能量和是否进行了能量交换来判定。将共生单元放在社会中，其普遍存在于各类机构和组织中，可能是官方的或者民间的，也可以是非正式的或者是正式的，更可以是经济的、文化的或教育的，有的共生单元仅临时存在，有的长期稳定，对其存在情况没有统一要求，依然是以是否产生了能量和是否进行了能量交换进行判定。将共生单元放在教育中，可以将其理解为促进教育活动发生或

① 涂浩然·李怡.“人类命运共同体”理念形成的认知图谱——基于文化与认同视角［J］.江苏大学学报（社会科学版），2020（4）：54–63.

者产生了实际教育行为、形成教育成效的人、组织等。

2. 共生关系

共生关系是共生单元之间相互作用、相互交叉、相互结合的一种方式方法。由对共生单元的概念判定可以得出，共生关系也势必有能量的存在，只不过这种能力的强弱、状态、持久度无法用统一的标准去衡量，仅能简单地反映共生单元间的互动情况，是随共生单元的变化而变化的。在教育中，这种共生关系一般都是围绕人才培养而产生的，其能量的呈现也是基于提高人才培养的质量。同时，面向不同的培养对象，即使共生单元相同其共生关系也可能发生变化，即存在偏利、对称互惠和非对称互惠等情况。

3. 共生环境

共生环境是为共生单元提供产生能量和交换能量的所有环境因素的总和，也是确保共生单元存在和共生关系发生的必要条件。其中，共生环境因素与共生单元可以是互易的。例如，当文化和教育两个共生单元产生了能量交换，形成了共生关系，这是经济共生单元、政治共生单元可能是共生环境因素，因为这两个单元不产生能量交换但却能保障能量交换。但当教育和经济两个共生单元产生了能量交换，文化就从原有的共生单元变为共生环境因素。所以说，共生环境是一个相对概念，只能在同一共生关系下或同一共生模式中进行界定。

4. 共生模式

共生模式可以理解为具有相同的能量传递方式的共生关系的总和。其中，因共生关系行为而产生的模式，被称为共生行为模式；因共生关系发展而产生的不同组织，被称为共生组织模式，两种模式均存在由低级向高级的区别序列（表 3–1）。

表 3-1　共生模式的分类及特点

共生模式分类		共生模式特点
共生行为模式	寄生关系	存在主辅共生单元，主共生单元提供能量，辅共生单元靠主共生单元生存
	偏利共生关系	能量单向流动并产生新的能量，能量对一个共生单元有利，对另一个共生单元无害
	非对称共生关系	能量双向流动且有利于双方发展，双方获利不均衡
	对称共生关系	能量双向流动且有利于双方发展，双方获利均衡
共生组织模式	点共生	能量一次性流动且具有随机性
	间歇共生	共生单元间不定期联系，联系频次少于连续共生，产生的作用不稳定
	连续共生	共生单元在一段时间内持续多次联系，产生的作用稳定
	一体化共生	共生单元在一段时间内或长期内形成共同体

5. 共生界面

共生界面是共生单元发生作用的时空条件，共生界面的存在促使共生单元的物质、信息、能量相互传递，形成共生关系。共生理论研究认为，共生关系的发生至少应具有一个共生界面，关系行为在这个共生界面中进行信息传输、物质交流、能量传导及分工与合作。而在教育学中，为了让共生关系全面提高人才培养质量，要尽可能多地产生能量流动关系，也要尽可能多地建立共生界面，同时更要推动共生界面之间的融合，因为这种融合会形成共生单元之间的贯通通道，发挥教育的最大时空作用。

（三）共生理论在教育领域的运用理念

1. 共生理论的教育目的观

德国哲学家雅思贝尔斯说：“教育就是一棵树摇动另一棵树，一朵云推动另一朵云，一个灵魂召唤另一个灵魂。”这种摇动、推动、召唤的过程既是共生理论的体现，更是对教育目的的表述，这与教育的根本问题是人的问题相统一。孔子设立私学，主张“有教无类”，这是共生理论在教育过程中重视人的发展，克服人以自我为中心、以利己为前提的“本恶面”问题，让参与共生教育的双方都能真正了解自我、认识自我、突破自我。而这种自我发展的过程，也是教育追求受教育者可持续发展能力的终极目标的体现，通过共生单元的不同共生关系，帮助受教育者树立远大的理想和追求，促进共生单元之间和谐互动的“本善面”持续生产，最终实现对人的全面培养。

2. 共生理论的教育过程观

教育的价值体现，不仅在于培养了什么样的人，更在于在教育的过程中，受教育者所经历的情感体验和价值生成，在于教育者和受教育者双方共同获得的精神提升和价值生成。因此，可以将共生理论的共同体验、共同收获、共同成长与教育过程进行关联，这也是共生的结果追求。但从共生关系来看，“教学相长”决定了教育过程中教育者和受教育者双方要平等对话、平等交流、平等互动和平等共处，这与共生行为模式中对称共生关系特点一致。即使在此过程中，教育者因对受教育者进行的知识传授、技能培养、价值引导产生了短暂的双方获利不均衡，这种不均衡在教学活动过后，也会同等地回馈给教育者，继而实现教育双方完整的情感体验。这就使得在教育的过程中，受教育者的潜力得以发掘，能力得以增强，情感得以丰富：教育者的生命意义得以展现，生命质量得以提升。

3. 共生理论的教育环境观

基于对共生理论构成包括三个基本要素之一共生环境的释义，教育环境就是为教育者和受教育者提供教育活动，完成人才培养活动的所有环境因素的综合，也是确保教育者和受教育者关系存在及教学活动顺利进行的必要条件。与共生环境不同的是，共生环境不用对共生单元和共生关系进行约束控制，而教育环境要具有促进二者和谐共生和持续共生的作用，教育环境必须确保二者良性关系的持续生产，以此确保构建和谐有序的教育生态。值得说明的是：职业教育环境观较普通教育环境观要更为复杂，影响教育者和受教育者的环境因素更为多样，构建的教育环境也更为开放。这是因为职业教育与地方经济、产业发展、企业经营等其他共生单元存在着不同的共生关系，这种共生关系产生了不同的共生模式，从而使职业教育的服务性更加凸显，也实现了职业教育者和受教育者之间的和谐共生。

4. 共生理论的教育评价观

教育评价观应该是基于共生理论又独创于教育的应用观念，决定了共生理论的教育评价观必然反作用于教育环境观、教育过程观和教育目的观，是对共生单元、共生关系和共生模式的一种反作用力，主要指向对教育质量的提高和良性教育生态的生成。因此，共生理论的教育评价观应是基于自主化、动态化、多元化、差异化的要求，遵循教育内外部关系规律，建立促进教育者和受教育者共生的评价标准体系，旨在通过教育评价引导受教育者发现自我潜能、发挥自我特长、了解自身发展的需求，帮助受教育者认识自我、建立自信、增强理解、学会合作，进而促进受教育者全面发展，形成积极的共生关系。

第四章　专业群组建的逻辑研究

第一节　专业群组建的关联因子

一、专业链的关联因子

（一）专业

专业是专业链条上的最小单位，也是专业群组建的基本单元。从规模上看，专业是社会角色或职业工种在特定的教育类型中的学科门类，社会角色或职业工种与专业划分呈正比例关系，社会分工越细，专业数量越多，专业规模越大；从名称上看，不同国家对专业有不同称呼及内涵界定，例如，《国际教育标准》中的“课程计划”与专业相近，美国的“学习领域”也是专业的一种呈现方式，其他国家也有专门化、工作门类等叫法，但均指代与社会分工相对应的教育内容；从关系上看，我们可以将专业理解为学校开展人才培养活动或教育教学活动的实施单位，这种单位对应到经济领域就是“职业”，职业又可以分解为不同的“岗位”，岗位又对接着专业的各类“课程”，形成了从专业到职业的互相映射关系。通过这种映射关系，《中华人民共和国职业分类大典（2015年版）》分列了由8个大类、75个中类、434个小类和1481个职业细类；《职业教育专业目录（2021年）》设置了19个专业大类、97个专业类，其中，中职专业358个、高职专科专业744个、高职本科专业247个[①]。因此，从国民

① 《教育部关于印发〈职业教育专业目录（2021年）〉的通知》（教职成〔2021〕2号）。

经济发展的职业规划角度和专业设置角度进行对比可以看到，专业数量远少于职业细类数，也就是说普遍性存在一个专业支撑多个职业现象，而支撑的职业的交叉使得专业间相互交叉形成链条状关系，这也是专业能够成为专业链上的最小单位和专业群的基本单元的根本原因。

（二）专业方向

专业方向也称专门化方向，可以理解为专业下的子目录或是专业的二次细分，是在专业设置的框架下一个专业支撑多个职业存在不同辐射现象的教育表达，即对专业进行二度细分使其能够支撑多个职业。除此之外，专业方向还有两方面的重要作用：一是支撑以学科为基础“宽口径”设置专业，提高知识技能的可迁移性；二是支撑以需求为导向进行“多样化”人才培养，增强教育的灵活性，以上两方面作用不仅能满足社会、企业和个人的人才培养需求，还能调节专业设置的刚柔性关系。对于专业方向，1998 年教育部印发的《关于深化教学改革，培养适应 21 世纪需要的高质量人才的意见》从专业设置的角度进行了要求，其中“宽口径专业”“柔性设置专业方向”都是对专业方向建设的间接要求，但其他专业设置文件并没有明确界定。因此，在人才培养过程中，专业方向即由开设该专业的主体在专业目录的框架下自行界定，但在职业教育领域的应用并不广泛。相比之下，我国的本科高校在国家政策指导下，根据“专门人才”的培养需要在一个专业下面设置了多个方向，并体现在学校的招生简章中，从招生录取、方向选择、实习就业等人才培养实施层面进行了有效实践。经过多年实践，我国本科高校的专业方向已经固化为具体模式，主要是在学分制的基础上，通过修读不同方向的专业模块课程实现专门人才培养的目标，即同一专业在高年级的专业培养方案中，通过必修或选修不同模块专业课程或专业核心课程来区分不同的专业方向。以旅游类专业为例，旅游管理称为宽口径专业，一般可在其下设置饭店管理方向、景点管理方向、旅行社管理方向，这里的方向可以与已有专业有内涵上的交叉，区别是同专业不同方向之间存在公共基础课程。

（三）专业群

从专业与职业的映射关系可以看出，其在经济社会发展中的产生应源自产业转型升级或产业规模化发展，从研究的角度可追溯至经济学的产业集群理论，从集聚效应角度，专业与专业之间培养目标的集聚，因其职业关联性能形成“1+1 ＞ 2”的产出；从效率效应角度，专业与专业之间资源的共享，因其耦合利用率能获得“1+1 ＜ 2”的效果；从规模效应角度，专业与专业之间组合成一个整体，因其规模扩大能提高竞争力；从扩散效应角度，专业与专业之间形成整体后的辐射，因其面积扩大能提高影响力。因此，从产业集群的“四大效应”对专业群进行比较分析得出：专业与专业之间的集聚、共享、组合与辐射是专业群存在并产生作用的基本形态。若以专业群为单一对象，也可以从产业集群“四大效应”产生的结果分析出群内各专业之间的关系，从集聚效应角度分析，专业群应存在一个核心专业，吸引群内其他专业而产生的集聚，并具备带动其他专业发展的能力，从而支撑“1+1 ＞ 2”的人才培养产出；从规模效应角度分析，专业群内专业之间应有共同的专业基础知识或共通的专业技术领域，这种共同共通形成了资源的共享，从而支撑资源建设成本产生“1+1 ＜ 2”的效果；从规模效应角度分析，专业与专业之间存在相互依存、相互促进的关系，从而形成专业与专业借势共生，可在专业群平台基础上提高各专业和专业群的整体竞争力；从扩散效应角度分析，专业群还会同步辐射到群外专业，对与群内专业相关但未被纳入专业群的专业产生影响。综上所述，将专业群定义为由相同专业基础或共通专业技术领域的 3~5 个专业组成的，能形成资源共享、存在相互依存和促进关系，并能提高竞争力和影响力的专业集合。

（四）专业集群

专业群在国家政策层面与专业建设和人才培养目标密切相关，是在 2015 年教育部、国家发改委和财政部联合印发《关于引导部分地方普通对本科高校向应用型转变的指导意见》中，被首次提出的，是在专业群的基础上演变、发展和界定的，我们可以将其理解为具有中国特色的话语概念。与专业群比较，专业集群更重视专业的外部作用，即专业面向、服务产业、对接领域等内容，目的是支撑供给侧结构性改革和产业转型升级的动态变化，以解决专业设置与产业发展动态匹配的问题。也就是说，专业集群可以不具备相同专业基础或共通专业技术领域，只需同时服务一个行业或者一类产业，各专业是否能组成产业集群不受专业自身因素限制，而是由产业是否需要所决定，但其根本目的也是培养能对接社会需求的专门化人才。如果将其放在职业教育高度发展、产教结合的背景下，专业集群明显对现代产业学院建设有着重要的影响，也为专业群校企合作、工学结合提供了必要的发展路径。但在“十三五”至“十四五”期间，无论是“国特高”建设计划，还是新“职教 22 条”均还在大力推动专业群建设，也就是从专业内部关系探寻专业提质培优、增值赋能的解决方案，显然专业群无论是在宏观政策层面、中观统筹层面还是微观操作层面均稍显稚嫩，还应进行更科学、更系统和更深入的研究与实践。

（五）专业链

与专业群、专业集群相比较，目前的专业链更多以研究态势呈现，我们可以将其简单地界定为教育内部的一种专业关系，因此，需要从不同学校的专业之间的关系去认识专业链。从《职业教育专业目录（2021 年）》的具体内容来看，高职专科专业横向之间可以形成专业类和专业大类，而纵向之间是向前溯源至中职、向后延伸至高职本科，这也就说明专业链不受专业对应层次限制，可以由中职专业、高职专科专业和高职本科专业共同组成，这是其区别于专业群、专业集群最明显的特征。显然此类特征情况下，专业链可以称为现代职业教育体系纵向贯通的一个载体，其内涵是以专业为单位的交互、耦合与进阶。交互是指不同学历层次之间的专业内部具有相同的专业发展属性，可以体现在人才贯通培养过程中，这是专业链存在的核心；耦合是指不同学历层次之间的专业需要设定过渡期，并且是双向过渡，可以体现在人才贯通培养校校合作机制中，这是专业链运行的保障；进阶是指各专业在不同层次人才培养过程中应该是逐层上升的，而不是一蹴而就的，这是专业链发展的根本。同时，我们也要看到，专业链整体也是与产业链相呼应的，因为不同层次人才培养对应产业链中企业不同岗位，这就决定了各专业在链的前后序位置和关系。在职业学校人才培养过程中，职教集团是专业链运行发展的重要载体，集团内部的中高本学校之间，可在一定的合作机制框架下进行正向运转和不同层次的人才输出。

二、产业链的关联因子

（一）产业

在专业群组建的框架讨论产业，就要沿着其产生、发展和联系的路径去分析。首先，产业是专业群形成的出发点与归宿，是伴随经济发展而形成的，在不断发展进程中被自然地做出了三个区分，又可以叫作三级工业，它们包括：以农林牧渔为代表的第一次工业，如种植业、畜牧、矿采等；以生产制造业为代表的传统的第二产业，如生产、设计、制造等；以金融服务为代表的传统第三产业，如交通、银行、商贸等。在现实经济社会发展中，个别行业会兼具两类产业特征或在不同情况下分属不同产业，这是产业转型升级或产业内涵发展所决定的。其次，从产业发展路径分析，其主要在经济学研究中呈现不同的解释，最早对产业赋予定义的是马克思，他将产业细分为两种形式，分别归属于流通阶段和生产阶段，也就是在资本价值中体现的商品资本和生产资本，这两类资本可以统称为产业资本，广泛地存在于产业在经济学的研究中心。但相比经济社会中的三次产业，显然研究领域的产业属于狭义界定，但这种狭义又对专业群组建有着一定的理论指导和支撑作用。最后，从教育服务路径分析产业，由于产业与经济社会发展的联结关系，所以其对人才培养目标和规格具有极强的制约作用，其对经济活动的企事业单位等人才培养服务对象具有社会分工的约束作用，这种社会分工就是专业中所指出的职业细分，从而形成从产业与职业、职业与专业的对应关系。因此，在专业群组建过程中，产业将被纳入专业群组建的服务对象，其分解、重组后形成的各种形态将对专业群组建的实际操作产生约束作用。

（二）产业化

产业化严格来说，并不能被称为独立概念，它主要是随着第三次产业的发展变化而产生的，也就是在产业的基础上发展而来的。如果说产业是一种市场经济的范畴，并具有明显的市场经济属性，“化”则代表转变成一种特性或状态，对产业发展的规模程度、流通演变及属性界定，并在表象上被社会公众广泛认同的一种产业形态。所以，人们也可把农业产业化理解为在企业生产经营进程中，逐渐形成的系列化和品牌化的生产经营与管理形态。客观而言，产业化是对产业中属性相同、组织形式相同、规模程度相近的企业或组织的一种固化，使其通过从量变到质变的过程称为产业中某一标准的重要代表或重要组成部分。但若从行业的视角来看，对产业化过程的认识则应当更偏向于对行业发展过程的认识，即指行业中的某个环节和某部分从导入发展、演变、发展、再发展的循环过程，这包括了提供发展环境、提供发展保障，以及提供再发展环境等。所以，产业化应该是产业发展的一种状态，是产业经历了全面开展生产技术成果的商业运作呈现，即完成了由产业向产业化的变革。因此，三大产业具体到产业化也可以被赋予相应的代称，如第一次产业的产业化即“农业产业化”，第二次产业的产业化即“工业化”，第三次产业的产业化即“服务业产业化”。在经济社会中，因为产业化的动态变化，“工业化”往往被稳定为第二次产业的代称，而第一次产业、第三次产业会随着市场发展、行业规模和专业分工情况进行动态调整。

（三）产业集群

产业集群理论自 20 世纪 90 年代起便被学术界关注，并由多位学者提出，如新经济地理学家 Krugman（1991）从规模报酬递增的角度对产业集群的形成进行了分析；Porter（2002）在其著作《竞争论》中提出产业集群是一种企业集聚现象，由一群在位置上相邻近的企业通过某种互补性或共通性联结而形成；国内学者王丽丽则认为产业集群的规模既可以是单一的城市或州，也可以是一个国家乃至部分邻国组成的网络。虽然不同学者对产业集群的定义有些许的差异，但其内涵是统一的，本质上都是业务相关企业在特定空间由于长期频繁的技术交流合作集聚形成的关联网络系统。此外，还有很多学者将复杂网络理论用于产业集群的研究。蔡宁等通过对温州鞋革业等产业集群分析，发现产业集群的网络结构在不同程度上拥有小世界、大规模、复杂化等网络结构属性和特征；范如国则在其基础上，将网络结构上升为社会网络平台，进一步与经济社会相关联；兰娟丽等将产业集群的网络结果内化到集群内部的网络关系，更利于产业集群的构建和运行；汤小银等运用复杂社会网络结构变化及影响因素，分析出产业集群的衍化过程和组织特征。此外，还有许多学者从地理集聚、产业特性、技术交流等方面来对产业集群进行界定。之所以对产业集群的概念进行重要阐释，是因为产业集群具有鲜明的内外部集合特征，其特征关系更有利于从专业群组建的内外部进行参考分析，其集群构成的各个个体与专业群构成的专业关系具有同理性，从而能推动专业群合理构建。

（四）产业链

在国内，1985 年姚齐源就从理论层面建立了产业链概念，也聚焦在企业与企业、企业分工内市场组织结构关系，在后续 30 多年的时间中，先后历经产业集群、产业化、产业分工、产业集成、产业模块化和产业网络化等内涵的丰富和拓展，动态衍化为最后的产业链，即不同类型、不同维度、不同结构的产业构成复杂的链状空间。专业群组建分析把产业链条划分为狭义和广义两个含义，狭义的产业链条就是一个产品上的各个要素间的链条关系，链条围绕着产业生产的起点、流程和终端实现有序安排，因而具有了产业链前端、中端和后端等不同位次的定义，在狭义产业链体系中，产业链条位置是恒定有序的，产业链条构成也是平稳均匀的，并没有因为产业链条内部原因而出现“断链”或“延链”；所谓的行业链体系即立足于行业价值体系中的内涵划分定义，既包括“价值链体系—公司链—供给链—空间链”等其他链条层次，是对产业经济现状的总称，也是产业宏观分析的依据。鉴于产业链狭义和广义的概念差异，在专业群组建过程中的产业链，一般指狭义的产业链，即围绕专业对应产业形成的各类关系链条，如供给与需求之间的链条、企业与学校之间的链条、时间与空间之间的链条等，同时也会跨区域、跨国家、跨种族开展产业链条活动，是比产业集群更为广泛的产业网络、产业活动、产业价值升级等区域经济产业组织形式。

（五）全产业链

2009 年，中粮集团在国家食品安全面临严峻考验的背景下提出了一种创新性的发展模式，即全产业链。从提升企业竞争力方面的研究来看，李甜（2018）将全产业链应用到旅游行业，借此提升旅游产业的经济效益和竞争力。王媛（2020）指出全产业链的发展以用户的需要为先，产业链把市场中的产品供应和用户的需要传导至价值链的起点——制造过程，指导农户种植或生产。从对全产业链内涵方面的探讨出发，刘遗志等（2000）提出全产业链实质是以服务需求为主导，公司利用知识产权及合同的形式，将管理服务沿价值链的中下游进行延展，从而协同价值链的物流管理，实现整个价值链进行全程管理控制的一个商业模式。中粮的全产业链具体包括上游的原材料种植、中游的生产加工、下游的产品营销等环节。它是由多个环节组成的完整产业链，其中有材料采购、有生产加工、有推广销售，同时多样化的产品之间又形成一种平行关系，它们之间相互协作，共同帮助企业达到价值最大化。建立了从“种植源头到餐桌”的监管和调控机制，加大源头的监管力度，提高生产中的风险监控强度，加强销售环节和流通环节的管理，提高食品的可追溯性。赵琼（2012）通过中粮集团的案例分析，阐述了全产业链的含义。全产业链是指企业通过提升对产业链各个环节的把控，并向相关产业的上中下游多方向延伸，进而在发展中占据核心地位的一种发展方式。

三、岗位链的关联因子

（一）岗位

从传统意义上讲，岗位是置于企业或其他经济组织活动中的一种角色，角色被赋予一定的责任和权限，不同责任与权限之间存在阶层关系。与岗位相对应的是职位，职位就是岗位中的阶层关系的代表，相同岗位可能存在不同职位，相同性质的职位又落实到各个岗位中，因此我们说，岗位与职位存在从属关系、层级关系和交叉关系。在专业群组建过程中，一般根据岗位的组群逻辑及相应的需求对岗位分类，因为岗位更强调责任的概念，它由授权责任与具体的职责两个方面构成，可以利用责任将工作的岗位和责任相互联系起来。如果将岗位置于人才培养过程中，则与其存在直接对应关系的是课程，岗位的责任和权限均能够在一定程度、一定范围内转化为课程，不同的岗位转化的不同课程即可以组成课程体系，而课程体系又支撑人才培养的过程实施。因此，我们可以将岗位理解为专业群组建关联因子的基础因子，并对专业、产业产生一定的影响。

（二）岗位能力

相比其他关联因子，岗位能力并不是从理论研究的角度被提出的，而是在我国人力资源建设发展过程中，基于社会经济和市场对人才的实际需求，由国家人力资源及社会保障部门在 2001 年提出，主要是指在职员工在岗位工作和学习过程中，不断提高自身的业务能力从而符合从事岗位的业务能力。

因此，其在研究领域的出现最早主要集中在人力资源方面，随着研究范围的不断扩大，其内涵已丰富完善为岗位胜任力、岗位发展力、岗位迁移力等完成岗位及其拓展岗位所应具备的知识和技能。如吴旭军从实现自身发展的角度，对岗位能力应满足的要求、应积累的知识、应实践的能力和应解决的问题等方面进行了界定，并明确提出不仅要满足岗位发展，还要不断提升自我发展，将岗位能力由岗位拓展至人的应用范畴，尤其是拓展至从事该岗位的人与人之间的协作交流能力。演克武则运用模型对岗位能力进行了更有层次的研究分析，将岗位能力分为技术、伙伴和技能三种类型，每种类型都在不同职级的岗位职责中得以体现，将理论研究与岗位工作进行了关联研究。吕岩选择会计岗位，从具体岗位的职业发展入手，对岗位应具备的素质、知识和技术技能进行了明确界定。华文立则从个体胜任岗位角度对岗位核心知识、能力和素质进行了详细阐述。周兰菊在上述学者研究的基础上，立足发展对岗位需求进行了动态分析，提出要将岗位能力置于各方面动态变化与发展的范畴中去界定。综上所述，不同学者从岗位本身、从事岗位的人员、经济社会对岗位的需求和具体岗位等不同方面对岗位能力进行了研究分析，而在专业群建设中对应群内专业，可以将岗位能力界定为胜任专业群内专业所对应的岗位所需的系统知识、整体技能和职业素养。

（三）典型工作任务

在企业中，工作任务是指完成一件产品或一项服务，完成条件是：在特定的工作环境中，使用特定的工具和材料，通过不同员工的协作，针对不同的工作对象，采用相应的工作方法。发展性任务是指在能力发展中具有挑战性和起关键作用的任务。典型性任务是指具有完整工作过程的综合性任务，重在突出典型。工作任务可能只是一项重复性，不能突出职业能力的产品或服务，与工作任务相比，典型工作任务与完成任务人员的核心能力或者说可持续发展能力有着更加紧密的关系，能够决定或者有效促进员工的职业提升。所以，在某一学科范畴内或者面向某一岗位的典型工作任务，都应该是有起始和归宿的整体行动流程，将之放置在课程教育实践中泛指“资讯、计划、决策、实施检查和评估”，这些环节一方面要体现出工作任务对应的内容和方法，一方面要体现出工作任务的性质和作用。一般来说，典型工作任务的提取应源于实际工作岗位，一个岗位可能包括一个或者多个典型工作任务，数量并不是判断任务是否典型的依据，而是依据任务对应的核心能力和可持续发展能力进行典型性鉴别。在职业教育人才培养过程中的典型工作任务，其确定方法要基于调查研究、归纳提炼，要注意典型工作任务所体现的工作过程的完整性，其提取的质量直接决定了教学质量和成效。

（四）岗位群

岗位群是一个非普适性概念，一般是根据几个或几类对上岗人员具有相同岗位规范要求的岗位构成。一旦形成了岗位群，它便会成为企业人力资源管理的基础参照值，要在岗位设置和管理过程中充分考虑其个性特征和共性要求，充分考虑岗位群不同劳动对象的管理措施，因此，可以认为岗位群在一定时期或一定范围内相对稳定，其岗位规范不会随着岗位人员的调整而变化，具有一定的客观存在性。在专业群组建过程中，之所以考虑岗位群因素，主要是因为其对人才培养和就业有着直接影响。在现阶段经济社会发展过程中，较大部分生产一线都缺少相对稳定或行之有效的岗位规范，这也是岗位群至今尚未成为企业的普适性概念的主要原因。比较来看，无论是农业种植、工业生产还是商业服务等一线，缺少的都是适应性强、覆盖面广、关联度大的高素质技术技能人才，这也决定了要针对岗位群而不能仅针对某一产业的某一岗位，这也决定了职业学校的人才培养目标应该呈现横向或纵向的整体界定，而不是确定在某个或某类岗位上。针对上述分析，要建立以重点专业为核心、其他学科为基础的职业教育专业群，服务面向的地区、部门、企业和农民，提高学生的就业水平。

（五）岗位链

关于岗位链，目前国内还没有明确的内涵界定，结合专业群组建关联因子分析，岗位链可以理解为隶属于同一产业的相关岗位，按照产业链的对应顺序，以岗位能力接续为前提，以典型工作任务关联为基础，将岗位有序排列且相互耦合发生作用。基于上述分析，根据《高等职业学校旅行社经营管理专业教学标准》内容，以旅行社经营管理专业为例，对岗位链内的职业关系进行分析，其对应行业为商务服务业，主要职业岗位包括计调员、接待员、销售员、导游员等，其主要岗位群或技术领域包括产品设计、门市接待、推广销售、网络运营、游程服务，可以构建“基础运营—对客接待—市场推广—售后服务”的岗位链。若依据《高等职业学校景区开发与管理专业教学标准》对高职景区开发与管理专业职业面向进行分析，其对应行业为商务服务业、专业技术服务业、公共设施管理业、娱乐业，主要职业类别包括公共游览场所服务员、旅游咨询员、导游、商品营业员、营销员、园林绿化工程技术人员、风景园林工程技术人员、制图员，其主要岗位群或技术领域包括接待服务、景区管理、活动策划、旅游规划、景观设计、产品销售，可以构建“旅游规划—景观设计—景区管理—活动策划—产品销售—接待服务”的岗位链。

四、人才链的关联因子

（一）产教融合

产教融合在国内萌芽于新中国成立之后，为满足社会主义建设劳动者知识和技能提高的需要，开展的半工半读式学习。1983 年，中共中央、国务院在教育体制改革和职业学校设置等多个文件中，都提到了学校与行业企业、社会组织等机构通过联合、委托等形式共同培养，已经明确了工学结合的基本形态。20 世纪 90 年代，《中华人民共和国职业教育法》的颁布在法律层面对各主体、各行业参与职业学校办学育人提出了明确规定，校企合作、订单培养等模式也逐步在职业教育人才培养中发挥作用。2014 年至 2020 年，产教融合在中国职业教育体系构建中的重要地位逐步凸显，产教深度融合、深化产教融合已成为职业学校创新多元化办学体制机制的主要途径。随着产教融合在职业教育中的应用发展，研究界也形成了两种主流观点：第一种是“同质论”，认为产教融合与校企合作不存在上下位概念的关系，其本质都是在职业教育与经济社会共同发展过程中联合育人的一种形式，只是表述方式及外延界定上有所不同。因此，支持此观点的学者们将产教融合与校企合作理论、政策和实践纳入相同的研究范畴。第二种是“异质论”，认为产教融合应属于经济领域，产引领教，教育要满足产业需求；校企合作则属于教育领域范畴，企服务校，企业要服务人才培养。因此，二者从主体、作用及关系方面都存在不同，但同时又是相互交融的关系，截至目前尚未形成统一界定。单看产教融合，其可从宏观和微观两个层面进行理解，宏观的产教融合可以理解为“同质论”，即产业与教育的融合；微观的产教融合则倾向于“异质论”，即学校与企业的合作，都具有多元主体、双向互动、协同发展、合作共赢的内涵。在专业群建设研究中，产教融合则是校企合作的高级阶段，是教育与产业系统跨界融合的过程。高职学校正是通过产教融合这一过程，将企业技术、设备等多种要素融入高等职业教育人才培养体系中的。企业则是通过这一过程，将教学要素融入其生产过程中。

（二）人才培养模式

现阶段，人才培养模式已经成为决定人才培养质量的关键因素，学界对其阐释主要存在以下几种说法。一是“系统说”，即将人才培养模式认定为一个统一体系，其培养目标、规格、主体、客体、途径、措施都是体系内部的元素，是支持其解决人才培养问题的内在动因，此说法重视的是人才培养模式的构建。二是“过程说”，即认为人才培养模式仅是人才培养过程的一种反映，不存在固定的方法，要随着经济社会和产业发展对人才需求的变化而变化，但值得强调的是，此过程必须在教育思想的指导下，并遵循一定的教育教学理论实施人才培养，此说法重视的是人才培养的过程。三是“目标说”，即人才培养模式就是服务培养目标的达成，其构成要素与实施过程均围绕人才培养目标进行设计和设定，在保证目标达成的情况下，要素与过程可以进行动态调整和优化，此说法重视的是人才培养的结果。四是“教学说”，即认为人才培养模式的起点和终点都是为了知识、能力的传授，其组织、结构与运行要受到教学制度、评价机制等制约，教得好坏决定着人才培养质量的优劣，此说法重视的是人才培养的行为实施。综上所述，培养模式是指一种经过复杂的、多角度多维度的设计、建构和管理，并需要由培养目标、学科设置、课程体系、教育组织形态、教育管理体系、教师评价制度等几个基本要素组成的教育培养过程的理论模式与组合形式。不同的培养模块有不同的内容和结构，要素的组成方法和流程不同，培养目标和结果也有所不同。

（三）人才链

在专业群建设过程中，人才链可以从企业和教育两个角度进行理解。从企业角度来看，人才链的构成既是由支撑企业内部生产或服务全流程中所有环节的人才构成，也包括企业外部教育和社会各界为企业供给所形成的人才储备库，是一个内外循环、环环相扣的人才队伍的总称。从教育角度来看，人才链的构成既包括学校培养的各类人才，也包括支撑学校培养人才的队伍，是一个人才输出与支撑人才输出的链条。由上述分析可以看出，人才链具有相对宽泛的内涵，不仅在企业、教育，在任何领域均可依托人才的供给与需求形成链条，在产业各环节中以产业知识、技能、成果、经验等的传递与关联而形成的链条式人才集合体，在横向上包含产业各个环节上的原创型、创新型、实用型、管理型、技能型等各类人才，在纵向上以领袖级人物为特定类型人才发展的基点和核心，带动各个层次人才聚集。人才链的完善发展是经济高质量发展的重要支撑，在专业群建设研究中，人才链可以狭义地理解为通过专业教育、职业培训等方式所培养的人才被企业所认可，这些人才在企业环环相扣的组织、生产等活动中形成有组织性衔接关系的人才梯队。

第二节　专业群建设的现状分析

一、专业群建设的发展轨迹

（一）国家高职示范校建设期

从1999年起，我国高职教育步入大发展时代，通过多年的高速蓬勃发展，在学校数、招生数、在校生人数和就业创业质量等各个方面，在整个高等教育中都占有了较大比例，形成了一定的规模。与发展规模的迅速扩大相对，我国高职教育整体质量的提升并未跟进，其中一个非常关键的因素就是我国高职教育并没有构建起自身的教学体系，在实质上仍然采取本科学科类的教学管理模式，导致培养模式和本科生并没有根本性的差异。因此，在2006年以后的近8年时间，教育部等部门先后发布了《教育部 财政部关于实施国家示范性高等职业院校建设计划加快高等职业教育改革发展的意见》（教高〔2006〕14号）、《教育部关于全面提高高等职业教育教学质量的若干意见》（教高〔2006〕16号）和《教育部 财政部关于进一步推进“国家示范性高等职业院校建设计划”实施工作的通知》(教高〔2010〕8号)三份比较重要的政策文件。它们是我国高职教育发展需求与育人理念双重转变的体现，也开启了高职学校的“全员育人”发展。其中，14号文作为全国高等职业院校建设的重要示范，将遵循地方主导、中央引导、突出重点、统筹开展的原则，选取办学定位准确、产学结合紧密、改革成绩突出、制度环境良好、辐射能力较强的高等职业学校，重点支持100所高水平示范高等职业学校进行建设，并着力打造500个左右产业覆盖面广、办学条件优、产学结合亲密、人才培养质量高的特色专业群，带动全国高等职业学校办出特色，提高水平。16号文以科学发展观为引领，明确提出了深入理解高等职业教育中全方位质量的重要意义和紧迫感，并提出了各类高等教育主管部门和高职学校都要深入理解整体提高教育质量是实现科教兴国目标的必需，同时也是高等职业学校自身建设的客观需求，要注重教育改革基础理论研究与实际结合，加大对高等职业学校改革经验与建设成效的宣传，进一步扩大社会公众对高等职业学校的认知度，进一步提升社会知名度。

（二）现代职业教育发展过渡期

2014年至2016年，国家接连出台了《国务院关于加快发展现代职业教育的决定》(国发〔2014〕19号)和《教育部关于深化职业教育教学改革全面提高人才培养质量的若干意见》(教职成〔2015〕6号)，确定了动态调整机制，科学定位高等职业教育的发展趋势，紧密衔接“一带一路”倡议，以及长江经济带等国家战略，强调专业群的发展应“满足需要”“特色鲜明”“成效显著”，并注重内涵建设与发展。其中，19号文着重就职业教育的市场引导、分类指导、就业导向、特色办学等多元化发展方向作出了规定，并明确要引导行业企业等社会力量积极参与职业教育办学，扩大优质教育资源的共建共享，激活高职学校内生发展动力，促进职业教育与经济社会的无缝衔接。同时，还明确了职业教育在我国人才培养体系中的地位和作用，明确提出了职业学校应肩负起教育和职业培训并举的责任，并从专业设置到学生毕业、从产业需求到终身发展等五个方面将经济社会发展建设与职教融合进行全面对接，为毕业生的多元选择、多路径发展构筑了“立交桥”。6号文把落实立德树人的根本任务摆在职业学校人才培养的首要位置，特别强调扎实开展中国特色社会主义理念和中国梦宣传教育，大力加强以学生为本的社会主义核心价值观和理想信念教育，提出了“五育并举”“三全育人”等育德、育人、育才的一体化新要求。

（三）中国特色“双高”建设期

在此过程中，以高等教育“双一流”建设拉开序幕。2019年《国务院关于印发国家职业教育改革实施方案的通知》（国发〔2019〕4号），中共中央办公厅、国务院办公厅印发《关于推动现代职业教育高质量发展的意见》，文件进一步指明了高职教育的发展与建设方向、明确了高职教育在我国高等教育体系中的定位。其中，《国家职业教育改革实施方案》（简称“职教20条”）在明确了职业教育的类型教育特征的同时，继示范校后再次推动了高职学校大规模、高质量发展，明确提出了“50所高水平高职学校”和“150个高水平专业（群）”的“双目标”，昭示了职业教育新时期的整体发展目标，表明了其在我国教育体系中的重要地位。这一时期高等职业教育特征是更加重视以加强专业建设来提高人才培养质量。随后的《关于推动现代职业教育高质量发展的意见》（又被称为“职教22条”），更是在“职教20条”的基础上，围绕贯彻落实习近平总书记重要指示和全国职业教育大会精神，进一步巩固职业教育类型定位、构建现代职业教育体系、服务技能型社会建设，着力于破除职业教育改革发展的深层次体制机制障碍，推动职业教育高质量发展。

二、专业群建设的发展动因

（一）规模发展的直接动因

高水平专业群是大幅度提高学校办学和人才培养质量，提高高职学校整体知名度和综合竞争力，推动职业教育高质量发展的基本保证，也是高职学校获取跨越式发展的内生动力。因此，高水平专业群建设作为高职学校自主发展的内在需求，变得特别关键。如果失败，就会产生新的建设障碍。受岗位实用型人才劳动力市场相对紧缺的状况及国家有关政策支持的影响，我国高职学校从改革开放之后，特别是示范校发展和高职学校扩招至今，逐渐进入规模化、规范化和制度化发展阶段。总的来看，高职学校教学数量提升与规模扩大已成为学校内部专业发展精准定向和提质经济增效的主要动机和客观要求。首先，作为高职学校成长和壮大的总体态势，如果仅靠市场机制发挥作用而没有科学指导，将会导致高职学校自身定位及其组织管理体系的紊乱低效，进而导致“双高计划”及相关措施的实施在短期内无法落到实处或发挥最大作用。所以，依据各高职学校办学特点、专业特色及其所在地范围内的特殊市场需求，对高职学校的专业大类作出科学界定和准确定义，指导各级教育行政管理部门和办学单位对专业设置实施有层级、差异性、模块化发展的管理规划，将对学校更加合理地进行专业设置提供科学保障。其次，受高等教育大众化的全球化发展趋势推动，高职学校已成为我国各个年龄阶段人群在接受高等教育及从事职业培训后的共同选择。根据教育部统计公报数据，按学校规模分析，2019 年普通高等学校数量为 2688 所，高职（专科）学校数量达到 1423 所，占据高等学校办学总数的一半以上。按校均招生规模分析，2019 年普通高等学校校均规模 11 260 人，其中，本科院校 15 179 人，较往年增长 1.90%；高职（专科）学校 7776 人，较往年增长 13.73%。由此可知，高职学校招生数量和涨幅均呈现显著的递增态势，代表着高职学校已开始成为中国教育发展的中坚力量。对高职学校专业群的专业链合理划分，对办高质量、高水平的高职学校必不可少。

（二）专业发展的内在驱动

长期以来，我国高等学校始终由于教育办学形态相似、盲目升格阶段的桎梏，而忽略了自身发展应面对的客观要求和职业教育类型化发展的根本特点。必须清楚的是，当职业教育被定义为类型教育后，专科教育即是职业教育中的一个层次，不应存在自身定位不清的情况。但现实却是因专业配置的趋同，部分高职学校在办学发展中单纯地寻求所谓“热门专业”，其自身的专业配置并没有按照科学的长远发展进行规划设计，这也导致了高职学校在高质量、高水平发展进程中，丢失了其本身类型教育的独有特点。所以，高职学校要清楚地进行自我定位，针对现有专业大类的基本要求及其专业特点，根据区域产业结构发展特点构建科学适配的专业集群分类体系，并基于支持地方经济发展、提升地方社会发展水平的稳中求进的出发点，确保各高职学校的专业配置各具特色、办出水平，以防止学校盲目求大求全、跨类升格。另外，高职学校结构的复杂性与机构的多样性也需要形成相应的专业集群分类体系，分单元、分目标对不同专业群实施高效的管理把控，在同类型、同规模高职学校内部实现良性竞争，有效地激活办学动力，用更为合理、有效的手段促进高等职业教育向更高层次发展。

（三）人才供给的现实诉求

当前，国家正面对着产业结构转型升级大背景下人才培养结构调整的紧迫任务，怎样促进高职学校办学质量升级、办学体制优化、办学机制创新，从而实现与社会经济发展需要相匹配，实现高素质技术技能人才培养的系统性、专业性教育，成为我国高等职业学校亟待解决的实际问题。“双高计划”提出，在全面提高质量的基础上，着力培养一批产业急需、技艺高超的高素质技术技能人才。2019 年 6 月，教育部发布的《关于职业院校专业人才培养方案制定与实施工作的指导意见》中也提到构建德、智、体、美、劳全面发展的人才培养体系，突出职业教育的类型特点，深化产教融合、校企合作；规范人才培养全过程，加快培养复合型技术技能人才，上述政策文件为当前高职教育的具体实施提供了行动依据。麦肯锡相关调查报告结果显示，2020 年我国将有近 1.42 亿高素质技术技能人才的需求，而如果职业学校无法供应足够的技术技能人才，将可能导致约 400 万的人才缺口。而当前，中国部分高职学校正因为办学定位和学科设置不清晰，而未能建立符合经济社会发展需要的高素质技术技能人才培养模式，这无疑将导致市场和行业企业所需要的大量专业技能人员无法按需供给，高职学生将陷入无工可做的就业困境。所以，加速推动高职学校以特色化专业为导向的技术技能人才培养模式的构建和创新，才能为国家培育大量经济社会需要的高素质技术技能人才，从而为打造人才大国和创新型国家提供有力保障。这就需要高职学校本着“各司其位、各谋其政”的原则，从现实角度在属于自己的专业领域内办出优势，寻求合理的专业设置定位，防止某些高职学校以人才培养质量的降低为代价，一味谋求大而全的专业设置而造成培养质量降低的办学方式。

（四）产业变革的外部张力

近年来，以新一代人工智能、区块链、大数据和物联网等新兴技术的开发和运用为典型代表的中国新型技术革命与产业结构变化层出不穷，促进了中国产业结构格局整体的调整、变革和提升。而对与行业发展和科学技术息息相关的高等职业教育来说，建立适应区域行业发展分布和技术升级需要的专业集群分类体系是建设高水平职业学校及高水平专业群的关键保障。当前，中国高职学校在专业的合理布局与构建过程中普遍存在着三个问题：一是部分高职学校的内部专业布局混乱，忽视了自身对教学资源的客观限制，与同档同类其他高职学校相互攀比而一味盲目地增加或新建专业；二是高职学校的专业布局和设置已明显滞后于行业的技术升级转变和结构转型；三是部分高职学校过于追求“少成本、多布局”，在专业格局的构建过程中过于重视专业建设投入，缺乏现实研究，也缺乏对学科发展过程怎样适合于社会主义市场经济发展需要的理论分析。在此背景下，高职学校应当按照国家重点产业布局发展重点专业。比如，加强发展与新兴产业有关的专业，整合、优化传统专业，暂停招生或停办与行业发展趋势不符的专业。具体来看，高职学校要强化与区域优势产业领域的产业群组间的协调，紧跟产业领域的社会变迁和产业链的最新发展趋势要求，对学校所设立的专业做出合理规划，配套制定科学合理的专业教学标准，不断创新教育教学方法，强调对学生综合素养、专业知识与创新能力的训练，注重知识和课堂与产业发展的有效联结。在通过高职学校向中小企业输出适配的先进工艺、高素质技术技能人才的同时，行业企业借助产业新科技的优势也为高素质技术技能人才培养提供了“赋能增效”。因此，专业集群分类发展—行业企业供需衔接—人才创业就业服务之间就会产生有序的循环，以促进中国高职学校引领职业教育服务于国家战略、融入地方经济社会发展、推动产业转型升级，进而适应中国产业价值链从低端走向中高端的历史转变进程中，对更高层次高素质技术技能人才培养的需要。

三、专业群建设的现实问题

中国特色高水平专业群建设项目是现阶段我国专业群建设的最高水平范例。在教育部、财政部公布的第一轮“双高计划”建设名单中，全国共有141个高水平专业群建设单位。从省级区域层面来看，呈现从经济发达地区向欠发达地区逐步下降；从建设项目档次层面来看，A档占比依次为华北地区、华东地区、华中地区及西部地区；从专业覆盖层面来看，专业群主干专业覆盖了 18 个专业大类，覆盖率达 94.74%，其中建设数量较多的是装备制造大类、交通运输大类、电子信息大类、农林牧渔大类、财经商贸大类、土木建筑大类等 6 个专业大类；从专业群主干专业的服务面向层面来看，面向三次产业经济体系比为 9.5 ：43.3 ：47.3；从专业群面向战略性新兴产业层面来看，面向 9 个战略性新兴产业专业群覆盖率为 24.11%；从专业群建设基础层面上看，39 个专业群的主干专业曾获评为特色专业，其占比为 27.66%。但与此同时，其建设过程也存在一些典型问题。

（一）群内专业设置同质化导致专业特色不鲜明

从入选专业群的专业布点情况进行分析：入选专业数最多的是机电一体化技术专业，专业数达到 6 个，且分布较为分散；入选专业数为 5 个的有 3 个专业，主要集中在第二产业，分别是数控技术、建筑工程技术、道路桥梁工程技术；入选专业数为 4 个的有 4 个专业，主要集中在三产服务业，分别是物流管理、电子商务、软件技术和应用化工技术；入选数为 3 个和 2 个的还包括护理、服装设计与工艺、老年服务与管理、园艺技术等专业，布点专业重复的专业总数达到 73 个。由此可见，即使是目前高职最高层次的建设项目，位于引领作用的职业学校，依然无法避免专业设置同质化的问题。再以“机电一体化技术”专业的人才培养为例进行分析，不同建设单位在培养层次、培养类型及职业领域定位等人才培养方面存在不同程度的趋同，或者说无法呈现不同地区、不同职业学校相同专业之间的差异。专业同质化不仅大大浪费了教育资源，而且造成了“结构性失业”，加剧了就业难问题，阻碍了高职教育的高质量发展。

（二）专业群的组群逻辑结构关联度低

“双高计划”建设的国家特色高水平专业群是面向地方工业和经济社会建设，以重点专业或者特色专业为基础，与其他不同基础的专业有机融合的专业群。但高水平专业群建设项目也存在专业群内部的专业组成逻辑结构松散的情况，这主要体现在以下两个层面：一是部分专业群仅由一个或两个专业组成，未能对应产业链、人才链培养；二是某些专业群内各专业分别开设于高职学校的不同二级学院，使得群内各专业只能名义地集合到一起，且相互之间关联性很弱。这些由专业和专业的简单融合而形成的专业群，只能从外观上呈现专业群的表象形态，而缺乏专业群应有的特色和逻辑关系。从整体观的角度考虑，高水平专业群的形成是个动态调整与建设过程，必须随着经济社会建设和产业转型发展等外在条件的改变而做出调整变化，使群内各专业深度整合、相互依托、开放共享。

（三）对接高端产业需求端的技术技能人才供给不足

产业走向中高端的过程，是产品要素生产力和产业结构优化升级的过程，同时也是行业管理创新能力提高的过程。而产业中高端化的主要实现方法，就是通过利用科技、资金、劳务等边际供应要素最大化实现全部要素生产力的整体提升，从而提高产品效益。所以，国家或地方企业的市场体制、技术、人力资源供给、生产管理水平等内部因素，都必须持续改善。而人力资源又是生产所有要素的第一资源，是产品中高端化发展的基础保障。所以，当产品走向中高端，就必然需要人才供给对接中高端，并保证充足的人才供给能力。从上述两个角度审视高职学校人才培养供给，对于对接中高端人才需求，职业学校的教育教学不仅未能达到与产业高端的无缝衔接，甚至还存在较大的提升空间，其培养的人才在理念、技术技能和发展潜力等方面仍比较滞后；对于保证高端人才充足的供给能力，职业学校的专业设置和招生规模大部分以学生和家长为需求方，这类需求方与产业高端需求存在不同程度的差距，产业高端真正需要的高素质技术技能人才未必得到学生和家长的认可，因此亟待通过丰富人才培养内涵、创新人才培养模式、提升育人管理水准等多方面工作，真正地对高素质技术技能人才培养供给侧做出系统完善与整体改善。

（四）专业群设置和调整滞后产业转型升级的速度

近年来，由于以计算机、量子通信、区块链、物联网、新一代人工智能、虚拟现实等为代表的新一代信息技术呈现快速发展态势，以及新一轮技术变革与产业转型的孕育出现，全球各地均在推进新一代信息技术的研究发展、推进新兴领域的重点布局，大量新科技、新产业、新商业经营模式出现，产业结构调整的力量前所未有，速度也明显提高。但是，我国的高水平高职学校专业建设仍然面临着与区域产业转型提升不相适应的问题。其问题主要体现在，部分专业群的专业设置中仍然存在着单纯地套用专业目录的现象，缺少对产业链和岗位链构成和特点的深度研究与分析，对行业发展的前沿科技与最新技术发展趋势也没有深刻分析与掌握，部分专业实力滞后于地方工业发展的实际需要，特别是支持战略性新兴产业发展的高水平专业群体规模相对较小。

第三节　专业群组建的逻辑分析

组群逻辑在专业群建设中的重要意义、作用和能解决什么问题，目前业界还没有达成一致观点。按照在专业群组建中的应用理解，专业群的组群逻辑就是专业群的构建规律或原则，即专业群究竟要按照什么方向或原则建设，这是专业群建设的基本问题。教育部颁发的《中国特色高水平高职学校和专业群建设计划申报书》（教职成厅函〔2019〕9号）附件中专门有一栏“组群逻辑”，要求用800字以内的篇幅叙述专业群与产业的对应关系、群内各专业的逻辑关系和专业群的人才培养定位等。对文件的表述进行分析，可以得出在高水平学校和专业群建设中，组建逻辑至少要解决四个问题：一是专业群与产业的对应关系，即专业群的服务面向问题；二是群内各专业的相互关系；三是专业群的人才培养定位问题；四是职业岗位对专业与产业的联通问题。因此，按照专业群组建的关联因子，下面从专业链、产业链、岗位链和人才链的角度对组群逻辑进行分析。

一、基于专业链的组群逻辑

（一）组群逻辑分析

根据群内专业组建专业群，是指把专业当成一种知识传播和生成媒介，把知识问题当成专业关联的核心内容，按照知识的关联和内在逻辑建立的专业群。建设专业群应兼顾教学功能、教学资源、师资队伍、实训系统等内在因素的优化组合，通常选取一个或多个省级重点建设专业作为核心专业，再选取一些关联专业共同构建专业集群，这样才能达到专业集群内教育资源与人才优势的最佳分配，形成优势互补、协调发展、共建共享的建设体制与集约化建设态势。

基于专业组群，一方面要遵循专业基本组群逻辑和专业化特点的关系，把相同专业类的专业作为高职专业群组建的基础，在具体组建过程中要同时考虑高职专业群的核心特性——专业化特点，要实现既有专业基本组群逻辑又要保持专业化特点，就要深入掌握专业群体的共性特点，正确把握专业群的整体服务产业，全面了解各专业与具体职业岗位间的差异性，等等。另一方面，应以相同的科学技术基础知识作为组群逻辑，要求群内各专业都具备同样的专业技术基础知识，群内的各专业既可以是全国高职专业目录中的相同专业大类，也可能是不同的专业大类，最关键看各专业间能否具备一致（至少相近）的专业基础课，而只具备一定专业技术相似性的专业方可组成群体。为此，必须以技术基础为组群逻辑，要深入掌握某技术领域或行业中相应的技术基础，以优势或特有技术为基础加以建设。如智能制造专业群，通过开展智慧制造产业链的共性与关键技术研究，在了解世界先进工业生产技术的基础上，将本专业群的职业人员重点配置于数字化制造、智慧制造、智能管理等方面，从而可将智慧生产技术、数控技术（柔性制造）、智能成型技术和工业机器人技术等专业组建成群。以上各专业均要求具备“电气技术基础知识、电工电子知识、液压和气压驱动、建筑绘图和 CAD 设计、电气拖动和 PLC 等方面”的专业知识，对共性要求较强。具备相同技术基础的专业组建成群，与之相应的职业岗位群通常对应于某种技术或服务领域，而这种技术和服务领域又对应相关行业。可见，这个组群逻辑上还是根据职业岗位群和产业建立联系的，但同时要求经过对产业（链）作广泛的调查分类，使确定的职业岗位群能够覆盖相应技术范畴的大部分主要职业岗位。

（二）组群逻辑实践

黄河水利职业技术学院在中国特色高水平高职学校 A 档建设单位排名第八，水利水电建筑工程专业群全面遵循“大国兴水、全球治水”的发展思路，强力支撑“生态文明”“乡村振兴”国家战略和“一带一路”倡议，为中国新时代水利事业的兴办和中国参与全球治水提供强力的人力资源开发保障。水利水电建筑工程专业群为服务传统水利向现代水利、民生水利、生态水利转变，提升水利行业的人才队伍智能化水平、国际国内工程建设水平，以及在“云物移大智”时代下的工程运行管理水平，以岗位群能力需求为起点，依据现代水利行业国际性、复合型、专业化的人才培养和基层人才队伍再培养的需求，构建专业群内各专业的关联主线，对接工程设计、工程造价、施工技术与管理、检测与质检、安全技术与管理等全生命周期的不同岗位专业人才培养要求，构建与之对应的知识技能结构，组建产教融合、书证融通、动态调整、协同发展的专业群。

群内专业在合作企业、用人单位、专业课程、专兼职教师、校内外实习实训基地等教育教学资源方面具有较高的共享度。通过优化配置资源，组群能够最大程度实现资源共享和优势互补，在已有的专业共性基础上，建设具有基础支撑的共享课程、动态可调的模块课程、专业差异的导向课程，实现灵活应对行业变化、学历与职业教育相互融通的技术技能人才培养。

二、基于产业链的组群逻辑

（一）组群逻辑分析

根据产业链组建专业群，一般是指根据产业结构、产业空间布局和产业链条件而建立专业群，指专业群内各专业之间和产业存在明显的对应关联，而产业的调整与转型升级也决定了专业群的调整与优化。从外部需求分析，中国当前的产业结构正在逐步完善，产业系统也日渐完善，全产业链条日益延长，但如果普通高职学校仅设有独立的专业，所培养的人才规格和类别单一，就很难适应全产业链对多样化、多类别专业技术技能人才培养的需要，专业发展后劲规模和实力也将被逐步降低，甚至很容易遭到淘汰。因此，以产业链建立专业团队，必须研究产业的情况，正确地掌握产业链上的现状与结构空间。在实际中，以产业链为逻辑组成的专业群，往往易产生求大求全的现象，为了解决这种问题或现象，就需要仔细研究产业链组织，科学合理地制定专业群办学定位，并以此选择产业链中的合理链环，从而明确群中各专业的主要职业内容和各自相应的职业岗位，使专业集群发展具备更好的特征。例如，某高职学校的饭店管理专业群，由酒店管理、烹调工艺与营养、旅游管理、会展策划与管理 4 个专业组成，其业务面向包括了酒店业、餐饮、旅行社服务业、展览业，同时它们也是中国现代服务业的主要组成部分，覆盖了酒店产业链是由酒店设计装修、酒店市场运营、酒店服务管理三个主要环链。

以产业链的产业集群为逻辑建立专业群，尤其应注意群中各专业间的内在关系。当人们集中精力关注产业链和专业群之间的相对联系时，关注的往往是产业和专业之间的职业关系，很可能会忽视专业间的共性特征，而这个共性特征正是专业间的知识关联。正如酒店管理专业群的4个专业，其核心能力都包括接待服务、产品策划与营销、基层运营管理等，因此均需具有现代接待服务、市场营销、食品安全、职业礼仪、现场服务等方面的专业知识，也正是因为这些共有知识才建立起专业之间的内在联系。

一个产业链或产业集群始终处在持续的发展状态，也始终处在不断提升与完善的过程当中，以产业链为构成的专业群就需要及时了解产业的发展情况，并针对这种变化趋势，对专业群各专业领域及时进行动态调整。比如，企业要针对职业岗位群和工作内容的不同，适时改变群中相应专业的专业领域或内容等。而一旦产业在发展改造与提升进程中，情况发生了很大的改变，即便调整职业岗位群中的各专业知识技能结构也不能完全满足企业的发展需求，因此必须改变当前专业趋势，如对现有专业加以整合，进行与发展方向相近的新专业研究，以适应当前行业发展的最新要求。而准确了解行业发展情况并不是一件很容易的事情，所以这就对专业群带头人提出了更高的要求。从当前发展情况来看，专业群建设要面向国家战略领域、新兴产业等领域的关键产业、重点产业，深入掌握产业特征与发展趋势。

（二）组群逻辑实践

天津职业大学在中国特色高水平高职学校A档建设单位中排名第二，眼视光技术专业群力争建成引领改革、支撑发展、中国特色、世界水平、服务国民视觉健康的国家级高水平专业群。眼视光技术专业群以眼视光技术专业为核心，包括学校现有的医疗设备应用技术专业和产品艺术设计专业（眼镜设计方向）2个专业，同时根据视觉健康服务产业的发展需求和老龄化社会对视觉的矫治和康复的需求，新建眼视光技术专业（镜片生产工艺方向）和眼视光技术专业（视觉训练与康复方向），从而构成了验配技术、眼镜设计、视光仪器、镜片生产和视觉康复五合一的眼视光技术专业群。

眼视光技术专业群为实现服务国家视觉健康整体目标，内部建立了“七个共享”“五个支撑”。基于专业群与视觉健康服务产业链的对应，各专业实现了合作企业共享、用人单位共享、平台课程共享、校内实训基地共享、校外实习基地共享、专任专业教师共享及校外兼职教师共享，做到了优势资源有效整合。在实现共享的同时，专业群内各专业的服务方向又各具特色。眼视光技术专业为视觉健康行业的屈光检查、各类屈光矫正产品的验配等提供技术与人才支撑；医疗设备应用技术专业为服务视觉健康的各类仪器设备的设计研发、工艺提升、技术推广和流通等提供技术与人才支撑；眼镜设计专业为各类视觉矫正产品外观与功能结构的设计、研发、生产工艺提升等提供技术与人才支撑；镜片生产工艺方向为眼镜片生产过程中的技术规范、技术提高及工艺改进等提供技术与人才支撑；视觉训练与康复方向为视功能异常与低视力患者矫正与训练方案的设计等提供技术与人才支撑。

三、基于岗位链的组群逻辑

（一）组群逻辑分析

根据职业岗位组建专门群，一般是指以职业岗位（群）为依托，充分体现职业分工的内在联系，根据职业岗位（群）的需求而设立专门专业群组，以尽量多地涵盖职业岗位（群）。就业是中国最大的民生工程，专业群建设的水平与质量要通过人才培养质量来反映和评判，因此培养人才的就业匹配率与教学质量就变得尤为重要。为此，建立专业群不但要兼顾技术领域，而且还要全面分析服务于产业链条上的什么产业（服务）领域、什么职业岗位，要把产业岗位的设计特点与职业要求融入专业群体构建中去，以此提高技术技能人才的职业符合性。专业群各专业的组建成群，在专业内部一定要具备一些共性元素，与职业定位密切相关，在分析内部逻辑上，也要注意各专业的职业岗位群体的划分，一般来说应该是互相衔接的，同时也有着各自的相对独特性。比如，某专业群由 5 个专业构成，相应的主要职业岗位群中共有 60 个主要岗位，核心专业对应的主要岗位可能更多一点（也可能少一些），假设就有 16 个；另外 44 个岗位并不是平均分配，而只是要按照专业能力和岗位的契合度来分配，有的多有的少，也属于正常情况。专业和专业间的职业岗位难免存在交叉，但要尽可能减少交叉，并保证专业间的相对独立性。

另外，专业之间的职业岗位重叠较多，上述酒店服务管理主要是为解决旅游服务需要的上下游环链，其服务内容主要涉及住宿服务、饮食服务、商业旅行服务、会展服务等综合性业务领域，其岗位面向主要是旅行服务项目的房务岗位群、餐饮岗位群、会展服务岗位群、商业服务岗位群，以及酒店产业链中上下游环链的职业岗位群。

（二）组群逻辑实践

山东商业职业技术学院在中国特色高水平高职学校A档建设单位中排名第七，市场营销专业群服务山东省新旧动能转换重大工程，助力中国制造业在产业链地位提升和定制生产模式转变，为二、三产业融合发展提供人才及技术技能创新应用服务支撑。市场营销专业群整合市场营销、电子商务、会计、物流管理、商务管理等专业资源，服务定制化生产模式要求的商务服务典型职业活动，由独立工作向协同工作演进，工作范围涵盖需求分析与挖掘、产品规划、视觉沟通、品牌建设、供应筹划、客户服务与关怀、业务财务等7个典型职业活动，包括客户需求大数据采集、产品发展规划、产品视觉化提炼、品牌定位、采购谈判、客户精准画像和资金管理等47个典型工作任务。目标是使专业群建设经验成为国内商科职业教育学习典范，引领商科职业教育实现现代化，为国际商科职业教育发展提供中国方案。

市场营销专业群根据新旧动能转换的传统制造企业发展要求，要求商务服务人员能够进行需求分析与挖掘、产品规划、视觉沟通、商务数据分析、品牌建设、供应筹划、服务、业务财务等职业活动。其中，需求分析与挖掘是先导工作，视觉沟通服务于商品规划，商务数据分析为所有工作提供技术支持，业务财务为所有活动提供管理决策数据，所有工作的核心内容是产品规划。各项工作由以往界限分明、各司其职的工作方式向无界化、协同式演进。从业人员需懂技术、精营销、通管理、擅服务，是典型的复合型人才，据此设计市场营销、电子商务、物流管理、商务管理、会计等专业的协作支持关系，合力培养，达成人才培养目标。专业群的5个专业均隶属高等职业教育财经商贸大类专业，专业基础相通，相关性强，可共享专兼职教师资源、校内生产性实训基地、校外实践教学基地、合作企业；能够通过优化配置资源，实现资源共享和专业优势互补，提升专业群人才培养质量和社会服务能力。

四、基于人才链的组群逻辑

（一）组群逻辑分析

根据人才培养定位组建专业群，就是指把人才培养目标视为专业群体建立的核心任务，并紧紧围绕“培养什么人、怎样培养人、为谁培养人”这一根本性提问建立专业群。“培养什么人”和“为谁培养人”强调的是教育的本质问题、教育的方向问题、人才培养的目标问题。建立高质量专业群，其基础是着眼于中华大地，是基于我国社会经济发展的更高水平。所以，应当把培养基于我国经济社会发展而必须的人才视为解决“培养什么人”和“为谁培养人”的根本路径和逻辑基础，由此也自然成为中国特色高水平高职专业群组建的另一逻辑。高水平专业群重点面向产业的高端业态培养人才，应以产教融合的态势将产业高端业态融入人才培养的环节之中，而高端产业关系逻辑则代表着高水平专业群体办学所针对的高端业态和支撑的高端业态的发展战略。通过高端产业关系逻辑、产业高端业态逻辑可知，高水平专业群的人才培养定位既应是专业群内专业的共同定位，又应反映出高端和复合的特点。例如，某校的物流管理专业群人才培养定位是服务国家发展智慧物流战略、某省推进现代物流业向高端化发展战略，则应面向现代物流业的智慧物流前沿技术（无人机、无人车、无人仓、物流公共信息平台、骨骼机器人、大数据应用等先进技术）培养能操作、会维护、擅应用的复合型高端技术技能人才。

（二）组群逻辑实践

哈尔滨职业技术学院在中国特色高水平高职学校 C 档建设单位中排名第六，市场营销专业群以电子商务专业为核心，以物流管理专业和市场营销专业做支撑，组成电子商务专业群，群内 3 个专业紧密互联，人才技能培养分工明确。其中，电子商务专业对应跨境电商平台店铺开设、商品信息采集与处理、订单处理与结算、数据分析、在线客服等人才培养需求；物流管理专业对应运输调度、仓储配送、跨境通关、货运代理、流通加工等人才培养需求；市场营销专业对应跨境市场调研、产品开发、采购、国际营销推广、客户管理等人才培养需求。同时，电子商务专业还聚焦中小微企业对俄轻工商品跨境电商产业链，深挖需求。中小微企业对俄轻工商品跨境电商产业链上的企业经营水平、技术水平双低，急需对俄电商大数据、区块链、云计算、智慧物流、虚拟现实等产业高端技术的支持与引领，电子商务专业群通过群内教学资源、师资、课程、实训基地与合作企业“五共享”，对内培养对外培训，校企合作打造产业高技术复合型人才链，促进对俄跨境电商产业链转型升级，为中小微跨境电商企业迈向国际提供强力的人才支撑和智力支持，形成对俄智慧电商新格局。

市场营销专业群强化哈尔滨对俄合作中心城市的地缘优势，服务中小微企业对俄轻工商品跨境电商产业链，助推中小微跨境电商企业“走出去”，促进龙江跨境电商产业转型升级发展，为中小微企业培养拥有国际视野、具备国际思维、通晓国际事务、适应国际竞争的跨境电商复合型人才，为以俄罗斯为主的泛东北亚经济圈的发展提供强有力的人才保障与智力支撑，力争实现专业群政、行、企、校深度融合，建成模式创新、标准输出、国际影响力彰显、社会服务能力强大、综合实力位于全国前列的专业群。

第五章　专业群人才培养创新

第一节　专业群人才培养模式创新

从目前我国高职学校专业群建设的实践来看，专业群建设不仅是以提高专业建设水平为目标的资源整合活动，体现了学校办学形态的转变，更是职业院校教育理论的突破和职业教育理念的创新。专业群建设实现了学校专业教育层次的突破和创新，而集聚理论的引入，又拓宽了职业教育决策者的视野和思路，使职业教育理论更加丰富。专业群设计主要是针对产业链和职业岗位群，和高职学校一般的单一化专业设计发展导向不同，针对职业岗位群体的专业群设计比一般单一化专业设计的更为重要，因为一般单一化设计学科专业的发展模式适应不了市场对人才技能培养的需要，更适应不了职业院校对内涵发展、特色发展的实际需求。专业群建设并非对原有学科专业结构的修补与整合，而是对相关院校专业布局长期建设的学科体系改造与调整。高职学校专业群建设只有立足于产业链和岗位群，通过与行业、企业、产业生产紧密结合，与地方经济发展转型紧密联系，才能够形成专业群优势，从而形成自身的特色，实现人才培养模式的再创新。

一、人才培养模式的概念与特性

“模式”一词来源于拉丁文 modus，原意是和手相关的定型化的动作形态。它原来是对实际操作过程的经验性总结，但后来它的内涵更加抽象，一般指“方式”。到了 20 世纪末，人们鉴于人类活动的多样化，将“模式”从

"方式"中分离了出来，意指在某些方法中具体化的定型化行为形式或行为结构形式。在现代汉语中，标准模型原则是"某种事物的规范表现成让人能够照着做的规范样子"。这个概念，和我们目前所要研究的教育和人才培养中有关的"模式"的内容差别较大。模式首先是指一个观点、认识，它既源于现实，又高于现实，而模式是理论和实践的中介，对新的实践具有指导意义。①

近年来，不少专家学者都从各种视角，提出了对人才培养模式的不同见解。通过知网文献查找可知，目前国内对人才培养模式概念的提法有十几种，可谓仁者见仁，智者见智。总体来看，目前，教育学家关于人才培养模式的主流观点主要有以下 5 类。一是教学过程说。"人才培养模式实质上是人才素质要求和培养目标的实施的综合和实践过程"②。二是教学方式说。有的研究学者提出培养方式的理论实质就是教育教学模式，是指在特定的思想和教学理论下，为达到目标而进行的教育教学活动的组织者样式和运行方法。三是教学方案说。该理论指出，人才培养模式是在特定的教育教学思想理念的指引下，为达到特定的目标，形成人才培养系统的诸多基本要素相互之间的组合方式及运作流程的模型，是教育机构与培训管理者在教学中借以运用的既简单又完善的方法。四是要素学说。这种理论认为，人才培养方式是指在特定的教育思想的引导下，目标、制度、培训方法、过程诸多基本要素的结合，即为了实现目标而将与之有关的若干基本要素加以有机结合，所产生的一种教育系统结构。五是机制说。有的学者认为，所谓人才培养模式，是指学校在一定的教学思想、基本理论和方针的指引下，不同的教育机构依据不同类别的教育目的，为达到目标而采用的组织形式及运行机制。

研究者们关于现代人才培养模式的定义其实相互之间并没有冲突，其实质也是一致的，而产生分歧的原因从根本上讲就是视角的差异，而研究者们对于现代人才培养模式的定义的统一性主要表现在如下几方面，它们构成了现代人才培养模式的基本特征。其一，人才培养模式具有一定目的性。从表面上看，尽管学者们对于现代人才培养模式的定义有着较大的差异，但都说

① 韩德红．高等职业教育人才培养模式的概念及内涵［J］．科技信息，2008（17）：599.

② 易松．音乐表演专业"6+1"艺术实践改革模式研究与实践［J］．艺术科技，2016（8）：9，67.

明了现代人才培养模式实质上是关于教育目标的实现。其二，人才培养模式具有相对稳定性。不论是方法说、流程说或者要素说，都说明了现代人才培养模式存在着相对稳定性，即现代人才培养模式实质上是关于人才培养目标的一种相对稳定的系统，即人才的规范性、制度化。但是，人才培养模式不能随意改变，不然会导致教育活动的断层。其三，人才培养模式具有可持续发展性。人才培养模式具备相对稳定性，但并不是说人才培养模式一旦确立就不能再改变，稳定性仅仅表示培养模式不能任意改变，并能保证人才培养目标的连续性。不过，随着市场经济的发展及对培养条件、技术要求的变化，人才培养模式也是不断变化的。在我国高等学校发展史中，为了满足各个历史阶段经济社会发展及对人才培养特征的一般性需求，高等学校从诞生至今，其人才培养方式共经历了三个主要历史时期：前工业经济时期，高等学校的培养主要以知识讲授为主导；工业经济时期，高等学校的人才培养以学科为主导；知识经济时期，高等学校的人才培养以素质与技能为主导。其四，对培养模式是一种全新教育思想的结果，尽管教育学者们对人才培养模式的定义还存在争议，不过他们都承认人才培养模式是一种教育观念的成果，新理念直观决定着人才培养模式中的培养对象、培养方式等，没有教育理念直接作用，也就不存在新的人才培养模式。其五，人才培养模式受诸多要素制约。无论是新的教育过程说，还是手段说、方式说，他们都有一个共同的基本理念，即人才培养模式需要由诸多要素组成，只不过他们之间对新形成的因素的认识还存在分歧。

综上所述，所谓人才培养模式，是指在特定的教育观念的引导下，为达到特定的培养目标所建立的相对固定的教育结构状态与运行机制，是一系列构成要素的有机组合，表现为持续和不断再现的人才培养活动。①

二、人才培养模式的层次与构成

毋庸置疑，职业院校是我国人才培养模式的重要规划主体和实践主体，而我国人才培养涉及的研究层次也不仅仅限于高职学校。要提高教育研究的

① 姜士伟.浅析人才培养模式的概念、内涵及构成［J］.山东省青年管理干部学院学报，2008(3)：77-88.

针对性和实效性，对人才培养模式加以划分层次就变得十分必要。学者刘献君、吴洪富将我国人才培养模式分成了三个层面：“最高层是主导整个高等教育系统的模式；第二层是各高校所倡导、践行的培养模式；第三是则是某专业独特的培养模式。”① 我们也可以在此基础上，按照培养模块所涉及的范围，将其分成国家、院校和专业三个层次，而各个层次的具体要求也是不同的。

（一）国家层面

我国政策性文件也是人才培养模式建立的重要基础。人才培养模式的国家层面，是指我国目前对人才培养模式的顶层机制设计及其所提出的教学目标，涉及我国教育的重大方针政策措施，如课程标准、招生制度等和国家提倡的教育理念，如培养技能型人才和创新应用型人才等。

（二）院校层面

职业院校是人才培养系统的建立与执行主体。人才培养模式的高等教育层次，是指高等教育在我国教育体系和教育模式范围内，按照相应的办学思想和现有条件开展人才培养的具体运作模式。其内容包括教育思想、学科设计方法、课程体系设计、教学组织结构、教学管理方式、课程模式及教育考核方法等。

（三）专业层面

人才培养模式的专业层面，是指由各院系在本校的相关管理体制框架下，针对本学院相关人才培养的学科、专业、项目、教学模式等层面的具体制定与执行，专业层次的人才培养模式是由教育理念、培养目标、培养过程、人才培养机制及人才培养评估等5大内容组成。

1. 教育理念

教育理念是职业教育人才培养的核心，贯穿人才培养过程的全部阶段，潜移默化地影响人才培养行为的方式。所以，教育理念成为人才培养模式形成的主要因素。

教育理念是指对教育范畴内的所有基本构成要素（如教育体制、培养教育目标、培养方法）、教育机制、教育现象的认识、态度、观念，以及价值选

---

① 刘献君，吴洪富．人才培养模式改革的内涵、制约与出路．[J]．中国高等教育，2009（12）：10–13.

择等的统称。它是人才培养所尊崇的教育观点和准则，规划了人才培养的性质和发展方向，是“一定人才培养模式建立的理论基础和依据”。教育理念是一切教学行为和活动的内在基础，一切教学行为和活动都应该以教育理念为基础，人才培养行为也不例外。缺乏培养观念的引领，培养对象必然是盲目的，教育活动的成果也必然是短期的。因此，任何人才培养模式都必须在一定的教育理念的指导下建立，人才培养模式是教育理念的具体化和实践化，是教育理念的表现形式，对人才培养模式的探讨不能割舍教育理念。①

2. 培养目标

培养目标，是指培养者对所要培育人的素质与标准的综合规定，通常可以被描述为培养现代社会发展所必需的、同时具备某种素质的综合发展的人才。但这里的综合发展是指个人身心健康的全面成长过程，而非对所有知识都样样精熟、面面俱到的“通才”。虽然目标可能有许多表达方式，但无论如何表述，其根本内涵都必须包含以下几点。一是方向性，即培养出来的人才为什么社会阶层或群体服务；二是培育建设者，即培育出的人才是既要履行义务，又享有权利的社会建设者；三是综合性，即培育出的人才是全面发展成长的；四是尊重个人发展，即培育出的人才是具有自我个性的；五是适应社会多方面的需求，即培育出的人才不但会工作也会生活，而且能够追求并适应物质与精神层面的需求；六是拥有现代品质，即具备与现代社会相适应的进取精神、协作意识、自主性，时效观念等品质。②

3. 培养过程

培养过程是指为了实现培养目标，学校按照国家培养机制的规定，利用课程、实训条件与实验设备等中介手段并使其相互配合，以一定的方法进行教学的活动过程。因而，人才培养也是人才培养模式的根本属性。人才培养过程主要包括专业设置课程体系、培养途径和培养方案等。③

学科设定是指高等教育部门按照专业分工和产业结构变化的要求而设定

---

① 姜士伟. 浅析人才培养模式的概念、内涵及构成［J］. 山东省青年管理干部学院学报，2018（3）：77–80.

② 朱晟利 . 论人才培养模式的概念及构成［J］. 当代教育论坛，2005（3）：10–11.

③ 郑群. 关于人才培养模式的概念与构成［J］. 河南师范大学学报（哲学社会科学版），2004（1）：187–188.

的专业类别，是培养模式的关键组成要件。它规范了学科的分类和命名，并体现了培养人才的行业规格和职业走向，一般涉及设定口径、设定方位、设定时限与空间等内容。设定口径是指在分类学科时所规范的重要专业领域或重要课程基础和业务的覆盖面；设定方位则是指在学科口径内有无分离专攻走向和分化多少；专业融合是学科设定的改革趋势；设定时限与空间则是指学科设定的时间早晚、松紧程度、弹性及灵活性。

课程体系即“内容按特定的方式结合起来的体系”，是人才培养环节的主体。课程体系的评价因素主要包括课程体系的规模和课程形式、课程制度的综合化水平、结构的平衡性、设计的机动性及设计的弹性 5 个方面。

人才培养途径指人才培养行为必须通过的一定的载体，一般分成基础渠道和综合渠道、教学渠道和非教学渠道等。基础渠道指广泛接受和采纳的学科教育、科研和实践，综合渠道即“产学研结合”的一体培养途径。非教学渠道是相对于常规课堂教学之外的、基本上包含所有被称为“隐性课程”的培养环节和教学行为，还包含校园文化、社团实践、社会活动等。

人才培养方案是指培养方法的具体方式，主要涉及高等职业教育人才培养总体目标的设定、计划及其他培训方式的设计等。其中，高等职业教育人才培养总体目标的设定重点在于确定高等职业教育人才培养的基本性质、要求、工作标准和人才培养特点等。教学计划是“具体地规定着一定学校的学科设置、各门学科的教学顺序、教学时数和各种活动”。[①]这是人才培养计划的实体部分，通常由课程体系、教学课时与学分构成、教学安排等部分组成。

4. 人才培养机制

人才培养机制是关于培养的关键内容、过程及实行方式的规定，是人才培养能够顺利实施的主要保障和基本前提，也是人才培养方式中较为灵活的一个方面。高职教学中的人才培养管理制度分为专业设置管理制度、修业管理制度和日常教育管理制度三种。专业设置管理制度是指教育部门按照国家专业分工和产业结构改革的要求而建立的专业门类。它规范了专业学科的分类和设置，也反映了系统培养人才的专业要求和职业导向，一般包含设置口

① 中国大百科全书总编辑委员会. 中国大百科全书（教育卷）[M]. 中国大百科全书出版社，1985：153–154.

径、设置方法、设置时限与空间等内容。修业管理制度包括学期制和学分制两种方式。由于学期制的结构化，学校教学有严格的阶段区分和时间先后顺序安排，均以学时、学年为重要统计单元，更有利于系统培养人才。其缺点是没有弹性，学分制由学院（系）统一招生，学校根据不同专业制定计划并安排主体课程，学生选择的自主性较大，可以采用弹性制度。而学分制也存在缺点，主要体现在安排计划的完整度、系统性上无法保障，对课程的质量标准也没有统一规定。

5. 人才培养评估

人才培养评估，是指按照特定的原理制定与目标、教育计划、人才培养程序、人才培养政策相适应的评估办法与指标，以保证人才培养的顺利完成。人才培养评估是人才培养过程中的一个阶段，同时也是体现评估人才培养效果的阶段。高职教学中的人才培养从入口到输出都有一个系统的管理流程，各个环节都需要通过相应的考核手段来提高人才培养效果。在入口层面，学校必须选拔具有相应培养潜力的人才进入院校，一般采用高考的形式来进行。人才培养教学不但包含采用测验或考试的方法对学生的学业成绩做出判断，也包含采用各种手段对院校的办学理念、办学条件、师资、专业和教学等作出判断。在出口领域，学校要制订相应的要求，以是否取得毕业证书和学位证书为培养任务能否实现的准则。由于高职教育与社会的联系更为紧密，在设定各种评价标准时，社会的要求应该得到充分反映。①

教育理念是人才培养模式形成的重要因素，它指挥着人才培养行为的方向。培养目标是教育理念的系统化，是人才培养行为的起始阶段。人才培养措施中的人才培养过程是人才培养行为的具体实施过程，是教育理念的具体实施，是培养目标的落实阶段。培养机制也是人才培养体系建立的重要因素，唯有使人才培养行为制度化、规范化，人才培养行为才能够延续并创新发展，才具备可重复性。培养评估是对培养项目的全程监督，使之根据预定计划执行，可以合理地达到预定的目标，同时培养流程与体系也可以根据需要进行调整。就功能而言，教育理念（思想）、培养目标、培养过程、培养制度、培

① 朱晟利．论人才培养模式的概念及构成［J］．当代教育论坛，2005（3）：10-11.

养评价所发挥的功效是不同的，但是它们在人才培养模式中所处的地位却是相同的，无论离开它们中的哪一个，人才培养模式都无法形成。①

三、我国人才培养模式的现状

人才培养模式的概念在我国产生得较晚。20 世纪 80 年代的第一波教育变革浪潮用得比较多的是“教学模式”。随着教育改革的不断深入，部分高等教育学者发现“教学模式”早已无法完整地体现培养人才的过程，于是，“人才培养模式”的教育概念便应运而生，并于 90 年代初被中国教育领域广泛应用，同时研究者们也开始在教育概念上对培养模式作出了各种解读。不少研究者提出，人才培养模式是指在特定的教学理论与思路的指引下，根据一定的人才培养目标与人才培养规格，以较为固定的教学方法、课程体系和培养方法构建的一种人才培养方式。该理论所强调的人才培养机制，其实是对人才的培养目标和培养要求及完成这种培养目标的途径或措施。

目前，我国高职教育的发展模型主要依据国家国务院文件精神，《国务院关于大力发展职业教育的决定》（国发〔2005〕35 号）明确提出“工学结合，校企合作”。这种人才培养模式，是在学习和借鉴了德国“双元制”人才培养模式的基础上，在服务于我国新型工业化发展道路、调整经济结构和转变增长方式的办学实践中逐步形成的。其基础是形成了行业、企业、高校联合参与的办学体制，最大的特点在于突破了“能力本位”，明确要立足学科领域所对应的行业与企业，一切工作以提高学习者的职业技能为重点，实现了技能训练专业性、项目设计职业化、课堂教学目标化、学习氛围企业化，教师在将专业技能传授给学生的同时，还要教给学生胜任未来职业发展的能力及与职业发展相联系的社会价值观，形成“职业、价值、能力、技能、知识”这样一种与传统人才培养方式不同的教育思维模式。因此，这种培养方式的主要特点是坚持以立德树人为核心，以服务社会为宗旨，以促进就业为方向，将人才培养标准要求与企业实际工作需求无缝对接，培养学生的职业意识、技术能力等综合素质。人才培养模式的特点是校企合作、工学交替、突出教学、实

---

① 姜士伟.浅析人才培养模式的概念、内涵及构成［J］.山东省青年管理干部学院学报，208（3）：77-80.

训紧密结合的教育教学活动，实施行动导向、实践教学活动、项目任务指导教学的教学管理模式。内涵特征是教学与实际工作流程衔接，毕业证书与技能证书衔接，职业教育与终身培训衔接，按照就业岗位的要求设置和开展各类培训活动。近些年来，随着产教融合、校企合作人才培养模式的推进，“订单式”“冠名班”“现代学徒制”等新的校企合作培养方式也不断出现。

2014 年，《国务院关于加快发展现代职业教育的决定》（国发〔2014〕19 号）要求对高等职业院校人才培养方式采用以下七大措施加以指导：一是进一步坚持校企合作、产教融合，完善课程、学习、实训相结合的教育教学活动；二是进一步变革教学模式，实施项目指导、案例教学、项目任务驱动模式等；三是进一步调整和完善人才培养方案，增加实习、实训内容在教学课程中的比例，进一步创新学生顶岗实习方式，完善教师以培养学生为宗旨的实习实训工作绩效评估；四是完善实习制度，完善学生的实习保障制度；五是实施“双证书”管理；六是通过校企联合实行现代学徒制改革，促进校企一体化育人机制；七是举办职业技能大赛。这七大举措对高等职业院校人才培养模式创新无疑具有非常重要的指导意义。

四、专业群建设对高职学校人才培养模式的影响

（一）专业人才培养理念的突破

专业群人才培养强调专业群与产业集团的融合，跨专业及专业方向的融合，教学、学习、实训的融合，学历证书与多种职业资格证书的融合，为学生的职业成长提供更加宽松的学习环境。其中，与产业集团的融合，跨专业及专业方向的融合是传统意义上的单一性专业所难以实现的。

（二）专业人才培养方案思路的突破

传统意义上的单一型学科培养计划以从事一个职业领域的技能项目为基点，经过调研建立该专业的培养目标、培养要求、课程结构、教学安排、主要专业课程及教学要求、专业教师要求、实训条件要求。

专业群人才培养方案以服务于某一行业领域的产业链和职业岗位群体为基准，按照整个专业群的学科结构，将专业群内的全部专业通过重构进行课程整合，在市场调研的基础上，对本专业群的目标、人才培养规格、课程体

系及教学内容、主要专业师资要求、实习实训条件需求、社会实践建设等方面加以重新整理，从而打破了围绕一个学科的单向思维的局限，从专业群的整体层面上考虑如何充分地发挥群的聚集性优点，达到“1+1>2”的整体办学效应，从而提升人才培养质量。

（三）人才培养定位的突破

非专业群人才培养定位一般仅立足于本专业所覆盖的工作岗位对应用型技能人才的需求，考虑面比较窄。专业群人才培养定位需要考虑整个群所覆盖的产业领域的产业链和职业岗位群，强调宽基础、多技能，关注学生职业迁移能力的培养，以适应行业和企业对应用型人才规格多变的需求，尤其是对创新型人才的需求。①

五、专业群人才培养模式创新的原则

（一）职业导向原则

专业群人才培养模式要求高职学校主动与企业深入合作，以调研为基础，全面准确了解相应专业学生的就业趋势，按照企业对专业人才的实际需求，重新设计课程体系，从而最大化满足企业需求。同时，要把专业岗位对人才的需求融入人才培养计划之中，丰富学生的职业选择，使学生能较好地适应职业发展，增强其可持续发展潜力。

（二）工学结合原则

专业群人才培养模式创新和强化了对学生创新能力和专业技能的训练，以产教融合为契机，进一步开发了工学交替、任务引导、项目驱动、顶岗实践等促进学生整体技能提高的培养模式。在实施过程中，该模式要全面关注实践、职业和技术，着力掌握技术基础理论教学、实践课程和就业实践三个方面，倡导融教育、课程、实践为一体的课程结构，各专业课程都应该确定各自的发展方向和培养目标，达到与人才培养总体目标的统一。

（三）发挥核心优势原则

在专业群构建尤其是完善人才培养模式的进程中，必须发挥专业群的重

① 卞建鸿 . 职业学校专业群建设理论与实践探索［M］. 上海：华东师范大学出版社，2015：27.

点专业优势和辐射功能，把重点专业建设的研究成果创造性地推广应用到具有很好相关性的专业群中的各专业上来，促进它与其他专业共同成长。

（四）资格证书原则

专业群人才培养模式创新应根据各学科技术条件和学科岗位群体的实际工作能力，以及各学科对应岗位、职业资格条件，融合各学科优势，形成以培养学生职业技能为根本任务的新课程体系；支持各专业以班级为主要教学单位，适应校企合作和企业专家来校指导教学；灵活运用多样化的课程教学资源，全面落实职业资格和学历证书等证书制度，并将其融入人才培养方案中。

（五）素质教育原则

培养方式的变化要重视学生的差异特征，了解每个人的知识水平、学习情况。培养计划要和学生的认知特点相适应，不仅要完善培养模式，还要适应不同学习者的需要，重视学习者的个性化需求，大力提高学习者的全面素质。为此，应把素质教育课程逐步渗入各课程教学中。

（六）善于变通原则

高职学校的专业指导委员会要发挥自身作用，按照培养对象制订培养计划。在这一过程中，专业指导委员会应将一致性与变通性相结合，严格按照国家统一标准，使各专业依据自身特色，发挥其优势与专长，制定具有鲜明特点的人才培养方案。①

（七）坚持共性与个性相结合的原则

共性和个性相结合，既反映在专业群培养方式的教育教学模式当中，也反映在学科或专业群的培养目标和培养方案当中。相较于宏观与中观层面的国家、院校培养方式，专业群培养方式的教育教学思想更接地气，和较微观层面的具体学科培养方式一样，其覆盖面更广。专业群培养方式中的培养目标和培养内容，既要反映一般的职业培养原则，产教结合、校企合作原则和工学结合、知行合一的共性特点，也要反映专业群职业特点、服务地方的社会经济建设特点和专业群中各专业的专业特点。专业群的课程体系既要求反

① 田维维.学分制视角下高职专业群人才培养模式改革与实践［J］.山东农业工程学院学报，2018（4）：128-129.

映专业群的核心课程和其他专业的共同点，根据各专业的共性特点建设好通识课程，也要反映专业群内各个专业培养目标的特点，根据不同专业人才分流培养的特点要求建设特色课程，等等。

（八）系统设计原则

专业群人才培养模式的体系设计大致分为如下三个方面。

一是专业群人才培养模式的总体系统规划，即对专业群人才培养模式的整体规划，包括理念与思想、目标与规格、流程与方法的统筹运用。二是对专业群内各部分进行系统性总体设计。从学科专业群的架构上来说，要建立由与职务岗位群基本专业技能对应的学科专业群公共平台选修课、与职业岗位群重点专业技能对应的专业群核心课、与各个类别职位分项专业技能对应的各学科人才培养方向“模块”选修课、与职务岗位群扩展能力对应的学科专业群互选与互认选修课等构成的学科专业群体系，以完成专业群体系的底层共建、中层分立、顶层互选，并以此体现专业群内重点专业课程和各专业共性和个性之间的互动。三是专业群培养模块实践推进的系统设置，围绕专业群培养定位、培养目标和培养规格，坚持统筹兼顾，体现理论与实践、能力与素养、线上与线下、校内与企业、课内与课外，以及专职与兼职等方面的有机融合。①

六、专业群人才培养模式创新要突出校企融合“五对接”

为促进校企的深度合作，专业群培养方式创新一定要突出校企融合的“五对接”原则。

一是针对企业的岗位技能要求，校企联合制订培养计划，进行专业人才培养计划和企业工作岗位衔接。专业和企业达成共识，实现全方位、深入的产教结合，使项目设计更为科学合理，并具备可操作性。

二是通过引入企业岗位的职业规范，实现学历认证和职业资格证书相衔接。高等学历教育与职业资格教育的无缝对接是我国高职教育教学改革的方向之一，可以增强学习者的未来职业发展创新能力。根据专业群的行业领域

① 许建民.高职专业群人才培养模式优化的原则及保障对策［J］.江苏教育研究，2016(5)：3-6.

需要和合作企业需求确定教学目标，并总结出职业的核心操作技能，把合作企业的岗位职业规范融入专业群的课程体系，并根据职业规范构建相应课程的考试规范，从而做到学位认证和职业资格的有效衔接。

三是模拟实际的岗位工作场景，将教学流程和企业生产进行衔接。例如，江苏省食品药品职业技术学院的食品设备自动化专业群，依托该校作为江苏食品行业实习基地这一资源优势，经过对企业产品的实际生产流程的深入研究，改善实习实训条件，重新制定了课程与教学内容。本专业群通过模拟车间的实际生产流程，建立了焙烤生产线、牛奶生产线、肉类制造生产线、水果饮料生产线、啤酒制造生产线、黄酒制造生产线及葡萄酒酿造生产线，完成了教学流程与企业实际生产流程的衔接。另外，专业团队还建立了学生和企业合作平台，以“食机汇”“蒙牛虚拟乳品车间”等最新设施教学资源库为建设载体，专业教师走进合作企业，了解食品生产设施设备智能化的新材料与新技术，与合作企业专家、技术工人组建队伍，结合实际产品流程研发教学内容，共同打造“食物智能化设施网络资源库”，把公司实际产品生成过程的项目内容提炼为课程任务，共同完成了专业课程内容的建设。

四是通过产学联合，整合企业和高校的教育资源，实现校企教学资源互动。将校企合作企业在实际生产中的先进技术设备、新产品生产工艺、工作管理过程等现代信息技术融入专业课程中，并邀请知名的企业专家学者、技术能手等在课堂中现场授课，以完成与高校教学资源和合作企业资源的有效互动。围绕专业群与行业服务领域，积极地利用现代信息化建设手段，共建现代信息化课程资源库。企业资源和高校教学资源的有效衔接必须利用现代化的信息管理手段，主动引入企业专业岗位的教学资源，并认真做好教学设计，认真组织教学实践，做好教学效果的评价。同时，学校实行“一课双师”的机制，校企人员互兼互聘，组建专兼互补的特色师资队伍。聘请公司专家科技主干、岗位专业人员等成为兼任教师，与学校专职老师共同完成专业课的教学内容。

兼职教师需掌握常规教学方法，而专职教师需要掌握在企业一线的实践经验。高职学校已建立相应项目设计和绩效考核体系，实现双工作量管理，在校教师完成校内任务的同时，需要到企业完成项目研究、技能培训等实际任务，培养和提升自身素质。专业群在实施兼职教师职称评定方案实施时，对他们实施考核并评价校内服务满意度，同时根据岗位等级核发课时补助。利用校企之间互兼互聘、双向交流的协同方式，提高专业群师资队伍教学水平、科技创新与社会服务能力。专业群教师的专业技能可分为一般技术与专长，并按照专门项目将试验室、实训室等分门别类，建立实习培训基地，从而提升学校对实验实训教育资源的有效利用。借助与职教集团的合作共建模式，进一步发展校内外实习培训基地，以达到学校和企业的共享、互补、联合教育的目标。根据专业群各专业的培养目标，将企业运行中的真实工作任务导入学校教学工作，建立实训项目平台，同时，实训基地建设中加入企业管理体系和企业文化，对实训项目基地加以严格管理。实践性课程采用模块化、任务化的方式运行，符合专业群体各项目的共性能力要求和专业性技能要求。

五是创造真实的企业环境，促进校园文化和企业文化的积极互动。借鉴先进现代企业的管理经营理念，建立以“企业需要、就业导向、6s 管理”为宗旨的学生管理新模式，推动专业群学生管理工作的制度化、规范性发展，重视学生养成教育，营造“学、赶、超”的学习氛围。通过 6s 管理［整理 seiri、整顺 seiton、扫除 seiSo、整洁 seiketSu、素养 shitSuk、平安 safety。“5s”概念发源于日本，我国学者在此基础上添加了平安（safety）元素，构成了“6s”，因前 5 个部分的日文罗马标注发将和后一个部分（平安）的英文词汇都以“s”开始，所以又称“6s”］营造优秀的企业文化氛围，对学生的日常行为与教学流程加以严格管理，尤其是通过强化企业生产性学习与实训管理工作，让学生在学习过程中进一步体会企业的传统文化，从而提高职业素质。各类企业也很注重管理工作的标准化，近年来，各大中型公司均开展了“4s 管理”“5s 管理”“6s 管理”等经营模式的改革试验和应用，并取得了可观的经济效益和社会效益。而科学的经营管理也已成为公司品牌形象建立的核心，成为公司发展的主要内容。专业群可以把合作企业的企业文化带到学校，通过采取名企顶岗、名企访谈、合作企业技术骨干座谈、企业优秀学生见面会等方式，帮助高职学生更好地认识企业文化。①

---

① 刘奎武，边巍，孙铁波. 专业群“校企融合五对接”人才培养模式的研究与实践［J］. 职业技术教育，2015（5）：18–21.

第二节　专业群校企合作机制创新

高等职业教育主要培养的是高层次技术能力人才，这一类人才是经济社会建设的核心力量，在经济社会建设过程中会起到很关键的作用。人才市场需求是职业教育发展的内在需求，而校企合作则是高等职业教育发展的根本需要。校企合作的主要功能体现在培养对象更加明确，减少了理论和实践的脱节，增强了高职人才培养的职业适应性，等等。

校企合作是高等职业教育当前和未来人才培养模式变革的重点方面，是当前高等职业教育建设的重点与难点。没有深度融合的校企合作、产教融合，就没有优质的高职教育，而校企合作的深度、广度决定着工学结合的程度与品质。要做好校企合作，就需要将它完整地贯穿到人才培养的整个过程之中，就需要开展更深入的协作。

以专业化与实践性为核心的职业教育，与产业有着必然千丝万缕的联系。职业院校和企业协同发展是我国职教的特殊规律，而校企合作也是职业教育发展的本质所在。因此，需要创新校企合作模式，对校企合作内涵进行探究的基础上，探讨以建设专业群为重点的校企合作机制与模式创新，为专业群的人才培养奠定基础。

一、校企合作的含义以及发展历程

根据国外的成果分析，“校企合作”一词的说法很多，但实际上也体现了校企合作的关键要素——企业与职业院校、教育部门的联合。校企合作概念内涵丰富，主要指职业院校与企业之间在人才培养、科研、技术开发等领域的合作活动。对高职教学来说，现阶段主要是指在人才培养领域的合作活动，即借助高职学校与企业不同的资源，通过教学条件和学生参与教育有机融合的模式，把两个不同的培养环境与资源加以整合，来培养高职毕业生的综合素养、技能与职业能力，向不同用人单位输出具有相应能力人才的培养方式。其主要目的是通过合理分配教学资源，让学习者“将课堂上的学习与工作中的学习结合起来，将理论知识应用于实践中，然后将工作中遇到的挑战和见识带回学校，促进学校的教与学”，实现供给“主体”与需求“主体”的有效融合，提升教育产品质量和市场竞争力。[①]

校企合作的理念在国外出现得很早，英格兰的空想社会主义者托马斯·莫尔首先明确提出了劳工教育的培养模式，他于1516年发表的《乌托邦》一书明确提出了“劳动教育”的倡议，强调对公社里的孩子实行初等教育时，规定他们既在校园里掌握农业基础知识，又要到农村参加农业劳作。威廉·配第在1648年发表的《威廉·配第就知识的某些特殊部分的进展致哈特利布先生的建议》论文中，明确提出了设立“劳动院校”的提议。英国经济学家贝勒斯是英国第一个提议建设工业院校的人，他在《关于创办一所一切有利于手工业和农业的劳动学院的建议》一文中明确提出劳动学院必须是社会主义的劳动合作机构。真正的校企合作组织形式的产生，以1903年在美国赠地学院成立的工程实验站为标准，20世纪50时代，斯坦福学校成立了硅谷科研园，70年代中期又成立了学校研发中心等。从80年代起，我国政府就开始支持校企合作，标志着校企合作走向了新的发展阶段。随着高职教学的开展及经济社会发展条件的改变，中国政府各个部门在发布的政策文件中很多次都提到了校企合作问题，认为要想达到职业院校人才培养目标，就需要走校企合作的发展道路。例如，2005年11月，《国务院办公厅有关加快发展职业教育发展的决议》提出要加快职业教育办学体制创新，建立政府为主、依托企业、发挥产业优势的社会力量共同参与的多样化办学模式。这是在中央层面的通过企业和社会组织共同开展多元化联合办学的理念，也可以说是现代校企合作的雏形。2006年，《教育部关于全面提高高等职业教育教学质量的若干意见》中指出要强化校企合作，注重实习实训，采取工程结合、校企合作、顶岗实习的人才培养方法。这些文件都说明校企合作将成为一个全新的人才培养模式。

2010年7月，《国家中长期教育改革和发展规划纲要（2010—2020年）》指出，要充分调动企业的主动性，建立健全以政府为主、行业引领、企业积

① 贾慧.校企合作的概念界定及其相关理论探讨［J］.天津职业大学学报，2013（4）：22-25.

极参与的现代办学体系，教育部门出台了鼓励学校、企业机构联合办学的相关政策，以促进校企合作制度化，积极鼓励企业主办职业学院，鼓励企业委托职业院校开展职工技术技能培训活动。

从我国政府发布的各项政策文件中可解读出，校企合作已成为职业院校改革中的关键领域，重点表现在办学方式、人才培养、服务社会发展等方面。职业院校若要寻求成长、提高教学质量，就应该通过与企业联合的方法，强调人才培养的实用性和实效性，有针对性地为中小企业培训。所以，所谓校企合作，就是一个重视人才培养质量、支持学生实习和创业实践、强调院校和企业资源共享“双赢”合作方式。

自 2013 开始，在进一步确定了校企合作的主要内容的基础上，教育部明确了“产教融合”的重要内涵。《教育部关于 2013 年深化教育领域综合改革的查见》明确提出要改革办学机制，进一步健全职业院校产教融合体系。具体内容是出台职业教育校企合作促进措施，研究制定职业教育一体化办学指导文件，进一步增强行业企业指导教学工作的主体意识，研究建立健全行业企业合作参与办学的体制机制，逐步形成职业院校和行业企业的充分合作培训机制。该意见主要注重在办学机制层面上的产教融合的体系构建，也就是职业教育领域改革创新发展的重要内涵。

2014 年，《国务院关于加快发展现代职业教育的决定》指出：确立以就业为导向的现代职业教育管理制度，进而明确了现代职业教育管理制度的重点目标是支持发展、带动就业；特点是产教融合、校企合作，人才培养的方式是知识与实践结合，做到知行合一；人才培养目标是现代职业教育和技术知识的结合。另外，文件把产教融合、特色办学作为加速发展现代职业高等教育的根本条件之一，同步谋划现代职业高等教育的经济社会发展，统筹促进人才发展和科学技术提升与促进教育教学改革和经济发展水平提升相衔接和配合，凸显了高职专业学校的自身优势，进一步加强了高校的协同教育。另外，“产教融合、校企合作”已成为高等职业教育发展的必经之路。

2015 年，《教育部关于深化职业教有教学改革全面提高人才培养质量的若干意见》从职教改革与人才素质提升的视角，明确提出了“健全产教融合、协同育人体系”，并就如何促进产教融合从四个方面作出了具体部署。同年，由教育部印发的《高等职业教育创新发展行动计划（2015—2018年）》也将“产教融合、校企合作”作为职业教育的基本原则。

现代意义上的校企合作，关键是形成共赢的长效机制。“机制”一词最早源于希腊语“mechane”，原指机械的基本结构与运作原理，借指某些事物的内部工作方式，以及相关部件的互相关联和不同变化情况之间的交互联系等。它在《辞海》中有几种释义：①用机械生产的；②机械的总体结构与工作机理；③有机体的基本结构、功用以及各器官之间的相互作用关系；④机械某种错综复杂的工作系统，以及某种自然现象的发展变动及其规律性。《现代汉语词典》的解释主要包括：机械的结构与运行理论；有机体的结构、特性及其互相联系；一些自然界发生的物理、化学规律；指一种工作体系的组织或部门间互动的机制与方法。按照《辞海》和《现代汉语词典》的阐述，“机制”主要包括这样三方面的内涵：首先，事物是由不同方面构成的；其次，事务的不同方面间存在联系；最后，采取某种具体运作方法使不同方面实现联系。中国科学院科技政策与管理科学研究所副研究员、政策模拟研究中心副主任陈安等人在对机制的以往研究成果和对若干具体研究机制分析结果的基础上，把机制定义为“由现象引发，由现象情境中那些有着明确联系的特殊元素构成，以建模的方式来发现（或诱导）现象（或行为）的基本规律，并以此设计一个过程来达到一定效果的方法”。由此可见，“机制”是一个组织体系的组织或部门间互动的机制与方法。机制一般由参与者、关系和规则等所组成，而参与者也应包括主题、对象和介质。通过套用这一理论，校行企互动关系就可以表现为：高校、企业之间在协同培养技术人才的活动中的一种合作关系和模式。从育人的视角来看，学校是校企合作的主体，即人才供给方；企业是客体，即人才需求方；政府、行业协会等则是介质，它们既引导学校与企业之间的合作，又可以充当学校和企业之间合作的桥梁。[①]

2014年，教育部在总结了“校企合作、工学结合”实践经验的基础上，确定推行“现代学徒制”，并下发了《教育部关于开展现代学徒制试点工作的意见》（教职成〔2014〕9号），指出“为落实党的十八届三中全会和国家职业

① 兰小云.行业高职学校校企合作机制研究［D］.上海：华东师范大学，2013.

教育工作大会精神，推进产教结合、校企合作，继续发展学校企业合作育人体制，创新技术技能人才培养方式”，按照《国务院关于加快发展现代职业教育的决定》的有关规定开始开展现代学徒制试点项目。现代学徒制是我国高职教育“校企合作、产教融合”培养方式的升级版，开展现代学徒制可以带动行业、企业间的职业教育人才培养全过程，从而做到专业设置与行业需求衔接、教学内容与技能要求衔接、教育过程与工作流程衔接、毕业证书与职业资格证书衔接、职业培训与终身教育衔接，提升人才培养的有效性。开展现代学徒制是职业教育系统积极服务于当前的市场经济发展，促进职业教育系统与劳动就业系统互动发展，开辟和拓展技术技能培养与发展途径，推动现代职业教育系统建设的策略选择，是推动产教一体化、校企合作，促进工学紧密结合、知行合一的途径，是全方位实施素质教育，提高教育与培养职业精神高度融合，培养学生社会责任心、创新奉献精神、实践与创新能力的重大措施。

总之，现代学徒制搭建了一座新型的企业与高校合作共同培养技术技能人才的桥梁，使企业教学与专业技能训练有机融合，职业发展与行业发展有效互动，从而形成企业带动人才培养的核心动能。

二、西方发达国家的现代学徒制模式

现代学徒制在西方国家的职业教育中开展的时间也相当早，并且发展成不同的教学模式，较有代表性的除了德国“双元制”，还有英国的“三明治”、澳大利亚的“新学徒制”、美国的“合作教育”等。“他山之石，可以攻玉”，对西方现代学徒制方式进行深入研究，能够为我国高职专业群所构建的现代校企合作机制提供参考。

（一）英国的“三明治”教育模式

英国职业教育的“三明治”模式特点明显，并较好地融合到了英国的职业教育系统中，是英式教育的主要组成部分。“三明治”教育模式在增加入学机会、提高教学质量、促进学生就业、加强与企业的合作、促进经济发展等方面取得了巨大的成就。[①]

① 刘娟，张炼.英国三明治教育发展历程及其政策举措分析［J］.现代教育科学，2012（1）：35-39.

1. 英国“三明治”教育模式的发展

创立于1901年的桑德兰科技学校从建校初期就确定了其主要教学目标是为地方工业发展培训高等技术专门人才，并从机械工程等专业中探索白天在工厂实践教学，晚上进行理论授课的新教学模式，这也正是英国早期的“三明治”模式。

第二次世界大战后，由于发展国家经济的需要，职业教育受到了当时政府部门的高度关注。1956年，英国政府部门颁布的《技术教育白皮书》才真正奠定了“国家科学技术教育体系”的雏形。1957年至1962年，英国政府把伯明翰科技学校等10所科技学校划为高等技术学校，注重学生实践动手能力的“三明治”高等教育模式受到重视。1958年，伯明翰高等技术学院成为英国第一所为“三明治”高等教育授予技术学历文凭的学院，“三明治”教育培养方式的学历认定难题也得以解决。

1966年，英国已经有10所高等科技院校升级为拥有学历授予权的高等院校，从而引发了大批企业参与高等职业教育工作。1967年至1973年，英国设立了34所多学科职业院校，以适应地方工业发展建设的需求为主要任务，侧重于实践的“三明治”培养方法迅速在各领域得以运用与普及。

20世纪80年代到21世纪初，英国职业教育从“三明治”培养方式逐步走向了国际化的发展时期，主要体现在：一是组建了专门推进产学研紧密结合的中间组织教学集团，并举办了由高等院校与企业联合开展的技术合作课题研究，使继续教育专业领域和高校与企业界之间搭建起了更加坚实的技术合作平台；二是确立并不断完善全国统一职业资格证书制度（NVQ）和通用职业资格证书制度（GNVQ）；三是确立并完善有效的管理架构，1972年组建了“三明治高等教育大学理事会”（UCSC），1976年组建了“三明治高等教育多科专业技术院校理事会”（PC5C），1979年组建了“三明治教育与培训教育联合会”（ASET）。1988年，英国政府在新颁布的《教育改革法》中指出，英国高等教育的设置与教学内容要进行现代化和实用性改革。自1992年起，英国的原有高技术院校分批逐渐升级为高等院校。上述这些措施都有力地促进了英国“三明治”高等教育体系向纵深发展。有资料显示，2004年至2005年，英国全日制大学生中接受“三明治”教育的学生达到10.68万名，占当时全部在校学生的 11.32%。[①]

如今，“三明治”教育模式已经成为英国许多职业技术学校和高等教育学院普遍选择的培养方式，获得世界的普遍认同，成为英国职业技能培训的一大特点，在世界范围产生了相当深远的影响。

2. 英国“三明治”教育模式的特点

通过研究英国“三明治”模式的发展历程，我们可以发现，它有着这样一些突出的特征。

第一，得到政府大力支持。在英国“三明治”高等教育体系迈向完善的进程中，英国政府发挥着至关重要的角色，一直担任着政策引导者和管理者的职责，确定自己的责任领域，以有所为、不越界为基础，实施了“三明治”教育课程体系的设置，在具体的事务管理中贯彻“顺时引、逆时推”的双重政策，采取各种各样的措施，确保“三明治”教育模式得到了政府等层面的有效引导，使财政经费投入最大化落到实处。在政策支持方面，政府发挥自身优势，在社会中积极引导学习对象参加职业技术学习，通过政策和宣传提升职业技术教育在整个社会中的地位；颁布《产业培训法》《教育改革法》《面向 21 世纪的教育与培训》等法律、政策，为“三明治”教育模式的推广提供强大的法律和政策支持。[②] 在机构保障层面，英国政府出面陆续组建了“三明治培训学校理事会”“三明治培训高新技术院校理事会”“企业和高等院校理事会”等组织，以加强英国高等院校与本国政府部门和企业之间的合作协作。在经费保障方面，2005 年开始实施的“国家雇主培训项目”按照企业员工需要来主导培养，通过“教育券”机制，一方面对低技术劳动者和低学历青年人进行免费教育。另一方面，由学生选定院校和专业，把经费投入教学质量高、学生喜欢的院校和专业中，促使院校和培养机构尽力提升自己的技术水平和教学质量。此外，2006 年制订的“有培训就有收获计划”是一项由国家制订、专门针对成人学习者的“学习即获利”计划，为成年人学习者

① 彭熙伟，徐瑾，廖晓钟 . 英国高等教育“三明治”教育模式及启示［J］. 高教论坛，2013（7）126–129.

② 樊大跃 . 再读英国三明治教育模式的特点及启发［J］. 深圳职业技术学院学报，2016（5）：69–73.

提供真实工作场所的培训，以满足雇主在操作层面的用工需求，合作企业在这个过程中也可以通过接收项目学员而获得学费 50% 的培训经费补助。[①]

第二，注重核心能力培养。早在 1979 年，英国政府继续教育部门就在一篇名为《选择的基础》的文件中第一次提出了“核心能力”的概念，包括阅读水平、计算水平、绘图水平、问题解决的水平、研究的水平、组织的水平、个人和品德的素质。踏入 21 世纪，英国政府教育与就业部、工商业联合会、职业资格与培训教学署联合将核心技能逐渐浓缩为六项，即信息沟通、数字运用、信息技术、协同合作、提升自我和提升业绩、解决问题的能力，这也就是当前英国资历评价国际标准框架体系中的六项核心技能，也是英国“三明治”高等教育模式培养过程中的必要内涵。很多英国高等职业教育组织甚至学校都把这六项核心技能作为自己的课程体系建设核心，将之视为基本课程的必考内容。

第三，建立全程考核制度。区别其他教学评价方式，“三明治”教学的评价是一种全方位评价，强调对学生知识质量的考核监督。其考评方式分为企业评估、指导教师评估和学员自我评价等。其中，企业评价尤为关键，职业培训根据学员以就业为主要目的情况，而选择了“三明治”教学模式，尤其注重学生实习时期对公司负责人的考评。指导教师评估是根据完整教学模式的系统化评估，包含实践前引导、实践中督促、实践后总结，纵贯学生全部实习阶段，对“三明治”教学的执行效率发挥着很强的监督功能；学生自我评价则是根据学生的实习日记展开，包含了自我工作规划、工作表填报情况、汇总与反馈三个方面，基本上体现出了学生的实际工作情况。总体而言，多重考核方式构成了“三明治”教学的考核体系，保证了评价的客观性和全方位性。目前，“三明治”教育模式已成为英国职业教育最高阶段的最普遍的人才培养模式，赢得了广泛的社会认可，并产生了较强的国际影响力，成为英国职业教育乃至留学教育的一大特色。[②]

---

① 刘洪一，李建求，卿中金，等．产学研用协同育人的理念与实践［M］．北京：商务印书馆，2013：30.

② 陈鹏磊，李郡．英国职业教育协同育人模式的经验借鉴——基于“三明治”教育模式与现代学徒制模式［J］．职业教育研究，2015（7）：84–87.

第四，校企合作多样化。基于企业现场操作实践时间的长短不一，“三明治”教育分“厚”和“薄”两类。“厚三明治”课程通常学制 4 年，第三年选择一个时期在企业实际上班、学习，最后一年回到校园修满功课，“薄三明治”则将学生前往企业实践的实际工作与学习划分为 2~5 个相对时间较短的时段，并按照课程的具体内容分时实施。英国政府董事联盟与高校联合会的一份研究结果表明，2010 年，英国政府 74% 的中小企业和国内的高校及高等教育组织开展学校企业联合培养计划；中小企业的发展项目和研究项目中的 9% 将委托高等院校共同开展定向研发，另外 12% 与高等院校共同进行联合研发。此外，高等教育机构每年都会为中小企业提供大量的持续教育培训服务，37% 的中小企业参加了高等教育机构的各类培训、会议及公众交流活动，12% 的中小企业接受了高校机构为其单独提供的专业技能提升服务，另外 7% 的中小企业则通过高等教育机构为其新雇员进行职前专业培训。在校企的密切合作中，约有 27% 的中小企业对所招聘的新员工进行考核，并向院校反馈情况；8% 的中小企业向院校提出了生产实践岗位及“三明治”的培训项目；10% 的中小企业还把自己的投资项目当成高等教育项目的一部分，双方联合经营。在这些同高校合作的中小企业中，仅与 1 所高校建立合作关系的企业占总数的 33%，与 3 所以上高校建立合作关系的占 30%，与 5 所以上高校进行合作的占 9%。在所有校企之间的合作中，36% 是跨区域合作。①

综上所述，英国重经验、重技巧、重应用的“三明治”教育模式已得到深入推行，取得了明显成效。经过实践工作训练的学生们掌握了工作技能，获得了职位提升。采用“三明治”模式毕业的学生比一般全日制在校生的就业率还要高，前者约为 70%，而后者则只有约 55%。

（二）澳大利亚的“新学徒制”模式

同德国、美国比较，澳大利亚采用的“新学徒制”培养方法虽然起步相对较晚，却为国家培育出许多具备优秀技能素质的技能型人才，这种人才培养是澳大利亚实现发达工业与先进制造业成长的重要基础。

① AUSTIN Collaboration between Schools and Enterprises is enhanced, Newsletter of Universities UK [EB/OL]. [2012-11-12].

1. 澳大利亚“新学徒制”的发展

20 世纪 80 年代开始，随着澳大利亚进入世界市场所产生的国际化市场竞争，开始冲击本国的劳务行业。经济全球化也导致澳大利亚的国际贸易发生重大改变，其支柱产业也从过去的单一行业逐渐变为了畜牧业、农业、矿产、机械、各种金属制品、石化、电力、石油等领域。其中，服务业、畜牧业、矿业和农业已经形成了澳大利亚的 4 个核心行业。在澳大利亚发展中心逐渐转换的初期，由于其劳务行业并没有有效改变国家对劳动者的培训模式，因而新兴产业发展所需人员非常短缺。而与此同时，澳大利亚国内也出现了严重的失业问题。为防止失业问题上升为危害社会安定的政治现象，1985 年，作为缓解国家失业问题措施的“国家受训生制”被正式列入澳大利亚国家规定的专业技术制度培训中。

20 世纪 80 年代，澳大利亚经济进入了全球化新时代，企业加入了全球竞争。而经济全球化对澳大利亚产业结构的冲击也不可避免地影响到了传统学徒制。学徒制再也不能适应新兴的国际劳动力市场的需要。因此在 90 年代中期，由于澳大利亚政府的政策变动，所以当时的政府把传统学徒制和国家受训生制结合，统一成了“新学徒制”，并在 1998 年 1 月 1 日正式实施，代替了传统的学徒制。

2002 年，整个澳大利亚仅有 33.6 万人参加了“新学徒制”的培养计划，但有 93% 的毕业生在毕业后 3 个月左右被录用。到 2004 年底，接受“新学徒制”培养计划的学生数则达到 20 万人。此后，接受“新学徒制”培养的学生人数持续增长。澳大利亚职业教育与研究中心（National Center of Vocational Education and Research，NCVER）2009 年公布的数据表明，全澳大利亚已经有 40 万人接受了“新学徒制”培养，参与人数增长显著。[①] 以上结果表明，澳大利亚的“新学徒制”教育得到快速发展，已成为澳大利亚新兴教育体系发展的主要支柱。

不过从 2008 年全球金融危机开始，澳大利亚“新学徒制”也步入了缓慢成长阶段，接受教育的学生数量和学业度均明显下降。2010 年，澳大利亚

---

① 王艳红．高等职业教育课程内容开发的研究综述［J］．高等职业教育探索，2017（3）：65-69，80.

政府还特意组建了一个专业工作组，讨论关于“新学徒制”问题并提出意见。通过近一年的研究工作，这个小组还提出了一篇名为《共同的责任：面向21世纪的澳大利亚学徒制》的方案。根据该方案的建议，澳大利亚政府开始着手“新学徒制”改革，主要改革内容有实施以能力为本位的学徒培训与结业认证、革新学徒激励方案、增加支持服务、建立不同的质量管理机构。[①]

2. 澳大利亚“新学徒制”的特点

和德国传统学徒制比较，澳大利亚“新学徒制”有很多新的特征。

第一，资格证书具有融通性。澳大利亚以“新学徒制”培养模式实行国内融通的职业资格证书管理制度，即学生在顺利完成“新学徒制”培训之后，即可取得国内承认的、与学历证书相通的职业资格证书，一般为AQF1~4级职业资格证书。该认证侧重于对已获得学分与成果的承认，如果学生将来希望再进一步进修，则其所得成果的证明仍然有效。

这些融通性的职业资格证书也比较注重学生的终身发展，这说明澳大利亚教育比较重视对学生职业技能的培养。统计表明，仅有32%的澳大利亚高中毕业生会进入高等学校继续深造，而68%的毕业生多选择职业性的技术教育。[②]

第二，培养模式机动性较强。为了使“新学徒制”更具操作性，澳大利亚政府部门在全国建立了300所新学徒培训管理中心，为培养单位和学生开展免费服务。澳大利亚“新学徒制”使用的“双元”系统充分反映出培训方法的机动性。“双元”系统是指学徒的训练必须由企业和专门职业院校完成。企业训练是学徒训练的重要组成部分。其中，专门职业院校（一般是澳大利亚各州和区域内的TAFE院校）承担着理论知识训练和少部分的专业技能训练，而大部分的实务训练则在他们的企业里完成，然后学徒到他们的企业和培训学校实训场所接受训练，企业和培训学校的老师一般都要对学生们进行训练和考试。“新学徒制”课程包含了长时间的学徒制和受训生制度、全职在岗的正规训练、TAFE学院的脱产训练及私人训练等。

---

① 陆志慧.澳大利亚新学徒制及对我国学徒制教育的启示［J］.教育与职业，2017（6）：109–112.

② 温世儒，吴霞.澳大利亚新学徒制培养模式优势特征分析［J］.教育观察，2018（4）：18–19，141.

第三，行业企业积极参与。在澳大利亚的“新学徒制”培训体系中，企业一直发挥着重要作用，为确保新学徒培训人员能够接受更多来自业界的训练，并更有效培训企业所需人员，澳大利亚政府在2015年5月设立了产业与技能委员会，该委员会由国家、州政府和地区部长推荐的各个产业专家构成，包括来自国家商务与产业委员会、地区商业委员会和产业集团的成员，此外，还有两名来自联邦政府的资深官员也参与委员会的运作。澳大利亚产业与技能委员会就像一个平台，紧密联系了职业学校和企业，它可以一方面掌握产业的最新进展，为市场创造有利的发展环境；另一方面发展新技术，对学生开展技术培训，以协助企业吸引和保留所需人员，推动产业的健康成长。它还为职业教育和学徒培训提供场地、技术、资金等支持，同时吸收新行业指导委员会的意见，制定、评估和修改培训包。①

第四，培训课程多元化。澳大利亚“新学徒制”培训课程的形式富有多样化特色，主要体现在以下两个方面。一是课程类型的多样化。这种形式一般采用了分阶段式的弹性培训方式，即既能够一次完成培训，也能够分阶段完成训练；既能够用全日制或半日制的方式完成培训，也能够用业余学习时间完成培训。二是培训项目的选取坚持“能力本位”原则，即从具体发展工作的需要入手，以市场驱动为根据，动态性地开展培训课程的设定，对相应知识和技能加以划分并组成模块，在实践培训中根据模板开展教学活动，这样一来就解决了知识和技能更新较慢的弊端，并避免了盲目求全的“填鸭式”培训。由此可见，多样性的“新学徒制”课程更加注重实际能力的培养，强调与具体的岗位环境相匹配，相比之下更加务实。②

第五，社会参与的广泛性。澳大利亚传统的学徒制一般是指面向20周岁以内年轻人的4年学习模式。学习领域大多集中于普通的制造业、建筑业、交通运输及物流、印刷加工等领域。而“新学徒制”对从事学徒训练工作的人士年龄无限定，只要已经完成了义务阶段教育的人就能接受新学徒训练。而按照学徒任务内容和训练期限的划分，新学徒一般包括三种：全日制学徒、

---

① 陆志慧.澳大利亚新学徒制及对我国学徒制教育的启示［J］.教育与职业，2017(6)：109-112.

② 温世儒，吴霞.澳大利亚新学徒制培养模式优势特征分析［J］.教育观察，2018(4)：18-19，141.

兼职学徒和校本学徒。全日制学徒开展的通常是脱岗训练，主要是面向刚刚就业工作的青年，通常旨在协助学徒们全面学习某一技术的知识，并了解其他有关知识；而兼职学徒则一边打工一边训练，目的往往是希望学习本行业的较高技能，甚至另一领域的知识；校本学徒推出于20世纪初期，主要是面向在校中小学生，让学徒一边了解书本理论知识，一边开展专业技能训练。学徒在进行培训前需要和雇主签订培训合同，合同一旦生效，学徒就要按照合同履行义务。学徒完成培训计划后，能够获得全国认可的技能证书和从业资格证书。①

另外，澳大利亚“新学徒制”模式特别注重学员的“实用性”能力训练，并与当前社会的真实需要密切联系，从而有效地发挥了社会对人才的导向性作用，为澳大利亚的工业发展和企业成长培育了大量具备良好职业素质的具备专业技能的人员，进而为澳大利亚在新型市场经济中的成长提供了强力保障。

（三）美国的“合作教育”模式

今天，美国的职业教育领域在规格、层次、品质和效率等各方面都处于全球领先地位。国家发展职业教育的主要经验就是产教结合，也就是在职业教学中把企业和高校紧密结合在一起，并进行联合教学（Cooperative Education）。这是美国职业教育领域的一个热点，也是最有生命力的一个特点。

美国政府的“合作教育”模式是一个由国家立法保障、校企合作共建的美国政府职业教育办学模式。自1906年开始实行以来，它不但实现了与世界经济发展同步，而且对美国的经济发展起到了积极有效的促进作用，可谓享誉全球。

1. 美国“合作教育”模式的起源与发展

1906年，美国辛辛那提大学（University of Cincinnati）教授施奈德率先提出了联合职业教育计划，并开创了产学合作的典型模式——工学交替模式。其基本内容是将学生分为两组：一组在校内就读，另一组则在企业上班，一周后将两组互换。这种模式大大提高了学生的实践动手能力，受到了社会的

① 陆志慧.澳大利亚新学徒制及对我国学徒制教育的启示［J］.教育与职业，2017（6）：109-112.

普遍认可。合作培养的实质是探索教育的内在规律和实际的对人才需求问题的有效解决办法，使学生在校阶段即能具备未来职业所必需的专业知识、技能与素养，形成综合素质较为全面的高层次技术技能型人才。

在职业教育界，美国政府也一直在努力地将职业教育的成长和社会工商企业的成长融合在一起，使其引起整个社会广泛重视，并形成了整个社会的重要教育单元。1982 年，根据美国联邦政府商业部颁布的《联合培训方案》，增加了州政府对企业职业培训工作的监督职能，从而增强了企业参加职业培训的能力。1984 年颁布的《帕金斯职业教育法案》则更加重视在工商企业和职业学校教育与训练组织之间的协调。1991 年，美国劳工部设立了“获取必要技能部长委员会”，其目标在于协助校方研究如何改善教学大纲与课程，以帮助毕业生获得将来在职场所需要的高素质知识。1994 年，克林顿政府通过了《学校至职场机会法案》，开了以立法形式促进企业和学校之间联合培养学生的先例。美国还按照法律规定，拨出大量专项经费用于校企联合，同时要求各地政府形成“学校至职场”的教学体制。与此同时，美国还组建了专业技术知识国家标准委员会，以全面管理专业技术知识国家标准的发布。全国统一的技术要求，大大地改变了各州市和各行各业自行其是、技术要求不一的无序局面。“国标”反映出的技术和工艺水平，可以有效提高员工的劳动能力，改善产出质量，使美国人才在世界市场上具有竞争力。奥巴马执政后，也积极推动国家高等职业培训的主要组织——社区学校和组织的合作。2010 年，奥巴马提交的对社区学校扩大资助的议案遭到国会驳回，但他继续利用自身的势力来支持社区学校计划。奥巴马呼吁利用公私投资和慈善事业来帮助社会学校达到培训更多学生的目标，从而促进职业培训发展。校企合作教育发展至今，呈现了强劲的生命力，而作为美国 1000 多家院校的立身之本，校企合作正在全球范围内快速发展与壮大。目前，美国参与合作教育的跨国公司、小型企业政府机构和非营利组织超过 50000 家，其中全球 100 强企业中有 80 多家参与了合作教育计划，在企业实习的学生人均年收入约 4 万美元。[①]

① 李曙明 . 发达国家校企合作的政策模型与特点分析［J］. 中国高等教育，2010（12）：61–62.

2. 合作教育的发展内涵

美国国家合作教育委员会（NCCE）对合作教育的基本界定是："把课堂学习与相关领域中生产性的工作经验相结合的一种结构性教育策略，学生工作的领域与其学业或职业目标是密切相关的。合作教育通过把理论与实践结合起来提供渐进的经验。合作教育是学生、教育机构和雇主间的一种伙伴关系，参与各方都有自己特定的责任。"① 相比于这种较为严格的概念，美国联邦大学对合作教育有着一个较为简明的描述，即"协作教学是把教室教学和与他们专门或职位目标相关应用领域内的有回报、有效果的经历结合的这种教育计划"。合作教育就是将教学活动和工作经历相结合，为了要更好地认识合作教学的真正含义，首先必须了解什么是"生产性"的工作经历。调查研究表明，所谓生产性的工作经历，是指学生的岗位是劳动者们实际需要的工作任务或项目，经学生或老师认可的学生的岗位，是指学生们觉得能够保证他们实际活动能力并能够培养职业发展才能的岗位。

合作教育项目的基本特点包含这样几个内容。一是合作教育成为一项教育政策和机构的官方承认。二是将通过一定方式与过程实现的多种多样的教育体验和内容融合在一起。三是实习经验及适合的培训场所和生产性项目。四是学生在被雇用之前应该参加过精心设计的训练并做了充分准备，在开展合作学习的过程中能够接受培训并能进行咨询。五是在学生档案信息上写有官方承认的合作培训经验。六是校方、雇主和学校签订正式协议，包括工作描述和特定的培训时间，其工作受到校方监管和雇主控制。工作由学生、教师、雇主进行评价，其中包括学生对合作教学的反映，学生工作得到劳动报酬。七是关于雇主和院校进行教学质量评价的实习过程与教学内容的关联性。八是项目制定要实现学生、企业和学校三者收益的最优化。

3. 合作教育的优势

（1）为学生的职业技能培训创造实战机会

合作教育为学生们创造了真正的实践平台。通过实际工作，学生们能够检测和巩固学到的知识；能够掌握那些在学校的教学中无法掌握的实践经验；

① National Commission for Cooperative Education.The Cooperative Education Model [EB/OL] . [2012-10-02] .

能够检验自身的职业兴趣，从而更好地认识自我；能够了解真实的工作环境，为毕业后更好地适应社会奠定基础。

（2）为学校教育教学提供实践条件

合作培训促进师资教学能力的提高，避免实践教学场地设备的重复建设。第一，促进了“双师型”师资培训的发展。合作教学增进了职业院校与公司之间的联系，使专业老师在具有较强的教学实力和素养的基础上，更有机会了解企业最新的信息技术与管理实战技巧，更熟悉企业组织的产品运营情况，从而带动了老师们教学水准的进一步提升。第二，合作有利于该校集中精力做好教学。因为对于该校来说，配备最先进的实验设施花费相对较高，如工程设备少则数十万元，多则数千万元，同时需要大面积的场地来存放，使用率也非常低。但采用合作教学，则学校无须开展大规模实验设施建设，也可以来解决其可能存在的实习场所短缺、实验仪器设备不齐等方面的问题，从而为学校节省经费成本。

（3）合作教育为企业选拔优秀员工提供了重要机会

学生在企业学习阶段，企业会具体考查他们的综合素养与技能，包括是否具备责任感、合作精神，学习态度是否端正，是否有吃苦精神，以及知识掌握的程度与动手应用技能如何等。另外，培训还可以帮助公司节省大量的培养创新人才的开支。

4. 美国职业教育校企合作的主要模式

美国职业高等教育系统遵循国家政府指导、州政府与地方人民政府分级管理，地方主导，学院根据市场需求自由办学的管理机制。在这个背景下，美国的多个州政府、学区和高校都可以在一定区域内进行试验性的校企合作改革。美国职业高等教育建设和变革的历程中，产生了各种各样的校企合作方式。按照合作主体机构的不同，主要职业高等教育校企合作关系大致包括以下三类方式。

（1）学校主导的校企合作模式

美国很多技术学校和社会高等院校都是开展各类职业教育的主要机构，修业年限一般为 2 年，并颁发副学士学位证书。除此之外，社区学校还具备基础教育、转学培训等的功能，但本着立足社会和为社区服务的教育理念，社区学校也应发挥自身作用，积极与美国各地社会和组织开展不同类型的交流协作，并据此建立了相应专业，将之纳入教学计划和录取项目之中，供学生选择。社区学校中，参加校企合作的老师主要包括专职和兼职两种类型。以兼职教师为例，他们大多来自与高校合作的企业和公司。因为这些老师都有着多年的专业工作经历，因此他们所授专业的应用性和实践性比较强，同时学生们还可以了解到业界最新的科技。

（2）企业主导的校企合作模式

企业是职业教育发展不可或缺的合作伙伴。20 世纪中叶开始，美国众多公司逐渐将教育视为未来最有发展潜力的领域，并开始将其视为一个行业。随着众多美国公司开始意识到员工素质对公司竞争力的巨大推动作用，加之全美公共教育体系出现的教育质量危机，一些企业和公司开始积极投入职业教育行业，不但积极参与政府号召的职业教育变革活动，同时还以公司集团化运作的方式直接引入职业教育，主动探索公司与职业教育的交流和合作途径。在中小企业为主导的职业教育领域中，校企合作模式大多采用契约形式。所谓契约形式，是指由企业主导，或政府部门、校方等结合在一起，与家长和学校协商并签订合同，以规定中小企业、校方和学生间形成互利互惠的合作伙伴关系。美国国内比较成熟的校企合作契约形式，为波士顿合同和底特律协议。以后者为例，在 1989 年，底特律商会便开始建立“底特律契约计划”，试图把底特律地方的各大商业和公立高中结合起来，此契约的参与者除雇主、学生家长以外，还包括工人团体、社会组织、各州和城市的各级政府主管部门，以及密歇根州的 18 所学校、电视台等。学生签约后，还可如约获得暑期工作、社会实践锻炼等机会和助学金等各种福利和资源。此项措施大大强化了对学校学生的严格管理，大大提高了学校教育质量和学习效率，并促使了签定合同的学生毕业后受到各界的热烈欢迎，促进了这种方式的规模不断扩大。

（3）政府主导的校企合作模式

20 世纪 80 年代初期开始，美国政府为打通各种类别与层次之间的教育，并推动行业企业和职业教育领域的协同发展，在区域内展开了具有深远影响的“从校园到岗位”（STW）的职业教育变革运动。STW 之所以成为 20 世纪 90 年代美国职业教育改革的焦点和热点，是因为联邦政府通过一系列法案大力推动职业教育改革，促进职业教育校企合作，从而使得“从学校到工作”成为国家层面的重大战略性决策。[①]

协同创新是经济社会发展进步的重要推进机制，校企合作也是新形势下高校建设与产业发展的重要战略需要。积极研究国外校企合作培养方式的有益实践，可促使我国校企合作更好地拓展范围、扩大广度、拓展深度、加大力量、充实内容，让高校与企业真正彼此渗透，形成发展机制，从而推动我国高职教育领域校企合作取得新进展、迈上新台阶。

三、专业群架构下校企合作机制的建立

在高职学校中，往常以单一性专业为基础的校企合作一般都是各专业自行安排学生的实习企业，这些企业多半是小规模企业，还有很多是专业不对口的小型企业，在行业中不能体现最新的技术、工艺，企业管理不够规范，技术标准不达标，且发展非常不稳定，实习学生容易成为企业的廉价劳动力，难以在合作机制体制上取得实质性成果，更谈不上合作的广度和深度。这样的校企合作既不能适应产业迅速转变对职业技术人才培养的要求，又影响了学校专业服务行业方向的发展，难以满足职业院校的专业建设及深化教育教学改革的要求。专业群建设项目以全方位校企深度融合为前提，以企业职业核心能力、学科专业核心能力的培育与提高为驱动，以现代学徒制教育为创新抓手，对建立企业与专业群互动的人才培养管理模式、教学体系、人才队伍及教育资源、实习基地提出了创新的发展思路与办法。实践证明，专业群校企合作机制的建立主要应从以下两方面入手。

（一）构建专业群对企业群的校企合作新模式

利用这一纽带，紧密联系有关专业与关联产业，才能实现专业群与产业群的协同发展，进而达到专业群方向的培养目标，专业群与产业群的校企联合管理结构以校企联合理事会为纽带，进行专业、产业领域中的联合培养。利用专业群与岗位群体之间的校企合作可实现职业技能的交叉递进，突出培

① 石伟平 . STW：世纪之交美国职业教育改革与发展策略的抉择［J］. 全球教育展望，2001（6）：71-76.

育学生的职业适应能力与可持续成长能力，并逐渐强化对学生基础能力与跨职业核心技能的训练。

学科群和产业集群的整合打破了传统的课程结构方式，符合现代生产集群教育的要求，是在过去专业分工过于精细，新兴学科与新兴专业层出不穷，单体学科优势弱化与课程效益、成果不理想的情况下出现的，也非常符合校企的深度整合、产教融合，对教育资源有效综合利用的要求。

（二）探索建立以专业群为单元的多功能校企合作体

以专业群为单位的多功能校企联合体是一个学科多层次新型校企联合形态，一个集人才培养、教育服务、教学科研、教育传播于一身的有机体，同时也是一个集学生实习和就业、高校教师挂职锻炼、共创经济效益、共创社会价值于一身的新生命体。

浙江金融职业学院作为全国首批示范性高等职业学院建立单位，以金融专业群为基础，构成校企合作综合体。金融专业群重点为商业银行类、证券类机构培训柜面服务复合型人才。同时，学校将充分利用市场进一步扩大的契机，与浙江省内外商业银行和证券类机构共同建立以可单型培养为主体的银领学校，以发展型岗位培训为基础的浙江金苑培训中心，以发展内核型研究中心为基础的浙江省区域金融机构发展研究中心，以应用型培养为重点的应用型金融人才研究所，以考证考级培训为重点的职业鉴定中心。这五大服务单位将与专业群一起形成校企合作综合体，共同开展学生订单培训、企业学员见习就业、银行职员培养、社会人才考证考级、学校与企业共同进行教育规划科研及应用型人才研究。

第三节　专业群课程体系建构创新

课程体系作为完成学科目标的主体，反映了高职学校办学的基本定位，其内涵体现着人才培养的宗旨、标准与方法，是职业院校教学的指导性纲领。唯有形成与产业、市场要求相符的高职学科专业群课程体系，才能培育出适合市场需求的高素质人才，并突出专业群的适应性，达到专业群在开辟多学科领域的集群特色。

一、高职教育的课程模式

高等职业教育课程建设经历了三个发展阶段，即学科教育背景下的“三段式”课程模式，单一性专业教育背景下的“四段式”课程模式，专业群教育背景下的“平台＋模块”课程模式。[①]

（一）“三段式”课程模式

学科素质教育背景下的“三段式”教学方法，将学校教学分为文化基础教育课程、学科基础课与专业课、毕业实习课。这种课程体系和布局虽不同于传统基础教育的授课模式，但其实质上是课程所指向的“知识本位”教学模式。整个课程仍侧重对于基础知识的讲授，而且课程内容与实际工作岗位要求严重不符，学生没有办法将在学校学到的理论知识运用到工作实践中，从而导致学生毕业后对工作环境、工作任务适应性差。这种重理论、轻实践的教学内容和模式，造成了学生的眼高手低，而且无法满足用人单位的人才要求。

（二）“四段式”课程模式

单一型专业教学背景下的“四段式”课程模式，将课程体系分为公共基础课模块、专业基础课模块、专业核心课模块和顶岗实习模块。与传统职业教育背景下的“三段式”课程模式相比，这种课程体系和布局在德国“双元制”、美国和加拿大东部地区的CBE、澳洲TAFE等教学方法，尤其是在联邦“双元制”培养的影响下，强调能力本位、任务导向、理实合一及项目管理课程，案例教学等工作过程导向教育和工厂化教育，坚持理论“必须、够用”的基本原则，注重实践教育与岗位要求相统一，增加实习实训在教学中的比例，探索顶岗实习多种形式，推行学历认证和职业资格的“双认证”教育体系。这些都表明，高等职业教育已经开始脱离传统教育的束缚，形成具有现代职业教育特色的课程体系，这对我国职业教育发展来说具有重要的指导意义。

---

① 卞建鸿．职业学校专业群建设理论与实践探索［M］．上海：华东师范大学出版社，2015：31.

（三）“平台＋模块”的课程模式

事实证明，在所有专业群课程体系的组合中，“平台＋模块”是最具实践意义的课程体系，该体系分为“平台”和“模块”两个部分，以平台为基础，以模块为方向。

所谓平台，是指各基础学科具备的共同特点。专业群所涵盖的学科在基础规范方面都具有一定的共同点，即基础内容丰富、外延性较强，而专业群构建的核心功能则是在共性基础上的个性特征化，即按照毕业生的能力和就业方向建立多个学科，并进行人才培养分流。共同目标是形成一种基础优势雄厚、中层分立分流、顶层互选相连的局面，突出专业群的适应性，增强专业实力，促进专业群与岗位要求之间实现零距离。在这一课程体系中，高职专业的学生在知识与专业技能提升的基础上，针对自身的特点做出发展目标的选择，从而达到在各个专业内的个性成长。

“平台”由公共平台基础知识平台课和职业技能知识平台课等科目构成。其中，公共基础知识教学平台在设计上突出基础性、综合性、人文性的教学性质；职业技能知识平台系统在课程设计上以“必需、够用”为准则，重点训练学习者的职业岗位转换能力。“模块”是针对不同的学科领域或者说是针对不同的教学工作而设计的，每一种功能的设计均基于“够用”原理，以项目目标或工作流程为基础，并根据某一项目进行了“必需、够用”的学科知识和专业技能的整合，分为专业必修课程和专业选修课程。其中，专业必修课程主要指针对学科基础理论课程及职业基本技能与职业核心技能培养所设计的科目。专业选修课程是为培育适应生产和企业重要岗位需要的高层次技术型人才，进而满足职业需求的变化趋势和各种技能岗位需求而设立的项目，以训练学习者的专业发展意识。建立“平台＋模块”的课程体系，有效缓解了在专业群内各专业方向分流培养的问题。新课程体系将基础知识教学与专业技能理论知识教学、社会实践课程教学和素质教育课堂交叉渗透，按模块分项目、分阶段递进，将专业群综合能力与专项能力紧密联系，进一步增强了专业群服务区域经济的综合实力。

建立“平台＋模块”专业群的模式，有助于整合各专业人才培养需要的知识和能力要求，提高各个专业课程体系间的相容性；同时，对教学系统实施合理的模块化和学科化设计，以适应不同学科、不同专业的培养需求。很显然，“平台+模块”的专业群课程体系是克服专业群体人才培养障碍的最有效途径。

二、专业群课程体系构建的原则

学者研究表明，构建“平台+模块”专业群课程体系，实现专业群课程模块创新的4项原则如下。

（一）以学习者为中心原则

专业群课程体系应以工作岗位需要和尊重学习者个人的积极性为出发点，设置个性化的课程目标，课程内容或模块应能促进学习者探究性学习与自主学习，创设学习者积极参与的环境，凸显学习者积极参与的特点。

（二）针对性和衔接性统一原则

专业群的课程设计要以行业对成长型、综合型、创新型高等技术技能人才培养方向的要求为出发点，遵循技术技能型人才的成长规律，对接行业人才标准，突出对学生职业创新能力的培训，与企业员工协同进行课程体系重建。教学平台、学科模块和方向性教学，要冲破讲求学科知识系统化、整体性的传统束缚，使教学总体上具备较强的适应性、有效性和连接性。

（三）职业化与差异化配置原则

职业学校针对培养目标的职业定位和职业成长需求，按照职业技能发展规律，形成以技术实践能力养成为主体、以实践活动为纽带、以企业文化与职业道德为基础的模块课程体系。建立以市场需要为主导的专业群课程体系，积极回应市场与发展的要求。专业群的体系结构应考虑特色发展，重点设置区别于其他学校同类专业群的课程体系，通过差别化的战略促进专业群的迅速成长。

（四）持续改进和动态调整原则

开拓创新不断探索课程的建设过程与使用模式，既要重视内部的存量教学资源的集成与高效使用，也要重视外生性变量的增量教育教学资源的使用与整合。跟踪课程资源使用的效果与应用价值，把项目的课程资源放在突出的战略地位。要针对使用效率的具体状况，及时优化项目资源配置，争取达到项目整体课程资源的效益最优化与价值最大化。

三、专业群课程体系建构的方法

（一）优化课程体系结构

首先，要建立符合要求的公共基础课程。尽管公共基础课程有符合国家规定的教学标准，但高职学校在具体的内容与方法上仍然具有较大的弹性。而公共基础课程通常能达到学时总量的30%甚至更高，因此怎样让公共基础课程在达到国家所要求目标的基础上，更有效地为学生培养服务，已成为教育领域中的一项难题，但目前仍有相应的方法可循，比如，学校思想理论类必修课从基础知识教育向立德树人教育转化；学校英语课程从基础语言向实用英语、职业英语转化；学校体育必修课从单纯的体能运动、单项运动项目训练向身体健康教育、终身体育运动转化；语文课程也从单纯的文化教育向“文学素质＋实用与应用写作”过渡等。其次，要适当降低高等职业教育基础平台课程所占比例。为了强调动手能力、职业能力、高技能型的人才培养，基础课程就需要由系统的专业基础转为扎实的专业基础，也就是不再强调完整的课程体系，所以职业技能基础平台课应为现代职业教育所必备的课程。课程项目的设计要勇于创新和实现系统化，只注重够用性，其内容占学时的比例以20%至25%为宜。最后，以技能训练为指导建立模块化教学。应用型培养的基础在于提高应用技能，模块化教学是提高应用型技能训练的一种有效方式，是改革传统课程体系的最有效方法。在确定专业培养任务时，专业人才所应具有的职业、创新、创业等能力就已经明确。模块化教学是突破以往的课程体系，在若干门课程中选择必要的部分构成单元，让学生学的东西更直观、更有效，进而达到明确的知识培养目标。模块化课程既可以是必修课，也可以是限选课，并且随着行业的发展可以对整个模块进行更新替换，对实行完全学分制、学分互认的协同育人等教学模式都非常适合。①

（二）开发“项目化课程”

设计好课程体系结构，接下来就是设计教学内容。此项设计应和企业专

① 王佳.基于“平台+模块”课程体系的创新创业人才培养模式改革探析［J］.太原城市职业技术学院学报，2018（8）：160-161.

家协同合作，把传统课程改造为“项目化课程”。“项目化课程”是以项目过程为导向、以达成项目使命为目的，并在顺利完成项目的过程中达到目标的一种教学方式。这种教学方式起源于美国，特别适用于职业教育，在掌握理论知识前，给学生事先设计和布置一些工作的模拟完成时间，使其积累感性认知，并在此基础上再进行理论知识讲授，这样学生的学习兴趣会大大提升，并且能够主动地去学习探索自己所需要的理论知识。“项目化教学”开发要注重对典型岗位职责流程的分解，并据此精确划分工作职能与责任，从而成为项目教学的开发基础，并把专项岗位能力目标转变为教学课程目标。“项目化课程”要具备充分的开放性和可扩展性，要把新的项目案例和研究进展及时体现在教学过程当中。要把课程教学中的知识内容分割成几个有机的知识模块，建立具体的知识环境，对教学内容、目标、方法、团队、项目等情境作出合理设置：要对人文素养课程和可持续教育课程中的知识点加以细化，并明确各知识模块的教学任务。

（三）推动教育信息化

围绕核心专业和关键专业技能，以企业信息技术应用为重点，一方面建立包括课程设计、课程执行、课程评估的数字化专业课程资源库，为专业学习者提供学习平台，另一方面共享优秀课程资源，宣传专业群建设成效，提高资源建设效益和专业群影响力。专业教育资源库具体分为专业信息资源、专业课程资源和教学素材资源三部分。专业信息资源按照学科专业建立要件可分为学科专业建设委员会、师资建设、科研、实习实训、课程专业知识解读、课程构建、教师培养模式、教学质量管理、课程体系与教材、建设成果与特色等模块。专业课程资源按照课程要求可分为课程标准、课程视频、课程设计、个案分析、课题项目、课堂教学作品演示、电子课件、试题库、课件、网络答疑等模块。各模块开发文字、图像、视频等多媒体教学基本素材，使用者可以按照自己的需要灵活整合和使用素材信息资源。另外，各模块还会将校企合作、专业技能竞赛、就业创业及职业认证 4 个板块的内容视为拓展资料，作为资源库的拓展服务内容。

（四）创新课程教学行为

高职学校针对教学特色与任务特点，系统设计学习者主体角色建构策略、理论知识与实际相结合策略、激发创新能力策略及技能素养与专业课程的策略等设置课程情境。对已经在教学中采取的教学方法、教学方式和课程多媒体使用提出修改意见。遵循学生发展规律、人人成才、终身学习、多元发展、全面发展的教育宗旨，遵循教学规律和学校教育发展规律，把“教学做合一”原则贯彻于学校课程设置之中，做到学思融合、知行一致、因材施教。紧贴项目实践，革新教学模式，积极推行启发式、探究式、讨论式、互动型的项目课堂教学，积极开展项目学习、项目教学、情景教学、模拟课堂教学，同时，积极制定科学合理的项目评价方法。

（五）强化课程体系建构的配套改革，增强教学保障能力

“平台＋模块”教学体系的建立要求在现代化的教学指导思路引领下，进一步协调、更新原有教学体系中各专业及各科目间的关联，必须以一系列评价系统与运行机制变革为保障，主要内容涉及建立以学分制为核心的各种弹性教育制度；采取培训、招聘、兼职等各种方式，建立一批较为稳固、构成科学合理、素质过硬的教师团队，确保“平台＋模块”教学体系中各种科目形成的高教学水平；定期开展对人才需求信息的研究和预测等工作，并适时反映在整体人才培养流程中，从而科学合理地推动课程分流和专业发展；建立学科专业、班级、教材、课堂教学，特别是实践性课程的教学质量监测和保证体系；借助创建社会实践基地等有效途径，进一步强化实践性环节课程教学，为培育学生的社会实践能力和创新能力提供宽广的发展空间。高职学校在建立“平台＋模块”的专业群架构时，往往要对上述问题做出系统思考。

综上所述，构建“平台＋模块”课程，有助于发挥专业群资源优势，统筹好专业稳定性与适应市场变动之间的关联，利于构建实践性课程共享优势，避免实训设施重复性建造和设备长期闲置，从而大大降低实训成本，利于实现品牌资源优势和规模效应，增强学校的内涵建设和社会影响力。“平台＋模块”课程在专业群体构建上具有诸多优点，但能否从根本上解决学科在专业知识群体构建中的具体问题，理应引起高职学院的广泛关注。我们也应清醒地意识到，专业群课程的建构流程并非一成不变的，而是一种根据社会适应性、可变性、开放性而变化的教育体系，其建设效果主要体现在高职学校通过利用已有的独特教学资源培育优秀的技术应用型人才，从而实现可持续发展的综合竞争优势。所以，无论是从过程还是从成效来看，专业群课程体系的构建，每个高职学校都是“在路上”。[①]

第四节　专业群实践教学体系创新

以本校专业综合实力较强的体现区域发展优势的专业为主导，由若干个面向相近的服务领域的专业构建专业群，由集群建设形成专业群的核心实力，已是当今职业院校提升专业水平以及职业院校发展的趋势。群中的所有专业都可以在一个框架内开展实训教学，从而最大程度地实现群中各专业实训信息资料的合理分配和资源共享。但目前，部分职业院校的实践性课程仍是理论知识课程的附属品，实践性教学的开展盲目且零碎，并没有与当前专业群的需求相适应。所以，形成一个既相对独立，又能与理论知识课程体系相互融通的实践性课程结构，为专业群的人才培养提供支持，已成为各职业院校急需解决的问题。

一、实践教学体系的含义

实践教学体系从研究角度上讲有广泛与狭隘之分。广义的实践教学体系，是指由实践教学活动的目标、内容、管理和保障措施等要素构成的有机联系的整体。[②]而狭义的实践教学体系即以培养学习者的综合职业技能为宗旨，经过全面改革的职业教育培养方法，综合专业群的实践教学过程的实验实训课程设计、生产实践、学科的综合实践、顶岗实习、设计等内容，建立一个贯通学生在校学习整个过程，由浅入深、从单一到全面、结构合理、循序渐进的实践教学体系。

① 宋蔚.高职学校专业群课程体系的构建——基于“底层共享、中层分立、高层互选”[J].湖北函授大学学报，2015（12）：111-112.

② 杨艳玲.专业群建设视角下高职实践教学体系的探索——以国际贸易专业群实践教学体系为例[J].太原城市职业技术学院学报，2017（9）：164-165.

二、专业群实践教学体系构建的原则和依据

（一）专业群实践教学体系构建的原则

据丁馨的研究，构建专业群实践教学体系需遵循以下三个原则。①

1. 目标性

专业群实践性教学体系的研究需要从学生专业技能与社会职业技能的共同特点入手，紧紧地围绕职业院校人才培养方案与专业群的各学科培养目标，明确专业群体实践教学技能训练的具体任务，并将之视为形成实践性教学体系的重要依据。

2. 系统性

按照职业教育的基本规律并紧密结合专业群和各人才培养的特征，实践课程体系的建设应从学生素质整体开发的需要入手，强调实践性课程和基础教育的交叉渗透及实践性课程各个环节的协调整合，并贯穿于高职教学的全过程。

3. 层次性

学生技能操作能力的培养是个循序渐进、不断优化的过程，而专业群实践课程系统的建设应该是在职业教育理论指导的基础上，分阶段、分层级逐步开展起来的，以使各环节合理贯通。

（二）专业群实践教学体系构建的依据

按照国家职业院校人才培养目标的要求，职业院校将以职业技能运用能力与基本职业素养的训练为主线，并根据专业特点与学校自身的师资状况，全面建立科学的专业群实践课程体系，这是我国职业院校人才培养目标实现的最基本保障。专业群内的几个专业通常是围绕某一产业设置而产生的，各个专业存在相同或近似的技术范畴。所以，专业群建设视野下的实践课程系统的建设必须要全面统筹、利用专业群内所有专业的实践教学资源。体现到教学课程中，即各专业都可以在同一个体系上开展实验实训任务，实现大部分实验实训系统设备共享。

综上所述，以技术技能运用能力的职业素养训练为主线，以应变能力的

① 丁馨．专业群视阈下实践教学体系的优化研究［J］．才智，2015（6）：8-9.

人才培养为重点，充分体现专业对技术技能的需求，是构建层次分明、分工明确、科学合理的专业群实践教学体系的根本依据。①

（三）专业群实践教学体系的构成

专业群实践教学体系建设的基本原则是高度整合，共建、开放、共享。原来单一性专业教学背景下的企业实践课程多以专业为单位，布局分散，杂乱无章，投入较多，使用效率却很低，无法形成实践教学体系，基本上处于一种封闭状态。而专业群背景下的实践性课程，则利用专业群的发展平台把群中各专业的实际教育场地与设施设备加以统一规划，在专业群内共享，与专业群平台模块课程相关的实验实训室和实训所需的设施设备，通过选修的方式与群内专业进行共享，很大程度提高了实践教学实训室和设施设备的使用率和使用效率。在此基础上，建立涵盖目标管理体系、教学内容系统、管理制度、保障制度、评估系统在内的完整实践教学体系。

1. 目标体系

基于专业群人才培养要求，建立 SKQ 实践教学人才培养目标模式，即技能（Skills）、知识（Knowledge）、素质（Quality）。这个目标模式的特点是以“做”为立足点，坚持“做中学”，在“做”的过程中融合相关专业知识的应用与职业素质的养成。

2. 内容体系

专业群内的教师经过深入调查研究，和企业专家一起研究与论证，逐步明确专业群的教学定位；之后根据这些定位，以实验研究为主要基础，按“学中做”“做中学”的教学理念，形成“基本实务＋专业知识探索＋社会实践”的实践性教学体系。实践性内容，即利用专业基础课和专业课开展的专门技术技能实训课程，培养学生的实际工作能力和分析解决问题的能力。学校的实践性课程内容主要反映在应用性与专业性两个层面，主要包括专业基础实训、实践课堂、毕业论文等内容，开展学生技能的专门技能培养。社会实践层次通过毕业实习、校外顶岗实习、社会服务、社会实践等方式，强化

① 杨艳玲. 专业群建设视角下高职实践教学体系的探索——以国际贸易专业群实践教学体系为例［J］. 太原城市职业技术学院学报，2017（9）：164-165.

学生适应社会和独立工作的能力。[①]

3. 管理体系

实践教学管理体系包括计划管理、运行管理、质量管理和制度建设四个方面。

①计划管理。它是对学科专业群实施教学计划的统一管理方法，并针对实施阶段的任务、具体实施部分、课堂教学过程、教学方式及课堂教学手段、评估办法等进行了明确规定，并引导教师严格地遵照规划实施。

②运行管理。在课程实施管理中，要坚持做好方案实施、大纲、时间、场地、师资、费用等的落实。

③质量管理。按照实践性教学与能力训练项目的特点，构建各实践环节的考核框架，通过体系有效的考核，促进实践性教育达到理想目标。

④制度建设。根据实践性课程的共性及不同专业的不同需求，建立专业群实践性课程的规定并严格执行。实践性课程的相关规定包括涉及各方的工作要求、实训室（基地）的建立和运作的规范、项目资金管理和保障规范、实训校内外指导教师和学生的教学管理规范等。

4. 保障体系

职业院校还可设立实践教学基地建设管理中心，以强化对专科群实践教学基地的协调管理和指导，并完成建设管理项目方案提出的项目建设目标，制定实践教学基地建设总体规划，充分利用教育主管部门的实训室、实训基地建设专项资金，确保实践教学基地的条件、技术与功能符合行业企业的新变化、新工艺、新技术。校企双方签订教育平台合作方案，并确定双方的工作和目标。公司负责承担培养学生实践性课程所需要的项目，开放公司的技术服务中心，由企业兼职教师帮助学校培训学生，负责校内培养计划以及实践性课程体系的制定，为产学研合作和青年教师的技能训练提供技术服务。学院负责完成培养计划和编制课程体系，安排学生开展实践性课程，安排校内指导教师帮助学生开展实训，承担与基地的日常沟通和联系，通过与企业合作的技术服务平台，组织教师参加产学研协作活动和青年教师的进企业培养。

① 丁馨．专业群视阈下实践教学体系的优化研究［J］．才智，2015（6）：8-9.

5. 评价体系

实践教学评价体系应凸显多样性特色，这是提升专业群实践性教学质量的重要一环。专业教师应重视转变观念，应意识到教师本身已不再是传统考核评价中的主体，应进一步鼓励和健全学生互评、企业教师评价激励机制。针对各专业实践性课程的教育特点，构建一个多样化、动态的考核系统。教师应本着评价活动连续化、评价程序多样化、评价方法多样性的原则，通过生成性评价和效果性评价有机融合的方法，让学生明确实训要求，这样做有助于他们控制自身的学习进程。教师要把技能素质评估贯彻于实训的全部流程，把工作职场态度、团体协作、创造力、综合素养等列为各项教育阶段考核的重中之重，全面发掘学生的潜力，培养学生的个性，要在每次考评后及时把资料反馈给学生，重视对学生的鼓励、引导。为了使考核成果更贴近企业、社会的实际需求，可邀请企业专家、公司员工、兼职教师参与到考核评价过程中来。①

通过走访调研，总结出专业群实践教学实训室或实训基地。建议建立两套评价体系：一套是针对学生的实习实训评价体系；另一套是针对实训室使用效率与效益的评价体系。学生实训实习评价体系以实训过程表现与规范为重点，过程性评价贯穿学生实训的全程，能真正做到指导教师对实训过程的全程掌握。顶岗实习不同于校园内的课程实训，其评价主体包含企业指导教师，尤其是学生在企业的师傅，从而使评价能全面客观地反映学生顶岗实习的真实状况。建立学科专业群体实践性教育考核制度，重点是要建立反映专业群特色的实践性教育评价制度和规范，推动学习者能力、素养的整体提高。

综上所述，依托专业群平台构建的实践教学体系体现了资源的合理利用理念，结构更加合理和完善，专业群建设内涵更加丰富，提升空间更加广阔，使用频率和效率也更高。

---

① 丁馨 . 专业群视阈下实践教学体系的优化研究［J］. 才智，2015（6）：8–9.

第五节　专业群教学团队建设创新

高等职业教育肩负着培养生产、建设、服务和经营事业一线高层次技术技能人才的重大任务，在我国加速推动社会主义现代化建设进程中，这一任务有着无可取代的重要意义。高等职业教育的特点，决定了其师资既要有较坚实的基础知识，也要有较强的实践操作性和技术推广传播能力，还要具有营销技能和发展市场经济意识。唯有如此，方可满足社会职业教育和发展复合型人才的需求。所以，打造水平高、素质技能好的“双师型”教师，建设一支师德师风好、专业水平过硬的优秀专业教学团队，是促进专业群教学人才培养创新、推动高职学校特色发展的关键。

一、教学团队的基本内涵与类型

20 世纪 80 年代，教学团队理念被广泛应用到了西方的教育界，提倡“同伴互助”、教职员工之间协同工作、建立教学合作伙伴，并强调采取联合教学、示范教学和有系统地训练与反馈等手段，以增进教师相互之间的相互学习与沟通，从而改进教学方法，提高教育质量。在我国，教育团体理论常被应用于职业教育的教育教学与科研工作中，并被延伸为“教学团队”“师资团队”或“创新团队”等。关于教学团队的具体含义，刘宝存认为，“教学团队是以教书育人为共同的远景目标，为完成某个教学目标而分工协作、相互承担责任的少数知识、技能互补的个体所组成的团队”①；马廷奇认为，“教学团队以提高教学质量和效果、推进教学改革为主要任务，由为共同的教学改革目标而相互承担责任的教师组成”②。由此可见，教学团队也可理解成这样的一个团体，也就是以提升教育教学为共同追求目标，由结构合理、优势互补、相当规模的教师构成，一起参加教育教学和科研活动，共同探讨更有效的教育教学方法，并通过团队精神共同攻克教育教学和科研上的难题的团队。教

① 刘宝存．建设高水平教学团队 促进本科教学质量提高［J］．中国高等教育，2007（5）：29–31.
② 马廷奇．高校教学团队建设的目标定位与策略探析［J］．中国高等教育，2007（11）：40–42.

学团队通常不是一定的组织形式，而是就一个或多个具体的教学改革任务、课程的实施目标进行课程研究和经验分享。

当前，职业学校的师资队伍有三种结构形态：一是按学科或专业群划分的专业师资队伍；二是按教学或课程群体划分的师资队伍；三是按科学研究、课题、实习基地和工程技术中心等划分的建设项目师资队伍。

二、专业群教学团队的特征

高职学校专业群教学团队具有多元性、多维性、结合性和发展性等特征，具体如下所述。[①]

1. 多元性

专业院校专业群师资队伍是比较多元化的，组成结构也相当丰富，由多个专业的老师构成，主体为专业课老师，担负着学科或专业群建设的主体任务。除此以外，还需要一些来自地方企业，具有丰富工作经验和高水准、高技能的兼职教师，他们主要担负实践教学任务，包括课堂教学与实训学习的工作，专兼职教师要能彼此相互促进、合作，发挥各自教学优势。

2. 多维性

职业院校专业群主要服务于地方经济发展，专业群的师资团队成员必须在多领域开展深入研究。一是学科建设研究。随着经济社会发展、行业调整和科技创新是一个持续动态的发展过程，高职教师必须密切注视科技发展的前沿，并进一步制定和完善人才培养方法、课程体系和评估规范等。二是专业课程研发。这就要求教师必须针对职业岗位的核心技术变化等实际状况，及时调整教学内容、实施方案和社会实践项目等。三是应用研究。这既是教师服务于地方经济发展的需求，也是高校教师自我专业发展的需求。

3. 结合性

职业院校专业群的师资团队具有融合力，重点表现为工学结合、理实一体和教学科研相结合等方面。高职教师不仅要紧密跟踪企业科技发展、重视知识的不断更新，还要经常参加企业实践活动、参加技术培训等形式来加强

---

① 丁馨.专业群视阈下实践教学体系的优化研究——以常州纺织服装职业技术学院为例［J］.才智，2015（16）：8-9.

产学研合作，提高教学、实践、科研、社会服务等能力。高职教师不仅要具备坚实的基础理论功底，教授学生专业知识，更要具有指导学生适应真实的工作项目从而更好地提高其岗位适应性和知识可迁移的能力。另外，职业院校教师还必须紧密联系教学科研和应用科技的研发工作，把人才培养、为社会服务、科研工作与企业发展等方面协同起来。

4. 发展性

优秀的师资团队往往会对教师的职业生涯产生重大影响，而不应单纯地以课程、项目、论文数量等来判断教师的能力。职业学校在师资团队的发展建设过程中必须充分考虑团队成员的学习需要、学习特性，从长期发展出发，注重教师的可持续发展需要，将师资团队建设成为一支具有激励教师前进动力的团队。

三、专业群教学团队建设的意义

为切实推进专业群发展，职业院校要主动探索提高师资团队水平的发展路径，高度重视校企合作，积极借助各方力量来提高教师队伍的整体素养，不断增强师资队伍的各项能力，全力为区域人才培养奠定扎实的根基。专业群对师资队伍建设的重要性主要表现在如下三个层面。

（一）教学团队是专业群建设的有力后盾

专业群建设的实质是以区域经济社会发展为基础，以某个或若干个地区建设的特色专业为重点，从而使专业群中各专业共同发展。专业群建设进度在某种程度上可以看成职业院校服务于地方社会经济发展的一张“晴雨表”。专业群培养人才能力的提升，首要任务是师资团队水平的提高。在师资团队构建过程中，人才培养的关键因素是教师，教师不但需要具备坚实的学科基础和不断更新学科新领域专业知识的能力，而且需要具备相当丰富的实践经验。

（二）师资力量是人才培养质量的保障

教育部原副部长杜玉波就曾明确提出：中国好大学的新标准是衡量大学人才培养对经济社会发展的“四个维度”，即办学定位对国家和区域经济社会发展需求的适应度，领导能力、师资力量、资源配置等对人才培养的保障度，办学质量和效益对现代化建设的贡献度，学生、家长、社会对人才培养质量的满意度。其中一点也提到了教学团队力量对人才培养质量起到关键作用。只有保证了教师培训的时间和频率，才能提高人才培养的质量和精度，也才能达到市场对人才培养质量的高度满意。

（三）团队能力是夯实专业群发展的重要基石

建立符合我国特点、全球水准的现代职业教育体系，是当今职业教育的主要发展方向。现代职业教育体系的核心就是以就业市场为主导，职业院校必须牢牢抓住这一点，持续地为区域经济社会的提质发展增效转型提供人力资源保障。而专业群师资队伍的建设，正是在一流师资队伍的支持下，以高超的团队水平及诲人不倦的精神培养人才，同时积极地向企业和社会各界输出优秀的复合型技术技能型人才。

四、专业群教学团队建设的有效途径

以高职学校建设与发展的专业群特色为立足点，组建业务能力强、结构构成稳定的师资团队，建立合理的运行机制，促进职业院校专业群师资团队的建设，才能确保专业建设成果显著提升。专业群教学团队建设应从以下几方面着手。

（一）培养“双师型”“多能型”师资队伍

为了适应专业群一个平台、多个专业或专业方向模块的课程教学需求，专业教师必须是“双师型”“多能型”教师。

1.“双师型”教师

自 1998 年《面向 21 世纪深化职业教育教学改革的原则意见》第一次提到“双师型”教师的这个概念以来，职业院校教师师资应“专业理论与实践技能并重”，应重视、强化对“双师型”师资的培养等观点已得到普遍认同。同时，对改革创新“双师型”教师的研究项目已凸显成果，很多院校在此基础上进行了大量的实践和改革。

2006 年，《教育部、财政部关于实施国家示范性高等职业院校建设计划加快高等职业教育改革与发展的意见》第一次明确提出，要推动高层次“双师”素养与“双师”结构专业师资队伍建设工程。同年出台的《关于全面提高高等职业教育教学质量的若干意见》，再度重申要加强专业教师的“双师”主体结构，并且也第一次明确提出要确立“双师型”专业教师资格认定制度和职业院校教师聘任标准。教育部高教司在全国高职高专师资人才培养质量评价的基础上开展了调研工作，并认真总结、提出了“双师型”师资的标准，规定“双师型”师资必须达到讲师（或以上）职称，并符合下列情况之一：第一，拥有本学科专业实践经验，具有中级（或以上）技术职称（含行业特许的资格证书及具有专业资格或专业技能考评员资格者）；第二，近五年中有两年以上（可累加推算）在业务一线从事本学科专业工作的经验，或参加教育部举办的专业知识训练取得考试合格证明，能完整引导学生专业实践实训教育活动；第三，近五年负责（或主要参与）两项技术研发，成果已被企业广泛采用，收益良好；第四，最近五年负责（或主要参与）两项学校的教学设施建设及提高管理水平的实施项目，应用效益好，在全省同类学校中居领先水平。几年来，经过对“双师型”教师内涵的深入研究，“双师型”教师从“双职称”型（“教师＋工程人员”）到“双证书”型（“高校教师资格＋职务资格”）再到“双素质”型（教育教学能力与实际实践能力且必须具有高校教师资格证），大众对“双师”的了解和认知在不断深化，这对高等学校“双师型”师资队伍的建设也产生了重要推进作用。而事实上，要使每位专业教师都真正具有“双师”素养是很难做到的，其主要问题在于：大部分教师课程负担重，专业老师极少有时间和资源去开展专业实践。所以，对于职业院校而言，最关键的是建立一个结构合理的“双师型”师资队伍，为此可以招聘一批生产第一线的实践操作人员和能工巧匠，这不但可以增强学校专业课师资的实战能力，同时可以让学校教育和行业企业需求保持紧密结合。

“双师型”师资主要涵盖了两重意思。一是就师资个人来说，既要有齐全的学科专业理论，又要有较强的工作实践，逐渐向教师—工程人员、教师—技师等复合型方面进一步发展，努力做到理论联系实际，增强课堂教学的针对性。二是就全校的师资队伍构成来说，既要有专职教师，又要有兼职教师；既要有来源于高等院校的，又要有来源于企业的；既要有侧重于专门理论研究的，又要有侧重于专业实践操作能力的。所以，针对职业院校“双师型”师资力量构建的总体目标，从整体上来说应着重培育一大批高水平的“双师型”学科带头人和骨干教师。就个人来说，应当以使学生具有一定的教育水平和实际指导技术水平为宗旨，如对院校专职师资要注重提高技能运用水平、技术实际指导水平和科学研究能力，而对来源于企业第一线的兼职教师，则应当着重提高其教学技能，使之满足高职教育的要求。

2.“多能型”教师

“双师型”只是对专业群教师的其中一个条件要求，还有一个条件要求就是教师还应是“多能”的。多能主要是要求专业教师既要能胜任“共享平台”的专业基础课、核心课教学，又能承担“专业实践”课的实践教学，并有对应的中级以上的职业资格证书或具有行业企业工作的实践岗位工作能力、企业经历等作为支撑。这就要求职业院校专业教师必须获得至少一个甚至多个行业职业资格证书，并有企业的工作经历或经验。改革前的专业师资团队建设大多数只关注单一专业的教学需求，相对于高速发展的市场经济及产业结构根据市场要求调整与变化的周期不断缩短，职业院校师资队伍建设总是略显滞后。职业院校一旦因行业产业结构调整原因停办一个专业，则该专业教师大概率会“失业”，而职业院校要适应产业结构发展调整需要开设一个新的专业，又会出现专业教师无法满足教学需求的现象。很多职业院校的师资队伍经常处于“过剩”与“不足”的矛盾之中，进而造成专业师资队伍建设发展缓慢，影响职业院校专业建设的进度，也影响职业院校新开设专业的专业人才培养质量。专业群架构下的师资团队建设对学校相关专业教师进行重新评估与整合，建设基于“共享平台 + 专业模块 + 综合实践”课程体系的“双师型”“多能型”教学团队。“共享平台”既是专业群公共基础课教学的共享平台，也是专业师资队伍基础建设的平台，很多新专业可以依托“共享平台”这个师资力量开设部分课程。此外，群内的其他专业也可借助“共享平台”这一基础，以及群内重点学科及品牌专业的师资实力，利用品牌效应，促进该专业的改革创新，提升人才培养质量，从而增强本专业的社会竞争力。由此可见，专业群架构下的教学团队建设对高职学校师资队伍建设起着有力的推动作用。

3.“双师型”“多能型”师资的培养

“双师型”“多能型”师资的培养可以从如下几个方面入手。一是抓住职业教育教学特点，以专业群建设发展为重心，以校企合作为重要平台，结合产业需要，积极吸纳企业的创新科技，逐步调整专业教学目标和专业课程体系，建立动态调整机制，并分阶段规划、健全专业群师资队伍培养机制。二是结合企业职业岗位能力需要，调整专业人才培养目标，逐步优化教师教学方法，建立动态调整机制，不断创新教学方法手段，逐步制定完整的课程设计实施方案，并不断完善教师教学和课题研究机制。三是积极招聘行业企业中的专任工程技术人员到职业院校担任兼职教师，逐步调整专业群企业兼职教师结构，逐步形成完善的专兼结合的师资队伍。四是以培养教师教学开发与课程设计的创新能力为重点，进一步完善专业教师企业顶岗机制，以培养教师的专业技术实际创新能力，同时与专业对口企业合作进行技术开发服务，提升专业教师的社会服务能力。五是对新引进教师按需要进行分阶段培训，如听课、评课和教学实践操作，在其掌握有关专业知识与技术等和熟悉教学的环节、方法、手段的基础上，由教学科研部门组织专家评定后，确认该职业教师成绩合格方可上岗。六是积极推动师资队伍的教科研发展，联合对口单位，特聘教授、导师开展科研培训，并制定和申报专项的科研项目，教师团队应积极配合，探讨新问题、克服困难，全力打造良性的教学科研环境，完成科研计划。这样不但有利于专业群各专业之间的沟通和合作，也有助于促进专业群的稳定发展，同时有利于各专业教师之间相互理解、共同学习、共同提高。七是高职学校职业院校要不定期举办教师研讨会，并建设以校内网络为依托的专业群科研教改平台，提高专业教师的教学能力、科研能力，促进教师的教学科研反思，加强对各专业特色、存在问题的研究，以便及时发现和解决人才培养中出现的问题。八是利用建立专职、兼职教师的教师档案系统，对专职及兼职教师的各类业务档案、企业顶岗工作、教科研项目、教学反思等信息分类采集、梳理，及时发现教师在教学科研方面存在的不足，并引导他们及时整改，以促进“双师型”教师的优质长效发展。九是利用“督导听课”“教师互评”“学生评价”等方式，对专职教师的专业水平、教学能力、科研能力、社会服务能力、职业素养等进行量化考核，构建教学质量评价机制，引导和帮助专业教师持续发展。①

① 马丽.浅析专业群“双师型”师资队伍的建设［J］.当代教育实践与教学研究，2015(3)：161-162.

（二）加强对团队带头人的培养

教师团队带头人的选择既要注重专业实力，更要突出管理水平。教学团队建立阶段一般包括建立、锤炼、规范和运行四个时期，职业院校的团队带头人必须明确团队处于哪个发展时期，熟悉每位团队成员的优势与不足，并采取行之有效的管理方法，合理应对专业发展过程中出现的问题与存在的差异，通过有效管理手段调整成员内部的竞争关系，构建起流畅的协作方式。团队带头人要让教师们认识到团队的建设发展是所有人一起参与的，必须充分尊重他们的差异，正确看待相互之间的依赖联系，强调团结协作是团队运行的根本原则，从而保证团队的稳定运行。

（三）建设师资资源共享平台

职业院校专业群师资建设是一个漫长的过程，在实际应用层面上，为优质师资资源共享提供了很好的平台。建立师资数据库与网络资源库系统，进一步发挥其对数据教学资源的使用优势，可以实现群内各专业教学标准、课程体系及实训实践基地等教学资源的共用，进一步加强专业群的信息渗透和整合，提高专业群复合型技术技能型人才培养质量。搭建教师资源库的目的是根据专业群的学科相近规律和实践要求，让教师们可以选择性地完成跨专业中相近科目的授课工作，搭建网络信息库平台是通过现代互联网技术手段，将群中的优质视频资源上传给平台，该平台主要包括“教学研究”“教学动态”“专题讲座”“技术研发”“管理策略”“文献资料”“学生作业”等栏目。利用网络资源库平台，教师可在传统的教学交流方式的基础上，把自身教师课堂的教学活动设计、教师课件、教学案例、课堂体会、课堂教学困惑、教学反思、教师科研成果等带到网络平台上与群内教师们共享。通过打造优秀教师资源共享平台，专业群教师可交流学习，共同提高理论知识水平与实际动手操作能力，促进专业群的快速健康发展。

（四）加强团队内部合作

专业优秀师资团队是建立在良好的团队专业素质和团队文化基础之上的，能够最大程度地发挥群内每位成员的智慧潜力，营造一种可持续发展的团队氛围。因此，职业院校必须做好师资队伍中的团队合作意识培养。师资团队带头人应明确每位教师的自身需求与职业成长情况，并定期地与成员沟通，给成员提供多渠道的培训，同时尽可能地把成员在师资队伍中的工作业绩与提升和成长环境相互联系，并帮助其创造合适的提升与成长途径，让团队成员充分体验到团队中良好的成长环境，从而自觉投入职业教育事业中。同时，团队带头人也需要了解成员所处的成长阶段，了解成员的发展现状，适当地帮助与引导，以促进师资队伍的良性运转和成长。成员的工作状况一般有以下四类特征：第一类，具有快乐、激情、希望、积极的工作情绪，表现为对工作好奇、充满希望，但缺少工作能力和工作经历；第二类，有抑郁、苦闷、气馁或有憧憬幻灭的工作情绪，表现为对工作迷茫、缺乏积极性、无法处理工作上的问题；第三类，厌倦、冷淡、谨慎和没有安全感，有一定工作能力但仍存在顾虑；第四类，自信、独立，并表现得积极主动，有较强的可持续发展能力。团队领导应与成员结成合作机制，根据团队成员四种不同的发展阶段，通过各种方式的支持和指导，增强组织凝聚力、协作性和战斗力，把专业群团队打造成优秀教学团队，建立合理的内部运行机制，不断创新教学内容、完善教学资源建设等。

第六节　专业群管理运行机制创新

从理论上讲，管理运行机制是指一种社会团体单位（或国家、地区、经济社会单位与部门）管理体系的构成、功能及运作机制，是指导和控制经营决策及与人、财、物等利益有关的各种社会活动的基本准则和相应机制，是决定管理功效的核心因素。管理运行机制一旦产生，在一定的组织内便能按一定的规则、秩序，自觉、能动地引导和决定组织的活动。不过，由于机制是由组织结构决定的，因此如果改变了组织的结构模式或结构形式，也将影响组织内部运行机制的结构形式与运作效率。

一、专业群建设管理运行制约机制

专业群建设是一个内运动过程，因此，建立专业群管理运行的制约机制至关重要。制约机制的构成，一要靠制度；二要靠监督反馈，即从管理上要形成一个封闭性回路系统。如果该系统不能形成，管理运行的约束制度就变成了空谈。专业群建设也同样是一项体系工程，在组织架构系统、人事分配、岗位责任制、薪酬待遇等方面都需要有一个系统的制度性安排，对制度的执行要随时进行监督反馈，这样才能使专业群建设按照建设实施方案稳步推进，完成预定目标，使专业群建设处于可控的良性运转状态，并保持可持续发展。

学校专业群的组织运行机制在组织架构方面一般是设立专业群的工作委员会或者专业群的领导小组。专业群建设指导委员会一般由校领导、行业专家、企业技术能手代表及学科带头人等构成，职责一般是为职业院校的专业群规划、内部结构的调整、建设目标和改革方向等提供指导建议。专业群建设领导小组一般由校领导主持工作，由负责教学的正副校长和专业群、教务处、科研处、校办、马克思主义学院及相关部门的主要领导组成，其主要职责是根据专业群建设指导委员会提出的整改意见，对学校专业群建设进行指导和部署工作。学院的教务主管和有关单位具体承担并落实学院关于专业群建设工作的政策建议，并具体负责开展专业群建设管理工作，如负责制定学院专业群发展工作意见，建立和不断完善学院专业群的质量管理体系，并组织协调对各专业群情况进行调研，拟订专业群设置方案、专业群培养计划及开展专业群建设效果的评价。

二、各专业群建设运行机制

各专业群建设运行机制主要包括课程改革建设运行机制、教材改革建设运行机制、校企融合运行机制、师资团队建设运行机制等。

专业群层面应建立相应的专业群建设指导委员会，指导本专业群的建设与发展，创新常规教学，深入开展教学内容、方法与手段的改革。专业群将在专业群指导委员会及行业企业专家的指导引领下，研究并制定专业群实施方案、专业群人才培养方案和专业群课程体系，以此明确专业群培养任务和人才培养标准，逐步形成专业群体人才培养所需掌握的基本知识、技能框架结构和与之相应的教学体系框架，并确定校企合作、人才队伍构建、教学内容和课程资源构建、教学环境构建等方面的专业群构建路径和培养措施等，根据专业群构建方案和专业群人才培养计划的有关规定，加强教师队伍培养、教学资源构建和课程环境构建，积极主动地促进工学交替、校企合作，推进课程教学和授课方式、管理手段和考核方法的改革创新，持续提升人才培养质量。

三、常规教学管理运行机制

常规教学管理运行机制包括教务管理运行机制、学籍管理运行机制、实训教学基地管理运行机制和学生顶岗实习管理运行机制等。

常规教学管理运行机制的重要一环是形成以专业组织为基础的专业群教学管理组织，其主要职责是负责专业群常规教学工作的开展，保持群内教学秩序的稳定。从相近专业整合到人才培养方式变革，这既是日常教学管理运行机制有效性的反映，又是构建专业群教学团队的基石。

核心专业是专业集群建设的关键，要利用核心专业掌控专业群发展的趋势走向，统筹专业设置和教学资源，建设优质师资队伍，完善其符合职业岗位特点的课程建设。平台及模块式课程是群内最活跃的教学单元，师资队伍是专业群发展的重要动力，要根据行业发展趋势与市场需求，积极创新教学内涵，引领学生走向正确发展路径，并带领其走向更高的职业发展阶段。由于专业群内部的教学资源并不是完全单一的，以资源联系为纽带的教学管理团队就必须协调群体之间与教学资源的共用，并为学生选定专业学习方向提供指导，为专业群发展创造优越的环境。

传统常规专业教学管理模式下一般都会设立相对稳定的专业教研室，而专业群以“平台”和“模块”课程教学为中心组建师资队伍，虽然没有常规模式那样稳定，但师资团队有了更多的分享交流，有利于教师教学、科研、社会服务等能力的提高。这是专业群管理人员应该秉持的基本理念，在此基础上制订专业群教学工作计划，并按计划组织开展教学活动和科研活动，协调好各部门的关系，确保专业群教学活动正常、高效地展开。

第六章　旅游类专业群建设实例

第一节　海南经贸职业技术学院旅游管理专业群建设实例

海南经贸职业技术学院旅游管理专业群涵盖旅游管理、酒店管理、烹调工艺与营养、市场营销、体育运营与管理5大专业，旅游管理专业是海南省特色专业，酒店管理专业、市场营销专业等一直是学校的优势专业和品牌专业。各专业紧跟海南国际旅游岛、自由贸易区（港）及海南以旅游业为龙头的现代服务业布局，遵循海南旅游产业规律，实施“淡进旺出”人才培养模式，是全岛品牌酒店、旅游龙头企业等高素质技术技能人才的重要输送地，为海南国际旅游岛、自由贸易区（港）和旅游产业提供了强大的旅游职业人才支撑。

一、组群逻辑

（一）结合海南地域特色，对应旅游产业链组群

旅游管理专业群面向旅游产业，包括旅游业和旅游相关产业。其中，旅游业涵盖“旅游出行”“旅游住宿”“旅游餐饮”“旅游游览”“旅游购物”“旅游娱乐”“旅游综合服务”；旅游相关产业涵盖“旅游辅助服务”“政府旅游管理服务”。

旅游产业链是由一连串横向联系的直接面对消费市场的企业构成的横向产业链。基于旅游业中的“吃”“住”“行”“游”“购”“娱”6大要素，旅游管理专业群对应旅游产业链中的“旅游游览”“旅游购物”“旅游住宿”“旅

游餐饮”“旅游娱乐”“旅游综合服务”环节。结合海南地域特色，紧紧围绕“一中心”（海南国际旅游消费中心）建设，专业群将旅游、酒店、烹饪、营销、体育5个模块有机组合在一起，对应旅游6大要素和休闲旅游、消费旅游、体育旅游等旅游新业态，合理而高效地对接旅游产业链。其中，旅游管理专业主要对接旅游产业链中的“旅游游览”“旅游综合服务”，服务于旅游型的旅游岗位群；酒店管理专业主要对接“旅游住宿”，服务于住宿型旅游岗位群；烹调工艺与营养专业主要对接“旅游餐饮”，服务于饮食型旅游岗位群；市场营销专业主要对接“旅游购物”，服务于购物型旅游岗位群；体育运营与管理专业主要对接“旅游娱乐”，服务于娱乐型旅游岗位群（图6–1）。

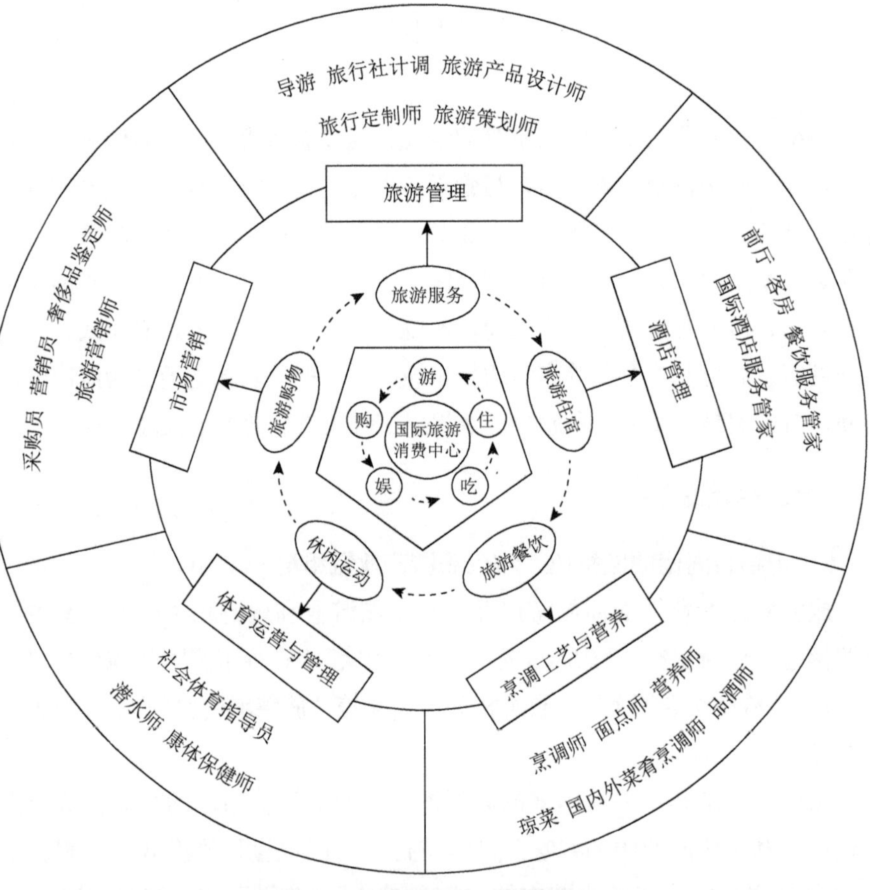

图6–1 旅游管理专业组群逻辑

（二）立足岗位，确定专业群人才培养定位

旅游管理专业群根据海南自由贸易区（港）建设的需要，立足海南，面向全国，辐射“一带一路”沿线国家，培养具有良好综合素质和职业道德，掌握旅行社、景区（点）、高星级国际酒店、餐饮企业、市场调研、市场开发与客户管理、休闲体育服务、体育活动策划的业务流程和岗位技能，具备从事导游、旅游计调、旅行定制师、旅游产品设计等旅游管理专业岗位群，高星级国际酒店前厅、客房、餐饮服务管家等酒店管理专业岗位群，烹调师、面点师、品酒师、营养师等烹调工艺与营养专业岗位群，采购员、奢侈品鉴定师、旅游营销师等市场营销专业岗位群，潜水师、康体保健师、社会体育指导员等体育运营与管理专业岗位群的基本理论知识和职业能力，具有社会责任感、实践能力、创新精神、工匠精神和国际视野并与产业高度融合的高端技术技能旅游复合型人才。

（三）群内专业资源共享，分工合作服务产业发展

旅游管理专业群服务对象相同，服务产业相同，专业基础相通，资源可共享，集合 5 大专业教育资源优势，实行基础课共享、专业能力拓展课共享、专业课岗位模块化，形成专业集群化发展的人才培养体系，消除传统产业及行业“割裂”旧疾，从“旅游 +”角度实现各专业资源共享、协调配合、优势互补，创新旅游管理专业教育理念，将体育产业与旅游融合发展，创新旅游人才培养思路和模式，进而使旅游管理专业群成为旅游职业教育的新标杆、新团队。

二、建设目标

旅游管理专业群建设紧跟海南省“全域旅游”“一带一路”及国际旅游消费中心建设步伐，立足海南，服务全国，辐射“一带一路”沿线国家，与境内外旅游产业链对接，优化专业群结构，以“人才培养 + 产业服务”为核心，将本专业群建设成为中国旅游职业教育的新标杆，在全国旅游职业教育中处于领先地位，助力海南及世界旅游业和旅游职业教育发展。

通过引进英国、瑞士、德国、澳大利亚等国际职业教育标准，重构人才培养模式，建设共享型优质师资队伍和职业培训体系，开发建设校企“双元”

云教材平台，以专业群课程体系为核心，打造共享基础课、职业技术技能培训包、核心专业拓展课程模块，建设在线精品课程资源库，形成“多架构实训共享平台”，以及以志愿服务、旅游援外培训、职业培训为核心的旅游管理专业群社会服务体系，专业群打造了旅游类技术技能人才培养高地和技术技能创新服务平台，并通过成立专业群建设指导委员会，统筹管理专业群负责人、师资、课程体系建设、实训及实践基地等的动态管理及调整和专业群评价体系等可持续发展保障机制。

到2023年，专业群全方位服务海南旅游业，形成了“标准化”“国际化”“多样化”“复合型”人才培养模式，“信息化”“共享型”课程教学资源，高层次、专兼结合、境内外结合的国际化、创新型教学团队，综合性、共享型、生产性实践教学基地，产教深度融合的技术技能平台，形成了精细化旅游管理专业群社会服务体系，开展了立体式多层面的国际交流与合作，打造了集人才培养、产业服务、教育引领多维立体的支撑产业，是引领旅游职业教育改革的高水平旅游管理专业群。

三、建设内容与举措

（一）“三化一型”，重构人才培养模式

按照“标准化”“国际化”“多样化”和“复合型”“三化一型”要求，重构新型旅游人才培养模式。

1. 赴旅游目的地、院校、企业调研，形成人才培养模式的标准化、国际化

赴世界知名的马尔代夫、夏威夷等海岛型旅游目的地调研旅游服务标准和岗位群服务标准；赴国内外旅游职业教育院校调研人才培养标准、课程标准、教师标准；赴境外知名的瑞士洛桑酒店管理学院、澳大利亚TAFE学院等院校调研产教融合标准、培训标准、职业证书标准，学习和借鉴其先进经验，为重新构建专业群人才培养模式，制定不同生源的人才培养方案奠定坚实基础。

2. 对不同生源，探索多样化、复合型的旅游人才培养模式

针对不同生源的特点，依托校企产业学院、职业教育集团等平台，积极

探索专业群专科层次学历教育、留学生（学历）教育、现代学徒制试点、驻店教学等人才培养模式，制订并实施新型旅游人才培养方案，最终形成旅游管理专业群专科层次学历教育、现代学徒制试点，三类人（退役军人、农民工和下岗工人）驻店教学，留学生（学历）人才培养方案，满足多样化的旅游人才需求。

3. 开展“1+X”职业证书试点

由专业群牵头，与产业链内的龙头企业紧密合作，重点开发旅行定制师、旅游营销师、社会体育指导员、国际酒店从业人员及琼菜烹饪工艺师等职业技术技能培养培训课程资源，制定职业技术技能等级证书标准，对学生、社会人员开展职业技术技能培训。同时，在人才培养方案中嵌入“1+X”职业证书相关课程。

（二）校企合作，建设共享型信息化课程教学资源

1. 构建“一平台、模块化、共享型”专业群课程体系

“一平台”是旅游管理专业群共享基础课程平台，涵盖专业群核心能力培养所需的四门共享基础课；“模块化”是指按照行业职业岗位的任职要求，将工作岗位分成若干业务操作模块，以此重构新的课程内容框架，开发外语口语、奢侈品销售、旅游新业态、旅游、酒店、营销、职业培养培训课程资源包、烹饪、体育等 9 个专业能力拓展模块；“共享型”是指将群内各个专业的基础课和核心课程全部开放共享，学生除了学习本专业的课程之外，还可以根据职业生涯发展的需要，选修其他专业的核心课程，满足个性化弹性发展需求，拓宽就业面向，实现“跨岗就业”。

2. 打造“共享型基础课平台”，校企联合开发专业核心课程

积极引入行业企业的新标准，建设《旅游市场营销》《旅游人力资源管理》《旅游心理学》《旅游经济学》4 门共享型基础课程，从标准、内容、信息化、可视化等方面打造课程资源库。按照省级在线精品课程的标准，以行业企业实际工作任务为主线，将专业群内各个专业的核心课程知识点碎片化、结构化，校企联合开设 15~18 门核心课程，加大核心课程产教融合力度（图 6–2）。

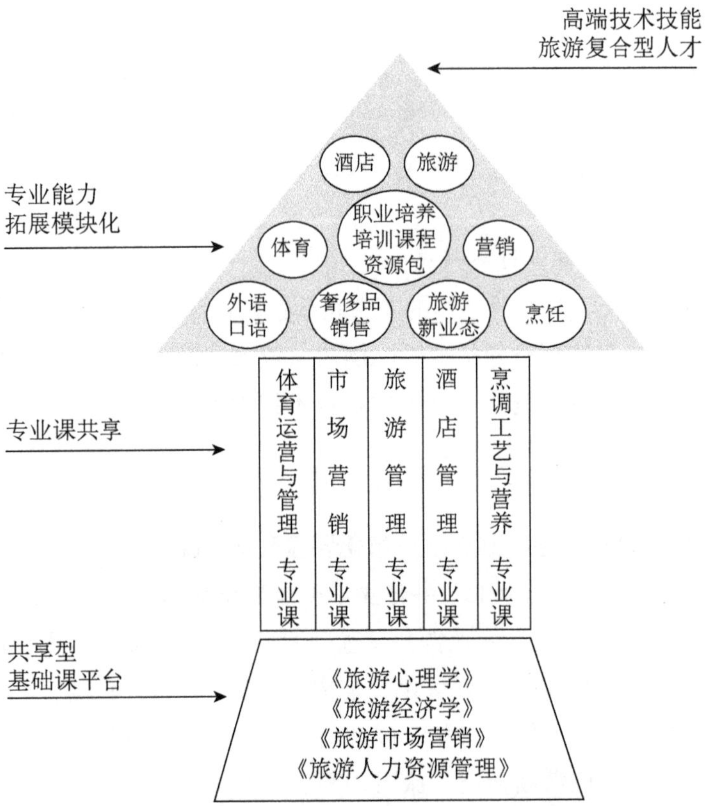

图 6-2　“一平台、模块化、共享型”专业群课程体系

3. 开发校企共建的共享型职业培养培训课程资源包

按照旅游行业从业人员岗位标准，联合海南知名企业合作开发“旅行定制师”“旅游营销师”“国际酒店从业人员”“社会体育指导员”“琼菜烹饪工艺”5个职业素养培训课程资源包，既可以满足行业企业员工职业等级培训的要求，也可以满足院校学生进行职业等级培训的要求。

（三）“双元”共建，开发新型教材，推动“五化”教改

对标行业标准，采用信息化制作技术，4 年内编写并出版 19 本校企“双元”合作开发的云教材，并付诸教学实践；积极探索“活页式、工作手册式”新型教材的开发，校企联合开发 16 本新型活页式、工作手册式校本教材，在驻店教学班中先行试点；顺应海南国际化旅游人才培养的需要，校企联合编写 5~10 本中英文对照的“双语”教材，并在群内进行教学试点。

专业群内各专业须适应“互联网 + 旅游职业教育”的发展需求，全面推动教学方式信息化、教学内容模块化、专兼职教师教学分工常态化、课程学习任务化、学习评价过程化教学改革，推动课堂革命，积极进行改革研讨，总结经验并加以推广。

（四）内外兼修，打造“三结合”国际化“双师型”创新师资团队

依托现有的“南海名家”“南海工匠”和省级“教学名师”，内外研培，打造一支专兼结合、国际国内结合、名师名匠结合“三结合”的国际化、“双师型”创新师资团队（图 6-3）。

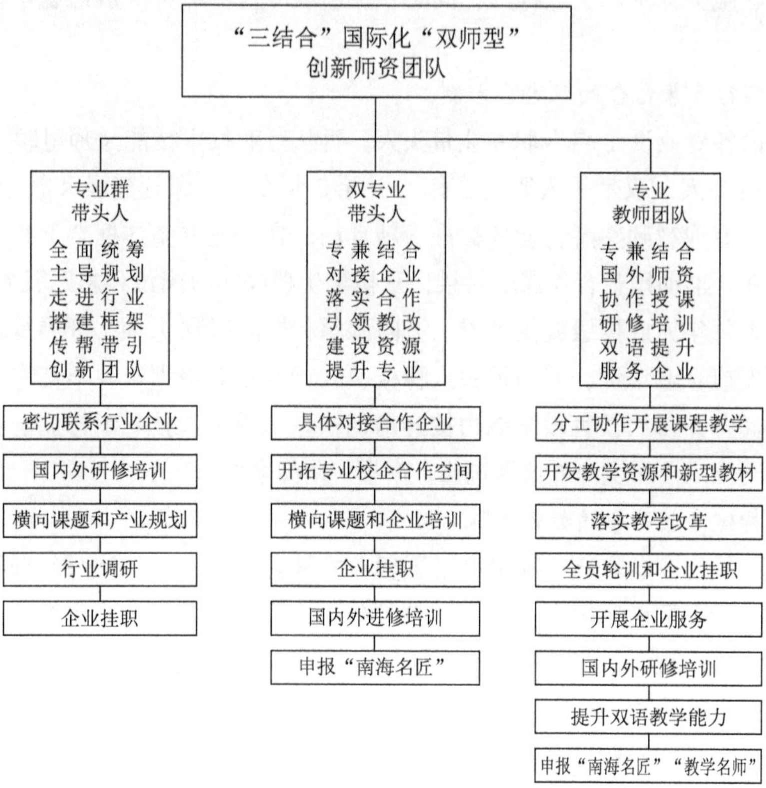

图 6-3　“三结合”国际化“双师型”创新师资团队建设

1.“南海名家”引领专业群

以“南海名家”和行业领军人物为专业群带头人，全面统筹群内各专业的建设和发展，主导做好专业群的发展规划，走出去积极与行业企业联络，搭建校企共建专业、师资互聘互兼的整体框架，发挥“传、帮、带”的作用，带领师资团队由重教学、重课程向课堂教学与社会服务并重、课程建设与岗位融通的方向发展。专业群带头人积极参加国内外关于高职教育教学的理论与实践培训，并在企业挂职 3 个月，协助企业完成大中型技术研发或产业规划，完成横向课题 1 项；每年组织专兼职教师开展 2 次关于产教融合的教育教学研讨；每年组织专业群开展 1 次行业企业调研，了解最新的行业企业岗位标准、服务标准、工艺标准，同时积极组织专业群教师开展课题申报和论文撰写。

2. 实行专兼结合的双带头人制

群内各专业设 1 名专职专业带头人，再从行业技术技能大师里聘 1 名兼职专业带头人，双带头人紧密合作，引导专业发展、课程建设和教学改革，共同指导专业教师熟悉行业新标准、新动向，在专业群整体框架下积极对外联络企业、推动校企合作深度对接，开拓学生顶岗实习岗位和志愿服务项目。双带头人每年完成校级或校级以上纵向课题和横向课题 1 项，开展行业企业技术研发或企业培训，兼职带头人积极引入行业企业培训资源丰富专业课程体系内涵，并参加教育教学能力提升培训；专职带头人挂职于行业企业中高级管理岗位，参加境内外培训进修，申报“南海名匠”。

3. 构建专兼结合的教师团队

每年从行业名家巧匠和中高级管理人才里聘请 8~10 名专业群兼职教师，形成稳定的兼职教师团队，与专职教师分工协作开展课程模块化教学，从事实践模块课程教学的课时数不少于专业全部课时数的 1/3，并参加教育教学能力提升培训；依据专业群发展的需要，每年公开招聘或考核招聘 10~15 名专任教师，专兼职教师团队共同开展课程资源库开发、新型教材编写和课堂教学改革，专职教师实行 4 年一周期的全员轮训制度，全体教师每人至少在企业挂职 6 个月，开展企业培训或咨询规划服务 1 次，申报“南海名匠”“教学名师”，建设省级教学团队。

4. 国内国际结合，内外兼修提升专业教师教学水平和国际化视野

专业群教师每人每年至少参加境内外研修培训 1 次；引入英国职业教育师资标准，开展“双语”教学能力培训，获得英国职业教育教师资格证书；每年聘请国外优质师资 5 人，开展授课和讲座。

（五）内外结合，建设综合性、共享型、生产性实训实践教学基地

建设深度产教融合、功能整合提升的综合性、共享型、生产性实践教学基地。建设具有产业特色的“政产学研创”融合贯通的实践教学体系，搭建校企共建、工学结合的共享型实践教学平台。通过场所调整、功能整合、重新规划等方式，推动建设校内实训、国际旅游消费实践、校外共享实践基地、实训技能及成果展示、生产性实训基地“五级架构”综合性多功能共享型的实践教学体系，形成“多架构实训共享平台”，实现深度产教融合、功能整合提升的实践教学模式。

1. 搭建基于云平台的共享型校内实训教学中心

升级改造校内原有的实训室，新建康体保健室、录播实训室、教学电子沙盘、奢侈品品鉴室、国际旅游品牌发展展馆、康体保健中心，运营专业软件平台，逐步开发出云上实训平台，推进信息技术与在线教育实训教学的深度融合，涵盖同步课程实训、毕业综合实习、岗前培训、在岗实训、技能竞赛等软件模块，具备鲜明的“开放、共享、互动”的特色。

2. 筹建国际旅游消费实践基地

适应海南建设国际旅游消费中心的需要，与三亚中国免税店和海口美兰机场免税店合作建设免税购物实践基地，开展消费品牌认知、免税购物、综合旅游休闲、酒店住宿、市场营销等实践项目；与江东新区旅游集散中心合作建设高端国际旅游消费实践基地，开展免税购物、体育旅游、国际旅游综合体等实践项目。

3. 建设校外共享型实践教学基地

按照“校企共建、各专业共享、校企动态互管”的原则，与海昌梦幻海洋不夜城、三亚亚特兰蒂斯、中旅集团等大型旅游企业合作建设校外共享型实践基地，建立专业群多元化校外实践教学基地共享模式。共享机制的建设是校外实践基地建设的关键环节，共享内容丰富多样，可实现教学资源、企

业资源、社会需求信息及学生反馈信息的共享，以及校外实践基地共享形式的扩围，在实践基地的基础上建成教师能力培养基地、人才培训基地、教育教学改革基地、产学研合作基地、科研成果推广基地、服务社会基地等“基地综合体”，以便更好地完善和发挥基地的作用，优化共享效果。

4. 搭建实训技能及成果展示平台

通过学生技能大赛、学生实训作品展示、教师科研教研成果等形式，全方位展示建设成果，提升企业对专业群学生的满意度，提升教师的社会服务能力。同时，增强对其他院校的辐射和引领作用。

5. 建设校内生产性实训基地平台

建设校内生产性实训基地平台——“产学研”大酒店。

（1）“产学研”大酒店的功能定位

根据旅游管理专业群人才培养目标和毕业生主要就业岗位（群）的认知要求，参照岗位标准和专业学习领域课程的教学要求，突出“岗位能力为本、工学交替”的理念，建设具有真实岗位，能反映旅游、酒店、餐饮、营销、康体一线服务新技术，集“技能与创新培训、职业培训与认证、新技术推广、职业素质训练”于一体的综合性校内生产性实训基地。

（2）“产学研”大酒店的建设思路

①实现专业教学与生产经营高度融合。管理团队以专业教师为主，企业人士为辅；服务团队以旅游管理专业群学生为主。学生在参与生产经营的过程中，不仅要学习理论、锻炼技能，更要锻炼对酒店各部门的经营管理能力。

②实现校企深度融合。吸引校企合作企业，通过课程共建、实景实训室共建、兼职教师授课和参与管理等形式全面打造校内生产性实训基地。

③实现教师产、学、研一体化。教师不仅要指导学生参与实训和生产经营，还要开展科研、教研、技术服务及对外培训等，全面提升师资队伍水平。

（3）“产学研”大酒店的运行机制

为了利于日常管理和营运，先建立组织机构图；确定岗位职责，常设岗位数为 19 个，其中 6 个管理岗位，13 个普通岗位，普通岗位再下设实习生岗位，实习生岗位根据实际业务需求，采用流动式岗位设置；如遇淡季或者假期，则由管理人员轮流值班；岗位职责划分重叠部分由相关岗位协作完成；

值班经理在总经理领导下的值班期间拥有解决和处理一切事务的权利。

（六）协同共赢，按“五共”原则打造技术技能平台

按照“共商、共建、共育、共享、共赢”的原则，整合学校及企业的资源，打造专业群建设的“软件”核心。

1. 建设示范性旅游职业教育集团，引领海南旅游职业教育

按照“两跨、三化”（跨院校、跨层次的规模化、差异化、集约化）的原则，在海南省教育厅、海南省旅游和文化广电体育厅的指导下，以海南省旅游职业教育教学指导委员会为依托，建设示范性海南旅游职业教育集团。融合学校、政府、企业、行业及外部资源，以培养高素质、高技能、高规格的旅游复合型人才为主线，推进“1+X”证书制度试点，推动“1+X”证书制度试点与专业群建设、课程建设、教材建设、师资队伍建设等紧密结合，开展旅游职业教育的人才培养、教育教学资源共建共享、职业教育及产业融合等研究。联合海南省旅游和文化广电体育厅、海南省农业农村厅、海南省江东新区管委会等政府机构，海南省旅游协会、海南省旅游发展研究会、海南自贸区文旅智库等行业协会，海口经济学院、海南工商职业学院、海南科技职业学院（本科）等高等职业教育院校，海南省旅游学校、海南省农业学校等中等职业教育院校，黔东南职业技术学院、新疆职业大学、新疆石河子职业技术学院等外省旅游职业院校共同建设省级示范性旅游管理职业教育集团，实现海南旅游职业教育的资源共享、育人共享、教学共享、协同发展，为海南旅游产业改革与发展做出应有贡献。

2. 校企共建产业学院，培养高端旅游人才并服务产业发展

学校与产业企业共建产业学院，由企业高管担任院长，实现产业学院资源共享。将产业学院建成学生的专业学习的“识岗—助岗—顶岗—轮岗”等学生实践基地、实习基地和创新创业基地。

创新校企“双元”育人新模式，培养国际化复合型高端旅游人才。依托海南自由贸易区（港）建设的国际旅游消费中心，与中国旅游集团公司共建“国际旅游”产业学院，与洲际酒店集团共建洲际英才培养学院，与琼菜王餐饮管理有限公司共建琼菜文化产业学院，与中免集团公司共建国际旅游消费产业学院，培养海南旅游业发展所需的高端旅游人才；打造横向科研平台，

促进旅游业和地方经济的高速发展。

按照“研究、转化、服务”的原则，将产业学院建设成为产业研究中心和人才培训中心。整合海南省高技能人才培养基地、休闲体育文化发展中心、商务部援外培训（海南）基地、国外教学（科研）学院（点）、乡村振兴研究院等研究平台，建设“旅游业”产业研究中心，开展产业、行业及企业的横向项目研究。以旅游管理专业群师资为核心，建成对接产业的人才培训中心，开展产业急需的在职员工培训、产业新技术和新发展的培训及管理人员与专业技术人员的高端培训。以产业研究中心的研究成果和人才培训中心的培训成效助推海南旅游产业的快速发展。

3. 校企共推共营共管的企业工作室中心，解决产业发展的“痛点”问题

以“名家巧匠”为引领，实现“百名能工巧匠”进校园、进课堂。依托于中国旅游集团总公司、海南逍遥旅游集团共建的高端旅游人才培养计划——“逍遥子”计划、“金牌导游工作室”，与中远博鳌集团共建的博鳌亚洲论坛志愿服务平台，与琼菜王餐饮管理股份有限公司等餐饮企业共建的琼菜工坊、国际美食体验中心、“烹饪大师工作室”等建设校企共推共营共管的企业工作室中心，从自贸区（港）的旅游产业链视角，将产业及企业发展中的“痛点”问题引入学校，双方强化共识、深化合作。教师依托企业工作室提供持续的产业发展智库服务，为建设海南自贸区（港）提供高水准的决策咨询和研究支持。

（七）服务育人，打造精细化旅游管理专业群社会服务体系

依托现有专业资源，借助专业群五大职业培养培训课程资源包（旅行定制师、旅游营销师、国际酒店从业人员、社会体育指导员、琼菜烹饪工艺培训包），打造精细化旅游管理专业群社会服务体系。

1. 构建旅游志愿服务项目体系

旅游志愿服务项目体系内容建设覆盖行业、企业、社区多方面。总结并借鉴学院近十年师生参与博鳌亚洲论坛志愿服务经验，依托服务培训平台，积极开展产教研究，探索制定《旅游志愿服务（博鳌标准）》，形成博鳌志愿服务体系，积极推广并实施“博鳌标准”，同时对接国际志愿服务标准，通过项目合作、服务输出、经验交流，不断充实完善服务标准。依托国家体育旅

游示范基地及体育特色小镇建设，形成“环海南岛国际公路自行车赛”“环海南岛国际大帆船赛”“海南高尔夫球公开赛”“海南马拉松”及其他大型体育赛事和滨海休闲体育活动的志愿服务体系，涵盖咨询、外语翻译、急救医疗、赛后恢复服务、安全保障服务等赛场服务和活动策划、创意周边产品设计、公关宣传服务等衍生服务。

2. 开展旅游行业职业培训服务

根据海南旅游业淡旺季明显、分时度假特点突出的情况，打造旅游行业职业培训服务项目，构建专业型旅游职业培训服务团队。服务团队以旅游管理专业群五大培训包为资源，以举办淡季旅游企业员工培训班、大赛，开展大赛指导、会议会展服务，组织主题职业培训等多种形式，提供行业企业培训服务。

3. 建立旅游援外培训服务体系

依托商务部援外培训（海南）基地，制定旅游援外培训服务标准，组建师资培训团队，重构培训课程体系，实施以“一带一路”国家公务群体等为主体的“留学（公务）—培训—就业（回国）”国际化旅游人才培养模式，提升旅游援外培训服务规模和影响力，助力海南国际旅游消费中心建设。以专题授课、课程研修的形式，以旅游人才培养、旅游资源开发、旅游管理与开发、旅游产业发展与管理、旅游业发展与规划、旅游企业管理、发展中国家岛屿气候变化与经济发展研究、热带休闲观光农业开发与规划、滨海旅游资源开发与利用、“一带一路”旅游人才培养、文化交流与合作、旅游行政管理官员培训、旅游公共政策与法规研究、促进区域及地区旅游业有序发展政府职能、公共政策管理研究等多样化主题，形成以多边国家研修班、双边国家研修班和境外研修班三大项目为主干的旅游援外培训服务体系。

4. 旅游研发服务

依托旅游研究所，借助横向课题及专利研发，为推进项目研发和成果转化提供咨询、技术指导、顾问等服务。建立常态化产教研发—路演—孵化（合作）平台，服务学院产教成果转化项目与行业旅游机构交流对接，推动产教成果与行业资源加速融合，助推双方实现资源共享、信息互换、共同发展。

5. 搭建社会服务线上管理平台

搭建社会服务线上管理平台，整合线下旅游服务项目，加强平台监管及网络传播，提升大众化旅游社会服务的信息化水平。创新旅游社会服务方式，加强平台板块建设，推进专业群产教融合及大众化互动，链接政府网站窗口，开展国家及政府性旅游社会性服务，如旅游扶贫、乡村旅游建设等。

（八）兼收并蓄，开展国际交流与合作

按照“引进来、走出去”的交流与合作原则，打造集国（境）外办学点及境外先进的职业教育专业交流于一体的国际交流与合作平台，贯彻实施专业群的“三化一型”人才培养模式。

1. 引进国外先进的职业教育资源

根据旅游管理专业群建设的特点，结合海南实际情况，引进国外先进的职业教育课程标准、教师标准、专业标准、双语教材、外籍教师，尤其是重点引进英国 NPTC 和澳大利亚 TAFE 培训包，以此打造具有国际特色、符合海南实际的职业教育资源平台。

2. 设立国（境）外教学（科研）点

依托海口市作为“一带一路”倡议的重要节点城市，实现专业群优质教育资源“走出去”，建立马来西亚等东南亚国家的教学（科研）点，培养旅游类高端人才，以点带面逐步辐射至东南亚国家。

（九）制度护航，健全可持续发展保障机制

为了保障旅游管理专业群的可持续发展，形成相关的保障机制就势在必行。

1. 形成并完善专业群的管理体制与运行体制

学校层面，将专业群纳入学校的发展规划，摒弃传统的专业建设思路，深入思考专业群的组织架构、人事安排、待遇薪酬等专业群的管理与运行方面的问题。

在旅游管理专业群层面，针对专业群负责人、师资、课程体系建设、校内实训基地、校外实践基地、生产性实训基地等专业群建设中的方方面面问题，制定一系列切实可运行的制度，如《专业群校外共享型实践基地管理细则》《专业群生产性实训基地管理细则》《专业群技术技能平台管理办法》《专业群共享师资管理实施办法》《专业群绩效考核实施细则管理细则》等相关文件。

2. 形成动态管理及调整机制

制定《专业群专业动态管理与调整实施细则》，根据产业发展和旅游新业态，进行动态管理和调整，实时监控群内各专业的发展情况，保障培养的人才满足旅游需求侧的需要。

3. 建立有效的专业群评价体系

建立健全一整套与专业群建设相符的科学合理的专业群评价指标体系是专业群建设工作的核心之一。制定《旅游管理专业群评价体系实施细则》，构建教学质量标准体系、教学质量评价标准体系、教学质量保障体系和监控评价工作运行机制，健全教学质量评价、考核、激励等管理制度，坚持过程管理与结果评价相结合，逐步形成开放、可持续发展的教学质量监控、评价与保障体系，把毕业生就业率、就业质量、创业成效、学生思想道德素养和持续发展能力、用人单位满意率、对区域经济发展贡献水平作为质量评价的重要指标。

4. 建立专业群建设指导委员会

在学校的机制体制框架内，设立专业群建设指导委员会。

专业群建设指导委员会全面指导教育教学活动，用好产教融合的人才培养和评价制度，严格实施专业群的动态管理机制、共建共享机制、诊断与改进机制、毕业生跟踪监测机制等，指导专业群在专业建设、教育教学改革、产教融合、校企合作、人才培养等方面走上更加高效、规范的运行轨道。

第二节　浙江旅游职业学院导游专业群建设实例

一、组群逻辑

（一）专业群与产业（链）的对应性

1. 旅游新供需环境下的导游内涵变化

随着国家经济社会的转型升级和人民群众对美好生活向往程度的不断提

升，全域旅游、“互联网＋旅游”的快速发展，旅游新客体、新业态的不断涌现，现代旅游业呈现品质化、智慧化、综合化、国际化等特征，旅游接待服务也相应发生着深刻变化，传统导游已不能应对产业和市场的新需求。在互联网和信息技术促进传统产业更新发展过程中，符合旅游新环境的“现代导游”应运而生（图 6–4）。和传统导游相比，“现代导游”的内涵更加丰富，主要体现在以下三点：一是导游边界从景区景点为主扩大为目的地全域、从国内为主扩大到全球；二是导游方式从以面对面为主到面对面服务与通过云平台和智能终端服务并存；三是导游内容从主要提供单一环节的向导讲解与接待服务向旅游过程一站式综合服务发展。

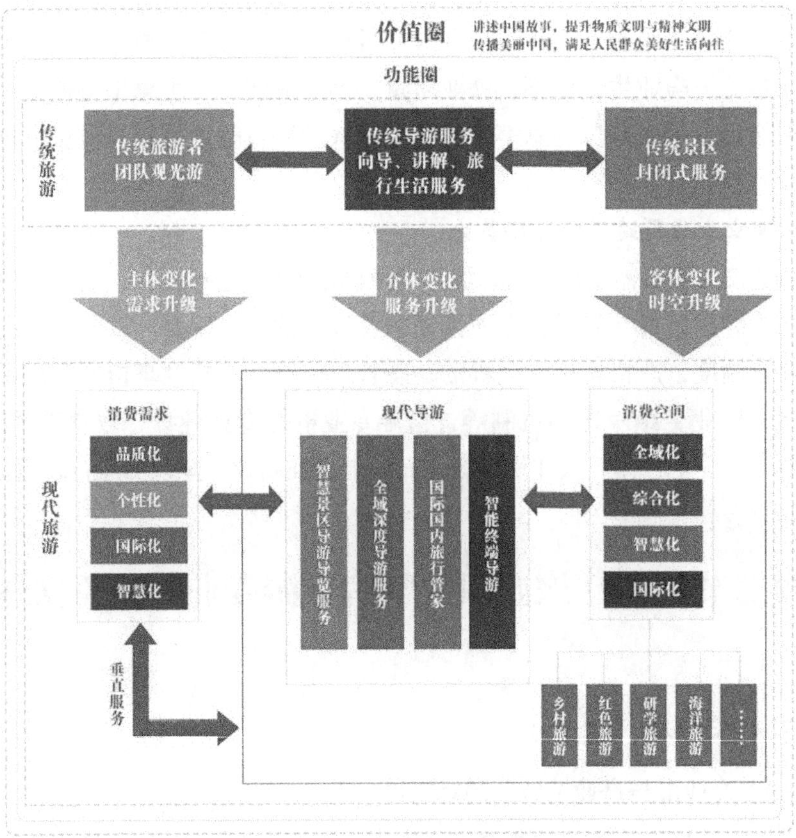

图 6–4　现代导游内涵

2. 旅游新产业链下的导游外延拓展

现代旅游业发展促进了旅游产业结构调整、产业链延伸、产业边界扩展，使新业态不断涌现，产业对导游人才需求发生巨大变化，促使“现代导游”的外延不断扩大，主要体现在以下三个方面：一是从单一导游服务向上下端相关服务延伸，能综合进行旅游产品设计研发、定制、销售、导游接待、售后服务等全过程服务；二是从单纯旅游服务到为“旅游 +”服务，即导游服务要适应旅游与文化、教育、农业、生态等多产业领域融合渗透，能适应高品质乡村旅游、红色旅游、研学旅游、海洋旅游、体育旅游、特色小镇旅游等旅游新业态需求；三是从单维度近程导游服务向多维度远近程导游服务拓展，能提供产业急需的全球旅游目的地（景区 / 度假区）智慧导游产品，即依托和利用智能平台或融媒体平台提供全时空智慧导游产品的研发、服务与管理等。

基于此，“现代导游”的服务内容主要表现为：全域旅游环境下的区域深度导游服务、国际国内旅行管家服务、智能终端导游服务和智慧景区导游导览服务等。

3. 产业新环境下的导游专业群构建

导游服务是整个旅游接待服务中的纽带和标志。随着旅游新环境和产业链的变化，现代导游服务内涵的丰富和外延的拓展，“现代导游”人才的培养相应呈现出三大趋势：一是要深度融入旅游消费空间，参与全域旅游时代目的地（景区 / 度假区）旅游产品的设计与研发，具备景区相关知识；二是要即时对接旅游者高品质、智慧化的消费需求，具备基于“互联网 +”的远近程导游服务能力和全程服务能力；三是要垂直对应自助旅游需求，具备导游导览云服务系统的内容研发与运用管理能力（图 6–5）。

基于此，浙江旅游职业学院依托旅游职业教育领域国内领先的优势专业——导游专业，组建了联合景区开发与管理专业、电子商务专业为 3 大核心专业的导游专业群。同时，为更好对接产业需求，进一步对接旅游服务高品质、国际化及文旅融合等需求，吸收了工艺美术、表演艺术和旅游外语等专业内容。

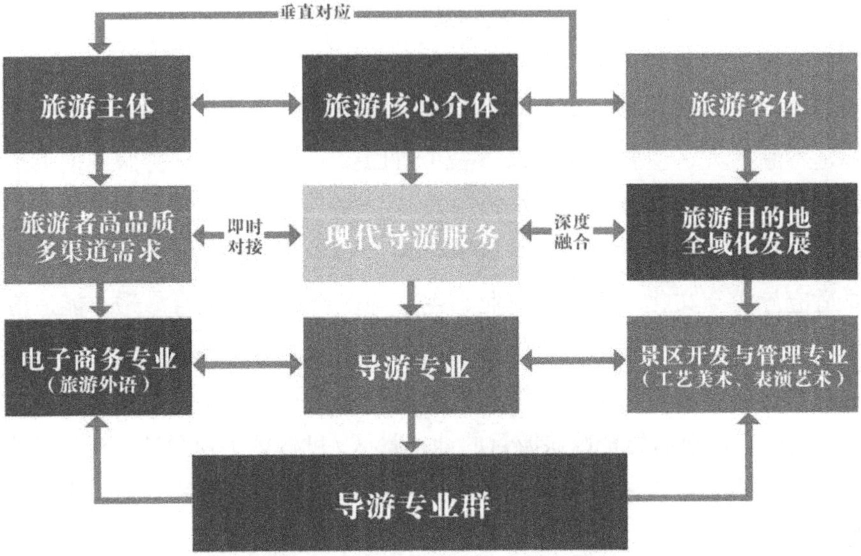

图 6-5　产业新环境下的导游专业群构建

（二）专业群人才培养定位

本专业群旨在培养理想信念坚定，德智体美劳全面发展，具有一定的科学文化水平、深厚的人文素养，具备良好的职业道德、创新意识和国际化视野，精益求精的工匠精神，较强的就业能力和可持续发展能力，掌握本专业群知识和技术技能，面向现代旅游业、旅游信息技术、智慧景区开发与管理等职业群，适应旅游目的地全域景区化建设的“互联网 + 现代导游”复合型人才，重点培养以下三类人才。

专家型导游，即具有较高文化素养的面对面导游服务人才。在掌握高水平导游服务技能基础上，重点强化文化知识积累与讲解艺术提升，具有较强的语言表达能力和持续学习能力。能对目的地（景区 / 度假区）全域或产业新业态（如乡村旅游、红色旅游、研学旅游、海洋旅游、体育旅游、特色小镇旅游等）提供深度导游讲解服务。主要面向旅行社、景区、度假区、国家公园、文博场馆、景区村庄、特色小镇（风情小镇）、研学基地等，或依托相关平台进行自由执业。

管家型导游，即具有旅游产品定制及跟踪服务能力的导游人才。在掌握导游服务技能的基础上，重点强化对旅游者行前、行中和行后的全程个性化服务的能力，具有较强的语言表达能力和沟通能力。能依托线上线下多种渠道提供从旅游咨询、产品定制、销售到导游服务、售后的全过程、个性化旅行管家服务；主要面向旅行社、旅游互联网企业、旅游电商平台等，或依托相关平台进行自由执业。

智慧型导游，即依托互联网，通过云服务平台或智能移动终端等技术手段提供导游服务的人才。在掌握导游服务技能基础上，重点强化通过互联网进行导游导览服务的技术和能力，具有较强的语言表达能力和创新能力。能提供国际国内智慧景区（目的地）导游导览云服务系统的内容设计与平台管理，和基于互联网应用平台的远程近程导游导览服务。主要面向景区、度假区、国家公园、文博场馆、景区村庄、旅游互联网企业、旅游电商平台等，或依托相关平台进行自由执业。

（三）群内专业的逻辑性

在“产业链、教育链、创新链、人才链”“四链衔接”的高职教育改革发展背景下，导游专业群的组建打破了原来以岗位群为人才培养目标的专业培养模式，依据旅游产业发展趋势和导游人才需求变化，以近几年该院“现代导游”复合型人才培养的探索为基础，使教学资源共享度高、就业相关度高，且对“现代导游”人才培养关系紧密的导游专业、景区开发与管理专业、电子商务专业实现优势互补、协同发展。

专业组群符合产业需求。垂直消费使导游与景区的融合成为必然，“互联网＋旅游”使导游服务与旅游者的即时对接成为必须，景区开发与建设更无法脱离信息技术这一重要手段和载体。由此，导游专业、景区开发与管理专业和电子商务专业的融合发展成为“互联网＋现代导游”复合型人才培养的必然选择。

核心专业拥有共同基础。群内 3 大核心专业拥有共同的办学基础和实践实训场地，如浙江旅游博物馆、浙旅院国际教育旅游示范区、旅苑国际旅行社等；有多门共同的专业共享课程，如《模拟导游》《旅游服务接待礼仪》《导游文化基础知识》《计算机辅助设计》等，共享核心专业部分教学资源库，并在教学中实现师资共享；有共同的就业面向，如乌镇、阿里飞猪、同程旅游、西溪湿地等；全国导游人员资格证书是3大专业学生共同需获得的首要职业资格证书。

3大专业优势互补、协同发展。导游专业是专业群的核心引领专业，这是由导游服务作为旅游接待服务的纽带和标志所决定的。景区开发与管理专业是专业群人才培养的内容支撑，电子商务和互联网信息技术是实现导游和景区转型升级的重要平台和载体。

景区开发与管理专业在专业群的科学融人，将重点提升导游对接地域文化及参与旅游产品研发的能力。同时，该专业也将在专业群融合中拓展自身的内涵与外延，将专业领域拓展至景区、度假区和目的地全域，并从对传统景区的服务管理升级为对智慧景区的研发、服务与管理。

二、建设目标

以习近平新时代中国特色社会主义思想为指引，全面贯彻党的教育方针，将党建与专业建设相结合，以立德树人为根本，围绕该院“中国特色高水平高职学校”建设总目标，建设现代旅游业高端发展及旅游高端消费所需要的“互联网＋现代导游”复合型人才培养高地和“现代导游”产学研创新服务样板地，将导游专业群打造成国内一流、国际知名、特色鲜明的标杆专业群。

2022年，导游专业群实力稳居全国高职学校同类专业群首位，具有国际影响力，引领现代导游人才培养建设与发展，形成1套较成熟的导游专业群运行管理体制机制，形成1个成熟的“1+3+X”复合型现代导游人才培养模式，建成1个实现产教深度融合、服务社会的“无忧导游”智慧云平台，获得1项国家级教学成果奖，建成1个开放共享的专业群教学资源库，建成1个国家级职业教育专业教学资源库，培养1~2名国家级教学名师，建成3个各具特色的产业学院，形成1批具有全国乃至国际影响的社会服务项目。

导游专业群成为全国现代导游人才教育培训首选地和中外导游人才培训交流重要平台，初步建成专业特色鲜明、行业优势明显、有较强社会影响力的现代旅游服务类专业群。

三、建设内容与实施举措

（一）人才培养模式创新

导游专业群积极探索产教融合、校企“双元”育人的人才培养模式改革，与行业领先企业共同研制适应专业群人才培养定位及特色的“1+3+X”复合型现代导游人才培养模式（“一个专业群、三个方向、多种技能”）。该模式主要建设内容包括：“1+3+X”复合型现代导游人才培养模式创新，基于“1+3+X”复合型现代导游人才培养模式的“学分银行四大账户”学籍管理制度创新，基于“学分银行四大账户”学籍管理模式的“产教共融、螺旋递进”课程体系创新，基于“无忧导游”智慧云平台的产教融合协同育人模式创新，“过程性、多主体、多元化”的校企合作人才培养质量评价机制创新（图6–6）。

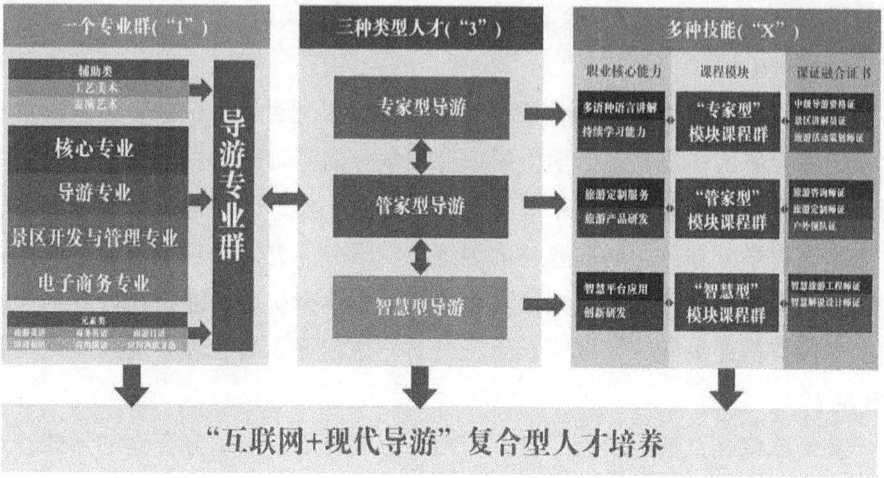

图6–6　“1+3+X”复合型现代导游人才培养模式

1.“1+3+X”复合型现代导游人才培养模式创新

“一个专业群”即以导游专业、景区开发与管理专业和电子商务专业3个专业为核心，融入工艺美术、表演艺术、外语等相关专业要素，建立的1个核心专业协同发展的专业群。该专业群面向现代旅游服务业，培养理想信念坚定，人文素养深厚，具有良好的职业道德、创新意识和国际化视野、精益求精的工匠精神、较强的就业能力和可持续发展能力的“互联网＋现代导游”复合型技术技能人才。

“三个方向”即构建三个模块方向的核心课程体系，重点培养三种类型的复合型导游人才。一是能提供面对面高端特色导游服务的专家型导游人才；二是能提供个性化国际国内高端旅行管家服务的管家型导游人才；三是能提供旅游目的地（景区/度假区）智慧导游产品的研发与管理的智慧型导游人才。

“多种技能”即针对三种复合型导游人才培养目标，开发产教融合的职业技能资格证书、种类丰富的拓展课程及技能训练课程，以培养学生的多语种导游讲解能力、持续学习能力、旅游定制服务能力、旅游产品研发能力、智慧平台运用与管理能力、团队合作能力、创新能力，从而实现复合型导游人才的培养要求。

2. 基于“1+3+X”复合型现代导游人才培养模式的“学分银行四大账户”学籍管理制度创新

“学分银行四大账户”的学籍管理模式主要是通过组建记录学生全人素质学分的综合素质账户、记录学生通识课程学分的基础账户、记录学生职业基础课程学分和分方向职业技术课程学分的专业账户，以及记录学生分方向职业拓展课程学分和分方向职业技能训练课程学分的方向账户等四大账户，以解决弹性学制、学分互认、岗位职业资格证书学分认定、继续教育或企业培训的专业资格证书学分认定、学历证书学分认定等学籍管理方面的系列问题（图6–7）。

基于该模式，响应国家“百万扩招”行动计划，以学分存储的形式，对校外培训、校内学习及校企联合培训三种途径获得的导游专业群相关课程成绩及职业资格证书，进行学分认定、积累和转换，以实现让更多的应届高中毕业生和退役军人、退役运动员、下岗职工、农民工、残障人士等接受高职教育的目标。

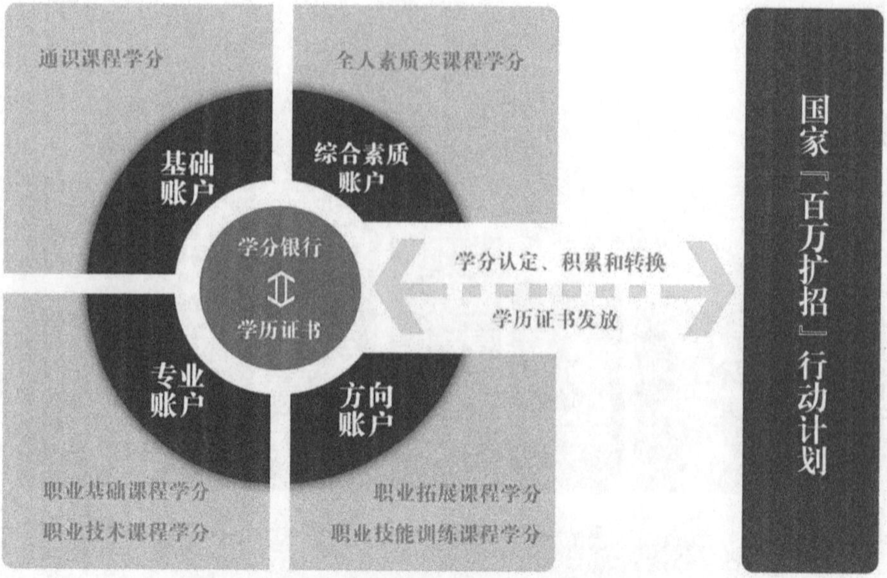

图 6-7 “学分银行四大账户”学籍管理模式

3. 基于“学分银行四大账户”学籍管理模式的“产教共融、螺旋递进”课程体系创新

“产教共融、螺旋递进”课程体系是基于学生职业能力发展的课程构建方式。“产教共融”是主线和环境，贯穿于基础课程、模块方向课程、实践训练课程的始终。“螺旋递进”是方向和动力，旨在实现学生的关键能力（针对学生终身发展的关键基础能力，包括认知能力、合作能力、沟通能力、表达能力、创新能力、学习能力等）、行业通用能力（针对高素质人才培养目标、体现精益求精的工匠精神的旅游管理通用能力）、职业核心能力（针对现代导游人才职业特征的核心能力）和职业提升能力（针对现代导游职业特定领域的跨专业拓展能力）等四种能力螺旋式上升发展的培养目标（图 6-8）。

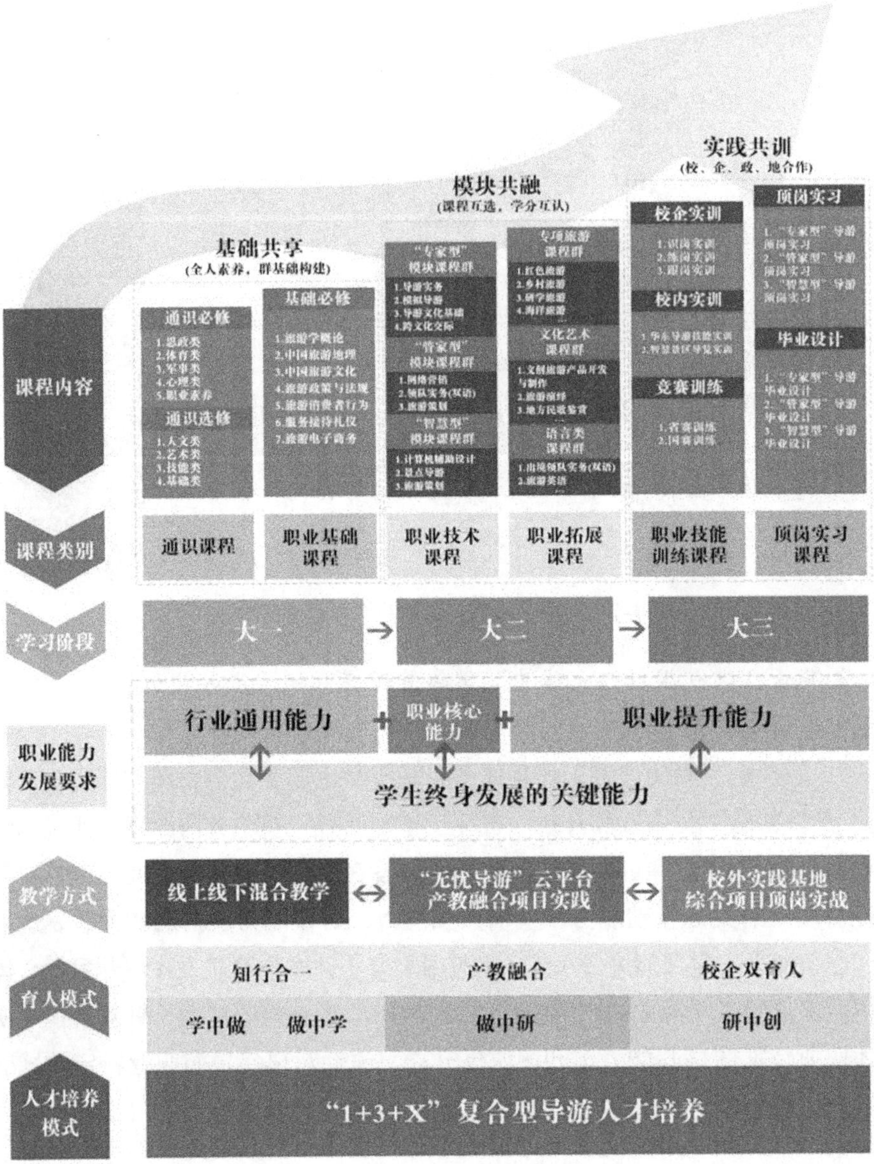

图 6-8 "产教共融、螺旋递进"课程体系

通过职业基础课程共享，职业模块方向课程共融，技术技能课程校企共训，以"学中做、做中学、做中研、研中创"的校企合作育人模式，创新线上线下混合教学方式，实现“互联网＋现代导游”复合型人才的培养。

4. 基于“无忧导游”智慧云平台的产教融合协同育人模式创新

依托与阿里云共建的数字化基地“无忧导游”产教融合智慧云平台，实现实践教学、社会培训、企业真实生产、技术服务等产教融合综合功能。平台主要设置“学生无忧”“教师无忧”“企业无忧”“游客无忧”四大功能板块（图 6–9）。

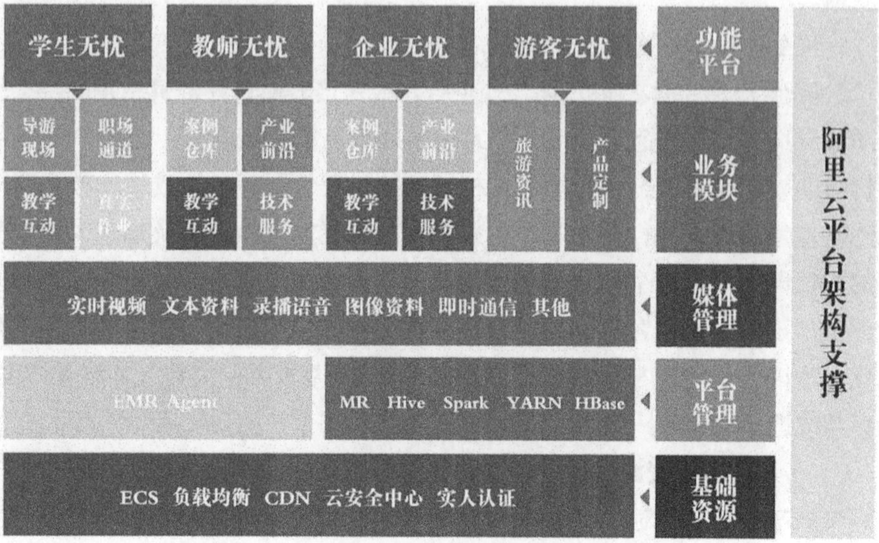

图 6–9　“无忧导游”产教融合智慧云平台架构

其中，“学生无忧”板块主要通过开通导游现场工作视频、导游日志、导游技术短视频等资源，帮助学生了解职场新动态，熟悉导游工作流程和工作技能，并有师生互动通道进行线上实践教学。“教师无忧”板块主要是帮助教师积累教学资源案例，实时了解行业需求、发展态势和业务情况，促进教师反哺教学，实现自我成长。“企业无忧”板块是专业群服务行业的重要途径，为旅游企业提供企业管理、技术研发、人才培训等技术支持。“游客无忧”板块主要是为普通游客提供旅游行程中各个环节的咨询、个性定制、智能引导、产品推送等功能，发挥平台的公益属性，服务社会大众。

“无忧导游”产教融合智慧云平台不仅能满足学生学习与创业、教师成长与教学科研、游客咨询、导游经验分享与职场咨询等全方位需求，还能为教师科研、服务行业及企业管理提供大数据分析，并自主收集旅游景区、旅游度假区及导游人才的数量、结构、特征需求等信息，共同完成导游专业群的人才需求调研与预测工作，是专业群发展与教师学生学习成长的智慧助手。同时，云平台也可实时提供信息推送、产品推荐、线路设计等服务，精准解决旅游景区、旅游度假区及旅游目的地质量管控与提升的问题，实现校企双赢。

5. 校企合作人才培养质量评价机制创新

“过程性、多主体、多元化”校企合作人才培养质量评价机制是围绕“就业质量导向”，以校企“双元”育人为出发点，构建的科学、合理、高效的评价机制。该机制通过整合学生在校期间的过程性课程考核成绩和校企联动实践基地考核成绩，行业企业、用人单位的第三方主体评价及基于大数据分析的在线即时评价三个方面的评价结果，较为全面地进行专业群人才培养质量评价。该机制重在客观全面进行跟踪性评价，并能根据产业需求不断调整优化人才培养环节的内容和方式方法，指导校企双方共同完善人才培养方案，诊断与改进育人质量。

（二）课程教学资源建设

聚焦产业前沿，对接专业群人才培养方案，根据“产教共融、螺旋递进”的课程体系，整合梳理专业群课程教学资源，校企共同研制形成有力促进产教共融共享、课证融合互换的开放性课程教学资源。主要建设内容包括：导游专业群课程教学资源库建设、“1+X”技能证书考证资源库建设、旅游专业多语种语料库建设。

1. 导游专业群课程教学资源库建设

具体通过平台搭建、模块梳理、框架设计、课程建设等内容展开。其中，每一门建设课程均配套完成课程级资源（包括课程标准、教学大纲、课程学习目标、课程专兼职团队、课程宣传片、课程简介、课程教材等）、素材级资源（包括教学课件、教学录像、微课、视频音频、动画、学生作品等各类资源，确保基础级资源不少于 750 个，需统一标准、校企共建、部分中英双语）、题库资源（题库数量按导游资格证等相关证书考试题库设计）等。完成

30 门专业群课程资源，建成 2~3 门国家级精品在线开放课程。同时，同步开发资源库应用推广的微信公众号客户端，完成专业群教学资源库的资源认证与交易。

2. "1+X" 技能证书考证资源库建设

基于"产教共融、螺旋递进"课程体系的相关执业证书认证、考核及学分认定体系，建设全国导游人员资格证书、景区讲解员证、户外领队证、旅游咨询师证、旅游定制师证、旅游活动策划师证、研学指导师证书等资格证书的学习、培训和实训资源库，开发与各项证书对应的专题培训包，包括建立基于资源库的理论专题培训包和基于产教融合平台的实践考核培训包等。

3. 旅游专业多语种语料库建设

从教学、科研和服务产业三个维度开展旅游专业多语种语料库建设。完成浙江省和长三角区域的多国语言标识标牌标准化翻译及中英文语料库数据录入工作。建成两种以上小语种旅游业专用语语料库。

（三）教材与教法改革

依托互联网技术，探索教师分工协作的模块化教学模式，促进信息技术和智能技术深度融入教育教学，适应"互联网 + 职业教育"需求，助力教育服务供给模式升级，构建"纸质教材、在线课程、混合式教学"三位一体的新形态教学体系，实现纸质教材多媒体资源即扫即得、在线课程定制与师生空间智能互动的效果。主要建设内容包括：课证融合新形态一体化教材建设，多元化教法改革创新，信息化教学技能竞赛体系建设。

1. 课证融合新形态一体化教材建设

推进《导游实务》《导游基础知识》《模拟导游》《旅游电子商务》等专业群课证融合课程的配套新形态一体化教材建设，融入社会主义核心价值观。丰富新形态一体化教学的在线平台课程资源，选取颗粒化教学资源构建云空间 SPOC 和多媒体资源二维码。完成云课堂 App 终端应用开发，实现每年课程资源 20% 以上的更新率。

2. 多元化教法改革创新

系统规划相关课程教学内容，分解课程教学内容结构为课程级、模块级、积件级和素材级。针对不同教学内容结构，创新不同课程的教学内容编排。

开展线上线下的混合式教学创新，形成“纸质教材、在线课程、混合式教学”三位一体的新形态教学体系。

3. 信息化教学技能竞赛体系建设

提升教师信息化教学技能，通过开展一系列信息化教学技能竞赛，促进教师的交流与技能提升。一是建立基于专业群教学资源库、产教融合平台、智慧教室的课程教学改革创新技能大赛，每年培育 2 名信息化教学能力强的教师参加教学能力大赛；二是组织基于专业群教学资源库、产教融合平台、智慧教室的经典教学案例比赛；三是组织基于产教融合平台的学生技能比赛、行业企业技能比赛等。通过产教共办、师生合作、定期举办等方式，不断扩大影响、引领示范，形成产教融合信息化教学竞赛品牌。

（四）教师教学创新团队

以“四有”标准打造数量充足、专兼结合、结构合理的高水平双师教学创新团队，形成“3+1”双流动（校企双向流动和三大团队相互流动）教师成长机制，促进人才培养、技术创新、社会服务和文化传承等。主要建设内容包括：专家型导游教师教学创新团队建设、管家型导游教师教学创新团队建设、智慧型导游教师教学创新团队建设、名导名师工作室建设。

1. 专家型导游教师教学创新团队建设

围绕专家型导游人才培养和相应的科研、社会服务等组建团队，实现产教融合、专兼结合，在标准化研究所、无障碍旅游研究所等一系列研究机构和研究平台的支持下，深入开展专家型导游人才培养研究、产业相关知识技能的深度创新研究，以及服务政府部门和行业协会的相关课题研究，为区域旅游发展，特别是全域旅游、美丽乡村建设发展等提供专业技术支持。

2. 管家型导游教师教学创新团队建设

围绕管家型导游人才培养和相应的科研、社会服务等组建团队，实现产教融合、专兼结合，在阿里飞猪客户满意中心、“无忧导游”智慧云平台等一系列研究机构和研究平台的支持下，深入开展专家型导游人才培养研究、产业相关知识技能的深度创新研究，加大对产业的融入和调研，共同开展项目创新研究，同时为企业提供技术和智力支持。

3. 智慧型导游教师教学创新团队建设

围绕管家型导游人才培养和相应的科研、社会服务等组建团队，实现产教融合、专兼结合，在智慧旅游研究所、小鹿导游等一系列研究机构和研究平台的支持下，深入开展智慧型导游人才培养研究、产业相关知识技能的深度创新研究，提供国际国内智慧景区（目的地）相关技术和内容的创新优化方案，为景区、国家公园等单位及相关企业提供技术和智力支持。

4. 名导名师工作室建设

依托名导、名师开展基于工作室模式的教学科研和社会服务工作。主要包括以研学指导师、旅游策划师、旅游咨询师、旅游规划师等为主要内容的大师工作室，以中高级导游、景区讲解员、旅行管家、微领队等为主要内容的名导工作室。

（五）实践教学基地建设

与行业领先企业开展深度合作，实现资源共建共享，吸引企业联合建设产业学院和企业工作室、实验室、创新基地和实践基地等，实现产教深度融合的协同育人模式创新和学做一体、产教互促的共赢效果。主要建设内容包括：浙旅院国际教育旅游体验区（智慧景区）实践基地建设，“现代导游”教学—实践联动型校外示范基地建设，以“无忧导游”产教融合云平台为代表的数字化实践教学基地建设。

1. 浙旅院国际教育旅游体验区（智慧景区）实践基地建设

共商、共建、共享浙旅院国际教育旅游体验区（国家 AAAA 级旅游景区）的智慧景区建设提升方案。完成全景区 5G 全覆盖、智能语音讲解系统设计制作、智慧导游导览系统设计制作、景区产品设计、面对面导游服务等工作。依托研学旅游研究所和旅游资源开发研究所研发设计研学旅游产品、相关课程标准等。完成体验区内的浙江旅游博物馆、日韩文化体验馆、智慧旅游体验中心、畅游中国 VR 体验馆、茶文化实训中心、中国传统文化体验中心、景区综合模拟实训室等校内实践实训基地的改造提升。整合旅苑旅行社、旅苑会展公司、旅苑酒店公司等校中厂，实现智慧景区的全覆盖和规范化运营。

2.“现代导游”教学—实践联动型校外示范基地建设

建立专家型导游、管家型导游、智慧型导游三个方向的“教学—实践”联动型校外示范基地。通过产教共融，实现教学实践的无缝对接，形成一系列成熟的基地和一套成熟的可以推广的基地建设制度和模式。

3. 数字化实践教学基地建设

建设“无忧导游”产教融合云平台的“学生无忧”功能模块，为学生提供对客服务能力、产品研发能力、咨询服务能力等方面的实训。分阶段建成一批数字化实践教学基地 3~5 家（如小鹿导游、抖音、自媒体等），为学生提供“互联网 + 导游服务”相关内容制作、维护、管理、运行等方面的实训。

（六）技术技能平台

构建四大集人才培养、团队建设、技术服务于一体，资源共享、机制灵活、产出高效的人才培养与技术创新服务平台，实现技术攻关、智库咨询、英才培养、创新创业、公益服务等功能。主要建设内容包括：“无忧导游”产教融合智慧云平台底层数据构建及网络运营建设，导游专业群实习就业创业管理平台建设，“旅游数据人”现代导游人才数据库建设，导游专业群教科研服务平台。

1.“无忧导游”产教融合智慧云平台建设

与“阿里云”联合完成“无忧导游”智慧云平台的底层数据构建，开发“学生无忧”“教师无忧”“企业无忧”“游客无忧”四大功能平台，完成项目服务端、PC 应用端、App 移动端的设计开发工作。

2.“旅游数据人”现代导游人才数据库建设

基于互联网和大数据技术，以专业群历届毕业生数据建仓，建成现代导游人才数据库。开展大数据处理分析，对人才培养、就业方向、就业质量、招生等提供预测指导。

3. 导游专业群实习就业创业管理平台建设

基于学院现有的就业创业平台，新增和开发实习管理、就业管理和创新创业等三大功能模块。通过编制大学生创新创业孵化机制、进行平台运行管理和维护等，支持专业群学生实习管理、就业管理和创新创业等工作。

4. 导游专业群教科研服务平台建设

依托浙江文化和旅游发展研究院、浙江省乡村振兴与乡村旅游应用协同创新中心、专业群专业指导委员会、全国高等职业教育旅游大类在线开放课程联盟等平台，为导游专业群的人才培养工作提供信息技术服务。

（七）社会服务

服务国家“一带一路”倡议，以及“乡村振兴”战略和全域旅游战略，以新产品开发和技术成果转化，推动中小企业转型升级，促进地域文化传播和传统工艺技艺的传承创新，促进浙江及长三角旅游产业发展，满足人民群众对高品质旅游和导游服务的向往。主要建设内容包括：“一带一路”倡议下的对口支持工程，“乡村振兴”战略下的服务浙江新“十百千万”工程，“讲好中国故事，促进非遗传承”工程，国培省培系列工程，全方位服务 2022 年亚运会，社会资源国际旅游访问点项目。

1. “一带一路”倡议下的对口支持工程

依托全国高等职业教育旅游大类在线开放课程联盟、导游专业群教学资源库和“无忧导游”智慧云平台，开展“一带一路”沿线省（市、自治区）相关专业院校的专业、教学资源库、产教融合实训平台建设及教学能力提升等方面的对口支持。

2. “乡村振兴”战略下的服务浙江新“十百千万”工程

参与编制浙江省美丽乡村（旅游）建设提升方案，参与特色小镇、风情小镇、文创小镇创建、培训、建设等系列智力支持工作。开发乡村旅游导游词及智能语音讲解系统，实施乡村旅游云端贴身管家导游计划，普及推广乡村旅游智能化项目，完成区域性或主题性旅游手册或指南。每年为浙江省提供不少于 10 个乡村旅游服务项目，每年为浙江省培训不少于 1000 人次乡村旅游从业人员。

3. “讲好中国故事，促进非遗传承”工程

面向留学生群体，开设非遗主题在线开放课程，积极开展非遗进社区、非遗进景区、非遗进校园、非遗进企业等活动，配套完成全国著名景点的导游讲解和智能语音讲解系统。完成浙旅院国际教育旅游体验区改建提升工作。完成区域旅游文化素材的搜集，布点开展杭州及其周边导游公益讲解服务和

非遗主题展览。

4. 国培省培系列工程

组织全国行业导游服务技能大赛指导老师培训。成立全国导游等级证书培训中心，面向社会组织开展中高级导游培训。与产教融合的企业集团合作，组织各类专业群岗位资格证书培训，实现每年培训 1000 人次以上的预期目标。申报至少 1 项专业群相关领域的省培（或国培）基地。

5. 全方位服务 2023 年亚运会

以 G20 峰会配套服务项目——杭州市 96020 多语种服务平台为基础，组建多语种专家团队和以学生为主的咨询服务团队，通过 96020 微信公众号运营服务，多语种宣传推广杭州相关景点和历史文化。亚运会期间，为世界各国提供多语种翻译服务。做好亚运会曲棍球训练场地建设和配套服务工作。承担部分亚运会志愿者培训工作。预计实现师生团队服务亚运会等重大节事活动或国际会议 500 人次以上。

6. 社会资源国际旅游访问点项目

依托杭州市社会资源国际旅游访问点项目，推进杭州市导游路线设计、导游词（多语种）编写和语音导览（多语种）录制工作。制定访问点外语解说员岗位标准，开展访问点导游（双语）上岗资格证书培训课程开发、培训包建设、培训及发证工作。出版《杭州社会资源国际旅游访问点导览》（双语）、《杭州非遗手艺体验之旅》（双语）等专著。

（八）国际交流与合作

加强与职业教育发达国家的交流与合作，积极参与“一带一路”建设，援助发展中国家旅游职业教育。主动参与制订职业教育国际标准，开发国际通用的专业标准和课程体系，促进技术技能交流，提升专业群国际化发展和国际影响力。主要建设内容包括：组建“一带一路”旅游职业教育联盟，举办国际竞赛、活动、会议、论坛，专业双向认证工程；开展东盟旅游标准研究与对接工作。

1. 组建“一带一路”旅游教育联盟

建立中俄旅游学院、中塞旅游学院、中非旅游学院几个“一带一路”国家的境外办学机构，定期举办旅游教育交流活动。成立“一带一路”旅游教育联盟，实现联盟内国家AAAAA级景区、国家级风景名胜区及国家级非遗的多载体讲解、输出和交流。

2. 国际竞赛、活动、会议论坛

联合浙江省文旅厅、教育厅、外办等政府机构，面向“一带一路”沿线国家，举办国际导游技能大赛、中华茶奥会、旅游教育国际论坛、非遗进校园活动，扩大本专业群的国内外影响力。

3. 专业双向认证工程

完成专业群的世界旅游组织（UNWTO）旅游教育质量认证。开展面向国外院校的专业群建设认证标准、课程标准等输出认证工作。发布中国旅游教育国际导游专业认证标准，并完成中国认证工作。

4. 国际旅游标准研究与对接

发布国际旅游标准研究报告。与“一带一路”沿线国家开展旅游标准研讨交流活动，帮助沿线国家完成与国际旅游标准对接的工作。

（九）可持续发展保障机制

建立健全多方协同的专业群可持续发展保障机制和改革创新容错纠错机制，全面推进专业群改革与持续健康发展。主要建设内容包括：现代导游学院组建机制，专业群“四级”教学组织与管理模式，产教融合联动机制，专业群校企合作理事会议事机制，毕业生跟踪调查机制，校友互助共谋机制。

1. 现代导游学院组建机制

跨专业组建新教学组织——“现代导游学院”，确定组织架构、主要职责、人员构成、工作分工、议事制度、运行机制等重大事项。定期向学院汇报专业群运作情况，确保专业群各项工作高效、有序运行。总结专业群建设成果，分享推广建设经验，引领同类院校建设。

2. 专业群“四级”教学组织与管理模式

建立专业群指导委员会、3个方向专业教研室和分类型分方向的课程模块和课程组，建立“四级”教学组织与管理制度，有效开展学分互认、课程教学、师资培养、实习实训等各类教学工作。

3. 产教融合联动机制

建立专业群的教学指导委员会和专业（行业）指导委员会，定期召开会议，诊断和改进人才培养质量。依托浙江旅游职业教育集团，建设优质产教融合合作基地，联动推进教育教学改革。

4. 专业群校企合作理事会议事机制

成立专业群校企合作理事会，定期召开议事会议，决定专业群发展的重大事项，保证校企合作的畅通高效。

5. 毕业生跟踪调查机制

建立专业群的毕业生跟踪调查制度，完成每年度毕业生跟踪调查报告，总结人才培养经验和行业雇主反馈，指导教学育人工作。

6. 校友互助共谋发展机制

定期开展校友联谊活动，发动优秀校友提供产业资源、人脉资源和职场资源等活动，形成“校友互助、共谋发展”的常态化工作机制。

第三节　黑龙江旅游职业技术学院旅游管理专业群建设实例

一、组群逻辑

（一）专业群紧密对应区域旅游产业链

结合黑龙江地域特色，专业群紧紧围绕旅游强省建设，将旅游、研学、酒店、烹饪四个模块有机组合在一起，适应全域旅游、研学旅游、冰雪旅游、康养旅游等旅游新业态发展趋势，合理而高效地对接旅游产业链。其中，旅游管理专业对应旅行社、在线旅游公司（OTA）、旅游景区；酒店管理与数字化运营专业对应住宿业、民宿业；研学旅行管理与服务专业对应研学旅游市场、研学营地；烹饪工艺与营养专业对应餐饮业。旅游管理专业群，对接旅游产业链岗位群中旅游接待、旅游策划岗位群、旅游目的地的房务岗位群、餐饮岗位群、研学旅行策划、接待岗位群，4 大专业围绕旅游产业链有机组群，构建特色的人才培养模式，培养高端旅游人才，满足黑龙江旅游业的岗位人才需求，共促旅游产业的转型升级和旅游产业的高质量发展（图 6–10）。

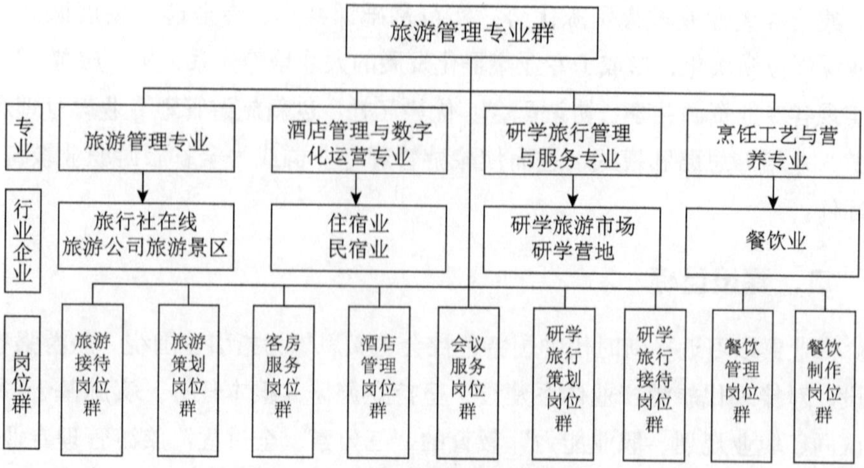

图 6-10　旅游管理专业群构成

（二）专业群人才培养定位

旅游管理专业群是立足旅游产业的岗位群。其培养的高素质、高技能、高规格旅游复合型人才具有以下定位标准：德智体美劳全面发展，践行社会主义核心价值观，适应旅游业融合发展、旅游服务数字化发展、旅游国际化发展的需要；具有良好的综合素质和职业道德，掌握旅行社、景区（点）、高星级国际酒店、研学企业、餐饮企业的业务流程和岗位技能，具备从事旅行策划师等旅游管理专业、高星级国际酒店服务管家等酒店管理与数字化运营专业、研学旅行指导师等研学旅行管理与服务专业、烹调师等烹调工艺与营养专业岗位群的基本理论知识和职业能力；具有社会责任感、实践能力、创新精神、工匠精神和国际视野，与产业高度融合。

（三）群内专业的逻辑性

专业群内专业同属于普通高等学校高等职业教育（专科）专业目录的旅游大类专业，其中旅游管理、酒店管理与数字化运营、研学旅行管理与服务专业属于旅游类、烹调工艺与营养属于餐饮类，涵盖了旅游大类专业的 2 个二级类，4 个专业均共享合作企业、用人单位、专业课程、校内实训基地、校外实习实训基地、专兼职教师。

旅游管理专业群服务对象相同，服务产业相同，专业基础相通，资源共享，集合 4 大专业教育资源优势，实行基础课共享、专业能力拓展课共享、专业课岗位模块化，形成了专业集群化发展的人才培养体系，从“旅游+”角度实现各专业资源共享、协调配合、优势互补，创新旅游管理专业教育理念、旅游人才培养思路和模式，进而使旅游管理专业群成为全省旅游职业教育的新标杆。

二、建设目标

专业群以习近平新时代中国特色社会主义思想为指引，围绕“旅游强省”建设，对接现代旅游产业体系建设，坚持立德树人根本任务，实施基于“职业认同、职业规划、职业能力”教育的“三要素、全过程”旅游管理专业群人才培养模式改革，构建“一平台、模块化、共享型”的专业群课程体系；建设教学资源库、在线课程与新形态教材，推进基于工作过程的课程设计改革和互动式课堂教学模式改革；培育行业有权威有影响的专业群带头人，校企共育一批高水平“双师”队伍，打造“技术技能大师引领、骨干教师支撑、兼职教师补充”的专业群教师教学创新团队；建设共建、共享、共用、共赢的专业群实训实习基地，搭建“可实践教学、可生产运营、可社会培训、可科学研究”的共享型专业群实训体系；建立“一专业、一平台、一产业学院”的技术技能平台，服务乡村振兴、教育扶贫、中小微企业，开展应用型科研与社会服务；以国际化专业、国际化师资、国际化标准为载体，提升专业群的国际化办学水平；以一流专业群建设成果，服务区域经济社会发展和产业转型升级，促进旅游业高质量发展。

经过多年建设，专业群集聚效应和服务功能更加突出，贴近产业、动态调整、分层管理、自我完善的发展机制基本健全，校企共同研制的人才培养方案、教学标准和课程标准基本形成，开放共享的专业群课程教学资源日益丰富，建成结构化教师教学创新团队、教师分工协作的模块化教学模式，建立健全了专业群可持续发展保障。专业群综合实力位居全省第一，致力于将旅游管理专业群打造成国内一流、国际知名的品牌专业群。

三、建设内容与举措

（一）专业群人才培养模式创新

1. 推进人才培养模式改革，固化模式成果

深化人才培养模式改革，形成“三要素、全过程”教育标准体系。成立旅游管理专业群建设指导委员会，深化基于职业认同、职业规划、职业能力教育的“三要素、全过程”旅游管理专业群人才培养模式改革，形成标准化人才培养手册。

建立职业认同教育体系，通过开学第一课、企业参访、行业专家及校友讲坛等，强化学生职业认同感；开展校内模拟情境实训和生产性实训，培养学生的职业价值感；通过态度认知课程及新媒体平台传播等全过程教育，培养学生的职业自豪感。

建立职业规划教育体系，实施学生人生成长与职业生涯规划导师计划，导师在专业教育教学之外，还将对学生进行德、体、美、劳等方面的教育和指导，更好地促使高素质技术技能人才培养目标的实现。

建立职业能力教育体系，开展学生职业能力诊断，结合旅游管理专业群特色重点培养学生的实现价值能力、自主学习能力、终身学习能力、创新创业能力、创造附加价值能力 5 类职业能力。

2. 实施“1+X”证书改革，建立学分银行

坚持育训结合，增设“1+X”证书改革试点，在人才培养方案中嵌入“1+X”职业证书相关课程的学习。首先在旅游管理专业实行教考分离，以证代考。同时根据教育部“1+X”证书推进规划，积极推进 4 个专业学生获取含金量高的行业准入类资格证书，促进学历证书与职业技能等级证书互通。建设期间，实现 3 个职业技能领域“1+X”证书试点，完成专业群学生“双证书”通过率达到 80% 以上。

3. 建立技能大赛体系，培养龙江旅游人才

建立普惠式技能大赛体系，建设“学院—省级—国家级”三级技能大赛体系，积极参加和承办各类各级别技能大赛，将专业人才培养模式改革与技能竞赛紧密结合，将技能竞赛内容和标准融入教学项目和课程，把参加校级

职业技能比赛作为学生的“必修学分”，推进竞赛内容的普及化教育。专业教育弘扬工匠精神，开设龙江文化、工匠精神等模块课程，并将工匠精神培育贯穿于专业课程及实习实训中。

4. 开展现代学徒制试点，建立产业学院

开展现代学徒制，实施校企双元育人。以“资源共享、互利共赢”为原则，扎实开展推进现代学徒制试点工作，确保试点工作顺利实施。建设校企共享的现代学徒制课程。加强与宋城龙旅产业学院、洲际酒店产业学院、年创产业学院、马迭尔产业学院等行业领军企业的深度合作，校企共同制定专业标准、课程标准和人才质量标准，共同开发和推出一批校企“双元”合作开发的教学资源。

（二）课程教学资源建设

1. 建设思政与“双创”课程资源，服务立德树人和创新创业

围绕立德树人的根本任务，将“四史”教育和龙江“四大精神”融入课程。大力加强理想信念教育和社会主义核心价值观教育，建立健全“思政课程+课程思政”体系，构建“三全育人”的思想政治工作新格局。坚持“五育并举”，加强劳动教育，以劳树德、以劳增智、以劳强体、以劳育美，统筹勤工俭学、实习实训、社会实践、志愿服务等环节系统，开展劳动教育，实现职业技能和职业精神培养高度融合。在专业群内对8门基础课程和20门专业核心课程全部完成“课程思政”的重构与设计，实现立德树人、润物无声。

开发“专创融合”的课程，构建服务社会的“双创”实践平台。通过通识类“双创”课程、创新训练任务、项目化教学等手段构建“专创融合”系列课程；建设专门的创新创业基地，搭建双创实践平台，积极组织参与“互联网+”等创新创业大赛；对创业学生实施弹性学制，优先支持参与创新创业的学生跨专业学习。

2. 构建“一平台、模块化、共享型”专业群课程体系

“一平台”是专业群的共享基础课程平台，涵盖专业群核心能力培养所需的8门共享基础课；“模块化”是指按照行业职业岗位的任职要求，将工作岗位分成若干个业务操作模块，以此重构新的课程内容框架，开发旅游管理、酒店管理与数字化运营、研学旅行管理与服务、烹饪工艺与营养4个专业能

力拓展模块；“共享型”是指将群内各个专业的基础课和核心课程全部开放共享，学生除了学习本专业的课程之外，还可以根据职业生涯发展的需要，选修其他专业的核心课程，满足学生的个性化弹性发展需求，拓宽就业面向，实现“跨岗就业”（图 6–11）。

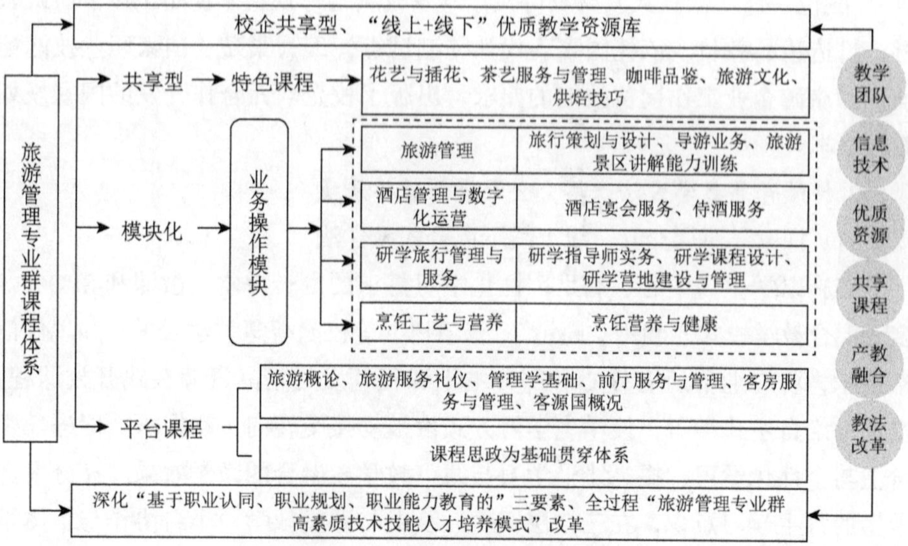

图 6–11　校企联合开发立体课程

3. 校企联合开发立体课程

积极引入行业企业的新标准，从标准、内容、信息化、可视化等方面打造课程资源库。按照省级在线精品课程的标准，以行业企业实际工作任务为主线，将专业群内各个专业的核心课程知识点碎片化、结构化，建设线上、线下、线上线下混合、虚拟仿真和社会实践 5 类课程。校企联合对 6 门核心课程进行开发，提升核心课程产教融合力度。

（三）教材与教法改革

1. 开发一批新形态的规划教材

校企联合开发基于工作过程的“新内容、新媒介、新形式”教材。对旅游行业的典型工作岗位进行深入剖析，以“基于工作过程”“以学生为中心”等理念为指导，在实践性较强的课程中开发“三新教材”。教材融入国际职业资格标准、创新创业教育、行业前沿技术等新内容，配套微课视频、拓展资源等新媒介，以工作手册或活页等新形式编排教材，让学习内容更加贴近岗位工作实际。

校企合作开发国家规划教材。开发“活页教材+活页笔记+功能插页”“三位一体”活页式教材及讲义，开发校企合作现代学徒制工作手册式教材，打造精品教材。依托国家现代学徒制试点，编写紧贴《国家职业技能标准》和旅游企业工作岗位技能的要求，出版了校企双元合作开发的国家规划教材2本。

2. 持续开展教学方法改革，全面提升教学质量

（1）探索“三层交互”线上线下混合式教学法

实施以学生为中心、满足个性化学习需求的翻转课堂、微课和SPOC等多元混合教学模式，利用“超星”“智慧树”等校园智慧教学云平台和现代信息技术，将专业群所有核心和部分主干课程开发为精品资源在线开放课程。实现网络自主式学习，使学生学习方式由被动接受转向主动探求。促进学生自主与个性化学习，提高线上学习与线下教学相融合的教学效果。充分发挥学生的自主学习意识，在三个层级——线上与课堂教学、小组协作与个体学习、“师生”与“生生”的互动中展开教学。

（2）重组教学资源，实施模块化教学

根据行业新态势及工作流程和工作要求，重新编排课程内容，设计教学模块。围绕“教授、学习、训练、比赛”等实际教学活动及专业教师个人专长，实行课程负责人制和教师分工协作的模块化教学，采用项目导向、案例分析、情景模拟、角色换位等多形式的教学方法，提高教学效率。

（3）创建“智慧旅游”立体化学习环境

根据行业新技术新规范要求，更新、升级、改造和增建校内外实训基地，同时充分利用智能化信息技术手段，开发三维虚拟景区导游、校景合一智慧旅游等教学训练软件与系统，将课堂教学、工作场景和企业实习等实践环节融为一体，构建立体化“智慧旅游”课堂，解决旅游专业教学实践难题。

（4）采用基于“职业能力导向”的沉浸教学法

教学过程打破传统课堂讲授模式，引入VR实景教学，设计角色体验实验平台，融“教、学、做、训”为一体，增加课堂教学的知识性、趣味性和应用性。

依托在线课程建设的基础，规划在线课程和新形态教材体系，推进基于工作过程的课程设计改革和互动式课堂教学模式改革，打造职业教育金课，培养学生的技能与素质，服务学生的学习与发展。

（四）教学教师创新团队

以“四有”标准打造高水平“双师型”教学队伍，选拔和培育行业有影响的专业群建设带头人；校企合力共育一批高水平的技术技能大师，培养具有国际化视野的骨干教师，打造“技术技能大师引领、骨干教师支撑、兼职教师补充”的专业群教师教学创新团队；深入推进“双师型”专兼职教师队伍建设，争创省级教学创新团队。

1. 选拔培育高水平专业群带头人，全面提升专业群实力

培育高水平专业群双带头人。校内选拔一名有能力、有责任心，具有较高职业素养和专业水平、教学实践经验丰富的教师担任专业群带头人，进行重点培养。校外引进一名社会知名度高、行业影响力大的技能大师、职业经理人，与校内专业群带头人组建双带头人团队，引领和带动教师队伍提升实践创新能力和实践教学水平。

培养高水平专业带头人。针对专业群内专业方向，选拔培养高水平专业带头人。建设期内，培养专业群内各专业带头人 4 人，通过多种方式，重点提升专业带头人的团队合作能力、应用技术研发与推广能力、课程开发技术、教科研能力，更好地带动专业的发展。

2. 培养共享型骨干师资，建设结构化教学创新团队

打造省级教师教学创新团队。加快共享型骨干教师队伍建设，推进结构化教师团队发展规划，促进“双师型”师资队伍建设，经过高层次培训和企业研修，提高教师的科研与实践能力，使教师熟悉专业群相关业务，丰富完善自身知识体系，达到“双师”要求。建设期内，完成省级科研团队建设任务，争创国家级教学创新团队。

分级打造国家级、省级教学名师，技能名师。构建教学名师、技能名师培养发展体系，充分发挥教学名师、技能名师的示范、指导和辐射作用。建设期内，建立技术技能大师库、培养省级教学名师 1 人、建成 2 个技能大师（名师）工作室、培育各级技能大师 2 人。

构建方向型结构化教学团队。组织具有相同或相近研究特长与方向的教师，搭建专业方向型教学团队；引导不同专长、不同研究方向的教师搭建专业群平台课程教学团队，以适应专业群平台课程、模块课程的教学需求。建设期内，打造 4 个专业方向型教学团队，争创省级教师教学创新团队。

3. 引进培养技术技能大师，打造高水平双元教师队伍

建立技术技能大师库。积极引进、培养或聘请社会知名度高、行业影响力大的能工巧匠、技能大师，引领带动教师队伍提升实践创新能力和实践教学水平。建设期内，计划引进培养行业技术技能大师 4 人，建成黑龙江鱼皮画、剪纸非遗大师工作室、三花五罗鳇鱼宴省级非遗大师工作室，在人才培养、技术创新、社会服务、文化传承等方面实现校企“双向赋能”。

引智入校，打造高水平兼职教师队伍。建立对接产业、实时更新、动态调整的兼职教师资源库。设立一批兼职教师特聘岗位，聘请行业企业的高层管理人员和能工巧匠担任兼职教师，承担专业实践课程的讲授，参与大师名师工作室建设、产学研合作研究、人才培养方案修订、教学资源开发等工作，兼职教师聘用人数与专任专业教师的比例达到 1∶1。完善企业和院校的师资共享制度，建设期内邀请50名企业高级管理人员作为客座教授定期来校讲学，并邀请集团内兄弟院校的 20 名优秀兼职教师来校讲授专业课程。

（五）实践教学基地建设

1. 以智慧教育为理念，校企共建智慧型校内实训基地

校企共建智慧型校内实训基地，包括旅游虚拟仿真实训系统、智慧旅游体验中心、数字酒店实训中心、国际餐饮实训基地等。校企共建智慧型实训软件，实施校企联合研发以旅游相关工作任务为核心的教学软件，以旅行社、景区真实运营，酒店、研学营地、餐饮企业为素材的实训软件，包含“旅游 +”“酒店 +”“景区 +”“冰雪旅游 +”“烹饪 +”等类别的创意课程资源包。

2. 以协同育人为原则，校企共建优质校外实习基地

校企共建实习基地。完善现有校外实习基地甄选标准，建设一批旅游实习基地、一批工匠技能型实习基地、一批新业态创新创业实习基地。

校企共建专业群实践教育平台。校企共建专业群远程实践教育平台，保证校内学习与校外实践同步，实习期间理论学习与实践指导同步，实现理实一体完全融合，同时提升教师的技术应用能力和实践教学能力。

3. 以产学结合为目标，建设产学研一体化生产型实训基地

校企共建生产型实训基地，建设旅游电子商务公司，依据企业标准打造真实环境，与企业共建集实践教学、社会培训、企业真实生产和社会技术服务于一体的高水平职业教育实训基地。

校企共建产品交互孵化基地，建设太阳岛研学营地、酒店学生理事会等新业态的交互孵化基地，实施产品有效孵化。日常运行管理引入企业管理模式，做到学生与员工合一，教师与师傅合一。

（六）技术技能平台建设

1. 校地合作共建黑龙江省旅游智库

打造地区支柱产业智力引擎。成立黑龙江省旅游文化经济研究中心，与黑龙江文化和旅游厅合作共建黑龙江省旅游智库。智库围绕黑龙江省旅游产业的重大战略、重大决策、重大事项、重大政策、重要工作等开展咨询、研究，为产业发展中的战略问题和重大决策提供智力支持，是一个高层次、开放式的专家智囊组织。

2. 建设示范性商贸旅游职教集团

开展商贸旅游职业教育集团工作，坚持政行企校四方联动、产学研用立体推进的合作原则，创新合作办学、合作育人、合作就业、合作发展的体制与机制，进一步探索集团成员深度融合办学模式，促进职业教育高质量发展，打造示范性商贸旅游职业教育集团。

3. 建设旅游管理专业群协同创新机制

旅游管理专业群协同创新机制分别面向旅游管理技术技能前沿、中华文化传承、区域行业产业发展和社区服务等成立协同创新中心，更好地开展应用型科研与社会服务，提高专业群服务产业发展能力。

（七）社会服务

1. 助力乡村振兴战略，开展农旅、文旅精准服务

积极开展农村社区乡村旅游研究。实施乡村旅游入村帮扶，带动乡村旅

游发展，帮助村民实现自主创业。建设精品乡村旅游项目、民宿项目、康养旅游项目 3 项，打造全省旅游振兴项目 1 项，举办乡村旅游、教育振兴等社会服务培训讲座 10 期，为乡村旅游提供旅游规划、智库服务，以及产业群内各专业精准培训，致力打造乡村旅游创客基地。

2. 开展旅游行业职业培训服务

根据黑龙江旅游业淡旺季明显的特征，打造旅游行业职业培训服务项目，构建专业型旅游职业培训服务团队。该团队以开办淡季旅游企业员工培训班、举办大赛及开展大赛指导、提供会议会展服务、组织主题职业培训等多种形式，年培训 5000 人次以上。

3. 开展中高职师资培训

依托专业群雄厚的师资力量、先进的实训基地和优质的教学资源库，积极参与职业院校教师素质提高计划，发挥省级优质师资培训基地职能，承接中高职学校师资培训项目，辐射带动区域、行业及中高职教育发展。每年承接国家级、省级、龙江特色等师资培训项目 2 个以上，年培训中高职学校教师 300 人次以上。

4. 开展旅游研发服务

借助横向课题，为推进项目研发和成果转化提供咨询、技术指导、顾问等服务。建立常态化产教研发—路演—孵化（合作）平台，服务学院产教成果转化项目与行业旅游机构交流对接，推动产教成果与行业资源加速融合，助推双方实现资源共享、信息互换、共同发展。

5. 构建旅游志愿服务项目体系

旅游志愿服务项目体系内容建设覆盖行业、企业、社区多方面。探索制定《旅游志愿服务（太阳岛服务标准）》，形成太阳岛志愿服务体系，积极推广并实施“太阳岛标准”，通过项目合作、服务输出、经验交流，不断充实完善服务标准。依托商务厅优势，形成“哈洽会”“绿博会”“哈尔滨国际冰雪节”“旅发委大会”等大型节事活动、会展活动的志愿服务体系，涵盖旅游讲解、咨询、会务服务、急救医疗、安全保障服务等活动服务和策划、公关宣传服务等衍生服务。

（八）国际交流与合作

1. 服务“一带一路”倡议，积极做好援外官员的培训项目

认真贯彻落实国家“一带一路”合作倡议和商务部援外官员培训的工作要求，落实“援外培训改革总体思路四结合”，即多边培训与双边培训相结合，逐步扩大双边培训；短期培训项目与长期学历学位教育相结合，逐步扩大学历教育；请进来和走出去培训相结合，境内境外培训相结合；拓展培训内容，灵活培训方式，促进多领域合作。

2. 开拓合作空间，培养专本贯通、具有国际视野的技术技能人才

（1）推进和落实与俄罗斯符拉迪沃斯托克经济与服务大学纳霍德卡分校的合作办学项目、专本贯通人才培养项目落地。

（2）继续加强中韩联合办学的合作项目。学校在与韩国又松大学12年的国际化联合办学过程中，培养了一批毕业生赴韩深造，受到学生、家长的认可。学院将在此合作的基础上，拓宽合作内容，提高项目质量。

（3）积极探索与日本高校的合作项目。推进与日本国冈山商科大学商洽合作，包含学生交流、教师互派、学术资料交换、共同研究及学术研讨等项目。

（4）探索和开展与海外高校的学分互认、师生互换等项目。积极实施双学历、海外实习研修等项目。

3. 加强交流沟通，拓展教师和学生的国际视野

（1）依托优势学科，优化教师教学国际合作教育资源

餐饮管理学院与意大利对外贸易委员会对接，深入推进意大利烹饪教育推广项目，通过烹饪教学视频录制、烹饪工作坊进校园、烹饪教师特训等交流形式，教师学习先进经验，了解烹饪教学的教育理念、教学方法和评估方式，有效引入国际先进教学理念和方法，有效利用国外优质教育资源，促进学院国际化发展。

（2）架起沟通桥梁，传播中国文化

应黑龙江省教育厅委托，餐饮管理学院为美国缅因州中国语言文化中心孔子学院录制中国传统菜肴制作视频教程，供学员学习了解中国传统饮食文化。

（九）可持续保障机制

以党建和思想政治工作为保障，积极引领学校的改革发展方向，加快建立健全社会支持和监督专业群发展及动态调整的长效机制。

1. 建立健全专业群建设发展机制

（1）组织保障。成立高水平专业群建设项目工作领导小组，负责项目建设的规划、决策、组织、资源筹措与调配、指导、督促等工作，下设项目管理办公室，负责项目建设的日常管理、协同工作。

（2）标准保障。根据学校的专业群设置和建设标准，建立专业群建设目标和方案。

（3）流程保障。定期分析专业群建设情况，提出动态调整方案，经专业群指导委员会审议，提交学校教学工作委员会审定。对于与产业需求脱节或者相关性不强的专业要减少投入，逐步淘汰。若专业群在发展中存在问题，则根据情况重组或者对要素进行升级。

2. 完善专业群质量保证体系，实施教学质量诊改机制，提供质量保障

制定多方协同的专业群人才培养工作质量保证机制，在专业群所有专业中开展基于此机制改进的专业年审工作。从专业群和群内专业人才培养目标、发展规划出发，通过确定专业群学生核心能力，构建专业群课程体系，制定具体课程标准，从课程教学实施到人才培养成效进行测评，通过过程控制和校内专业年审制度，持续地改进与提高。

教学质量保障机制是专业群可持续发展的质量保障。按照学院质量保障体系建设要求，结合专业群建设实际，构建严密的教学质量保障机制，实施教学整改，形成专业群人才质量年度报告。

（1）教学质量基础体系

根据人才培养方案的要求，制定详细的教学条件标准、教学过程标准、教学评价标准。

（2）教学质量管理与监控体系

推进 6 项教学制度建设，即《教学质量学生评价制度》《学生素质第三方评价制度》《学生信息员制度》《专业教学督导制度》《教学质量分析会制度》《教师互评课制度》。

（3）教学质量信息反馈体系

定期召开师生座谈会和问卷调查，采集和调整学生及教师的数据和信息，确保采集数据的真实、准确，利用人才培养状态数据平台监控、分析、反馈管理制度，为教学质量的提高提供数据保障。

（4）顶岗实习质量监控体系

校企双方共同制定顶岗实习管理办法、顶岗实习课程标准及成绩考核评价办法、岗位职责标准和操作标准、顶岗实习环节的薪酬标准、师傅传帮带协议等，形成顶岗实习有方案、有制度、有指导、有管理、有课程、有评价、有反馈等顶岗实习全面质量管理模式。

（5）毕业生跟踪反馈体系

建立毕业生就业信息档案，掌握毕业生工作状况，了解用人单位对毕业生的需求，并及时反馈到教学环节中。

第四节　广州番禺职业技术学院旅游管理专业群建设实例

一、组群逻辑

（一）专业群与产业的对应性

本专业群包括旅游管理、酒店管理、商务英语和国际邮轮乘务管理 4 个专业，对应现代服务业中的旅游业。旅游业围绕服务链的“游、食、住、行、购、娱”六要素（即游览、餐饮、住宿、交通、购物和娱乐 6 项服务），形成旅行社、景区、酒店、航运公司、商场商务和演艺公司 6 类企业。本群依据大湾区“宜居宜业宜游优质生活圈、世界级旅游目的地”建设目标，对接大湾区旅游业“国际化、品质化、智慧化”发展趋势而组建，为旅行社、景区、酒店、邮轮和商场等旅游行业企业培养英语能力强的中高端人才。

（二）专业群人才培养定位

本专业群立足广州、面向粤港澳大湾区旅游业，针对不断壮大的国际旅游市场、高品质旅游产品、旅游智慧化等高端产业，为旅行社、旅游景区、高星级酒店、邮轮港口、商务公司等旅游行业企业的服务和管理岗位，培养思想政治坚定、职业道德良好、德智体美劳全面发展，熟练掌握旅游服务技能、基层督导管理技术，掌握英语应用表达能力，能从事出境领队业务、导游带团讲解、旅游产品设计、市场策划与营销、前厅与客房服务、餐厅与酒吧服务、客户服务与关怀、商务与会展等旅游服务和管理工作，具备"一技之长+综合素质"的国际视野宽广、跨界能力突出的创新型、复合型、发展型技术技能人才。

（三）群内专业的逻辑性

本专业群围绕旅游服务链的"游、食、住、行、购、娱"六要素，针对大湾区旅游业的"国际化、品质化、智慧化"发展趋势，以满足景区、旅行社、酒店、邮轮、商场等行业企业的中高端人才需求为目标，以"旅游服务管理+英语语言应用"为组群思路，构建旅游管理专业群。其中，旅游管理专业（代码640101）立足旅行社和景区，主要培养导游、产品设计、客户服务、市场营销岗位群服务与管理型人才；酒店管理专业（代码640106）立足酒店（兼顾邮轮），培养前厅、客房、餐饮岗位群服务与管理型人才；国际邮轮乘务管理专业（代码600302）立足邮轮（兼顾酒店），培养客舱、餐饮、休闲岗位群服务与管理型人才；商务英语专业（代码670202）立足国际旅行社和商场（兼顾邮轮），培养出境领队、英语导游、商务会议岗位群服务与管理型人才。

各专业面向旅游服务的六大要素和相关岗位开展人才培养，专业之间具有很强的关联性、共享性、互补性和融合性。酒店管理专业为旅游者提供住宿、餐饮服务。邮轮俗称"海上移动的五星级酒店"，国际邮轮乘务管理专业与酒店管理专业具有极强的关联性，它既为旅游者提供交通服务，也为旅游者提供住宿、餐饮服务，同时还提供休闲和商务服务。商务英语专业则面向国际旅游者，提供出境领队、英语导游讲解和商务服务，同时，为群内其他专业提供英语语言支持。旅游管理专业将"游、食、住、行、购、娱"六大服务要素组合成综合性旅游产品，为旅游者提供旅游产品信息中介和导游讲解服务。旅游管理专业在本专业群中处于引领和核心地位，是群内的核心专业，其他 3 个专业为支撑专业。具体的组群逻辑如图 6-12 所示。

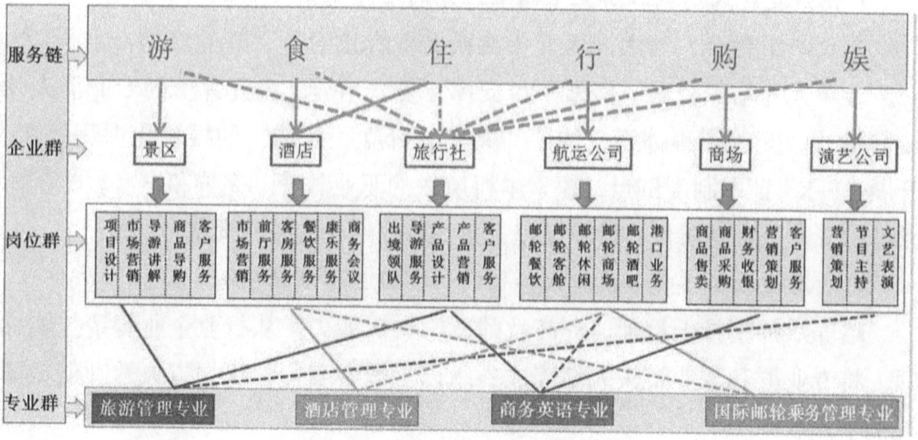

图 6-12　旅游管理专业群组群逻辑

二、建设目标

（一）总体目标

以立德树人为根本，以提升人才培养质量、支撑区域发展为主题，以构建德技并修、产教深度融合、校企深度合作的高水平人才培养体系为主线，通过旅游管理、酒店管理、商务英语、国际邮轮乘务管理等专业的共建共享、跨界融合和联动发展，围绕广州国际化大都市和大湾区宜居宜业宜游的发展定位，深化产教融合，建立旅游产业学院和华南旅游职教集团，创新人才培养模式。建立结构合理、共享度高的课程体系及配套完善的课程教学资源。加大教材和教法改革力度，校企合作开发一批高水平、新形式的国家规划教材。以外引和内培相结合的方式，组建高水平、结构化的省级教师教学创新团队。建立一批资源共享，集实践教学、社会培训、智库咨询和技术服务于一体的高水平实训基地和技术技能平台。加强国际合作与交流，打造跨界应用能力出色、国际视野宽广、创新创业意识强的旅游服务与管理人才基地。

到 2024 年，将本专业群打造为广东省旅游高职教育龙头和全国知名的旅游职业教育品牌。

（二）具体目标

1. 形成支撑大湾区旅游业中高端人才的培养体系

深化产教融合，与大湾区龙头旅游企业深度合作，建立旅游产业学院 1 个。改革人才培养模式，探索平台支撑、复合培养、多元评价的专业群人才培养模式。完善课程体系，构建“共享、分立、互选”的模块化课程体系。开展“1+X”证书制度试点，探索本科层次的职业教育。完善和丰富教学资源条件，开发一批高质量教材和课程，新建和改造校内外实训基地。

2. 打造由教学名师和技能大师领衔的省级教学创新团队

培养双师型骨干教师，提高教师教学科研能力。从行业企业聘请技能大师，将专业群和专业带头人培养成省级以上教学名师，建立省级教师创新团队 1 个。

3. 提升服务大湾区旅游业的能力水平

建立番禺全域旅游智库和淑女绅士学院，拓展专业群的社会服务项目和渠道，提高专业群的社会服务能力及区域经济贡献度。

4. 提高国际教育水平和国际知名度

大力推进国际化教育进程，实施“走出去、请进来”战略，加强与英国布莱福德学院、澳大利亚昆士兰科技学院的合作；引进世界旅游组织 WTO 质量认证体系；开发双语课程，并面向“一带一路”沿线国家输出优质教学资源。

5. 建立省级人文社科研究基地

加强中国茶文化和广府文化等优秀传统文化的传承，积极申报高级别科研课题，撰写高水平论著，做大做强旅游文化与经济研究所，建立省级以上人文社科基地，提升专业群集成发展力。

三、建设内容与实施举措

（一）完善校企合作机制，创新人才培养模式

构建以人才培养与企业需求相融合、专业教师与能工巧匠相融合、理论教学与技能实训相融合、教学内容与工作任务相融合、能力考核与技能鉴定相融合、校园文化与企业文化相融合为特征的人才培养模式。在旅游管理专

业群专业指导委员的指导下，校企共同制定专业人才培养方案、教学标准、评价标准等，进一步拓宽行业企业参与人才培养的广度和深度。

1. 建立旅游产业学院和华南旅游职教集团，创新协同育人机制

（1）建立旅游产业学院，完善校企合作协同育人机制

联合番禺区人民政府、行业协会（番禺旅游协会、番禺贸易促进委员会等）和业界龙头企业（长隆旅游集团），加强“政校企行”四方协同，实践创新驱动战略，借助长隆集团旗下的主题公园、豪华酒店、商务会展、高档餐饮、娱乐休闲等旅游综合体的运作模式与完善的配套设施，积极发挥企业在办学中的主体作用，实现企业在人才培养过程中的全程参与。推动“校企同创新、专业同建设、人才同培养、团队同成长、资源同享用”的“五同”协同育人机制的建立，将旅游管理产业学院建成集人才培养、科学研究、技术创新、企业服务、学生创业和继续教育于一体的多功能基地。

（2）建设华南旅游职教集团

牵头创建“华南旅游职教联盟”，与华南地区相关专业的高等院校、中职学校、各行业协会、培训机构共同致力于人才培养、教学资源建设、教学基地建设、创新型实验室建设等。依托“华南旅游职教联盟”，共同探讨教育科研、智力资源与现有旅游产业综合体创新结合模式、教育成果的应用转化等重大课题。积极探索中、高、本衔接的人才培养模式。按照技术技能型人才从初级到高级的职业能力标准和层次结构，分别明确中职与高职的培养目标，与中职专任教师、企业技术人员共同构建以职业能力为核心的课程体系。联合联盟内院校开设同类专业不同层次的专业课程，共享优质教学资源，形成多功能、多层次的区域职业教育网络体系。

2. 构建“平台支撑、复合培养、多元评价”的专业群人才培养模式

紧跟粤港澳大湾区现代旅游产业升级对高素质技术技能型人才需求，建立群内专业与产业对接的良性循环机制，联合行业企业专家共同开展专业群教学改革，构建具有国际化竞争力的“平台支撑、复合培养、多元评价”的专业群人才培养模式（图 6–13）。

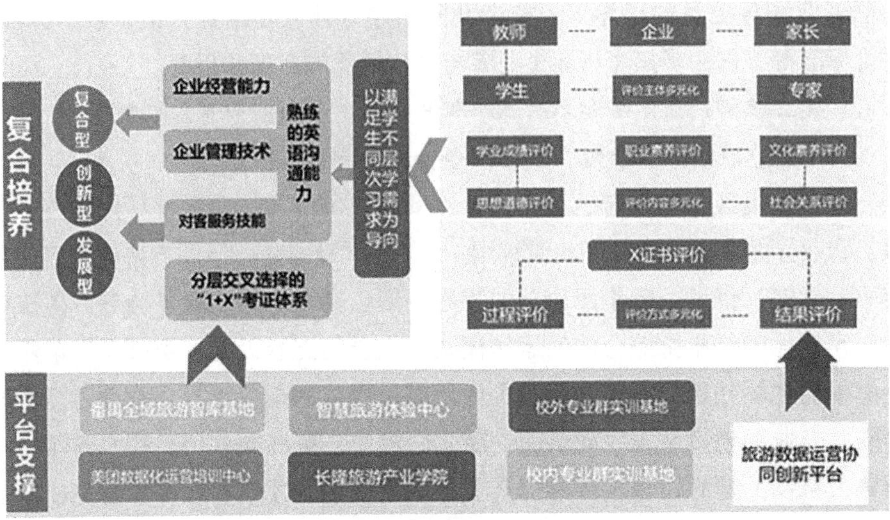

图 6–13　旅游管理专业群人才培养模式示意

“平台支撑”，为专业群的分层培养提供了重要的教学环境和实施途径，并为人才的多元化评价提供了智能化的评价手段。

“复合培养”为不同专业方向不同层次学习需求的学生提供了可选择的课程模块和课程，为学生发展建立通道，满足学生个性化发展需要，满足复合型、创新型、发展型人才培养的需要。

“多元评价”，引入“X”证书的第三方评价，以多元化的评价主体、评价内容与方式，促进教学内容、方式方法改革，促进学生全面成长。

3. 开展本科层次的旅游职业教育人才培养试点

针对旅游产业中高端人才的迫切需求，在中高职衔接和高本衔接的基础上，以旅游管理专业试点，探索本科层次的旅游职业教育人才培养模式，并在专业群内其他专业逐渐示范推广。

（二）构建特色课程体系，开发优质教学资源

1. 构建“共享、分立、互选”的模块化课程体系，开展“1+X”证书制度试点

（1）构建“共享、分立、互选”的模块化课程体系

校企合作共同确定专业群人才培养规格、毕业标准、实践教学条件、课

程体系等内容。从中国特色社会主义公民教育、旅游职业教育和职业生涯发展的特性出发，构建融入创新创业教育及传播优秀广府文化的专业群课程体系（图 6–14）。

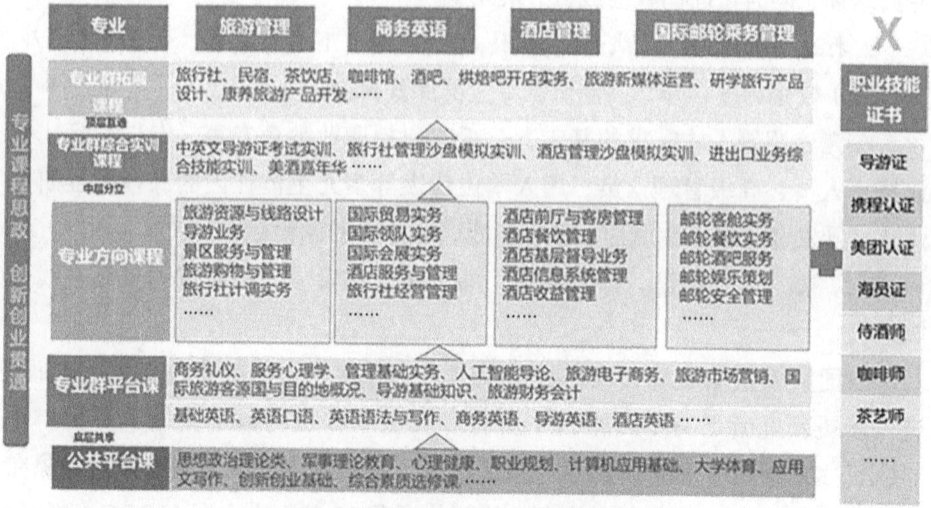

图 6–14　旅游管理专业群课程体系示意

基于“底层共享、中层分立、顶层互选”的理念，构建对接“旅游服务基础能力 + 英语 + 人文素养基础”的公共平台和专业群平台课程；对接“岗位核心能力 + 职业素养”专业方向课程和专业群综合实训课程；对接“跨岗就业能力 + 工匠精神”互选岗位专业群拓展课程。强调专业能力与职业素养的“双螺旋递进”培养；把思想政治教育、创新创业、工匠精神、中国传统文化融入课程体系，实现学历培养与职业培训相结合、专业教育与创新创业教育相融合，凸显“职业变迁能力 + 社会普适能力 + 创新创业能力”的培养方向。

（2）探索育训结合的“1+X”证书制度试点

选择与专业群培养的职业能力相关的职业技能等级证书，确定参与“1+X”证书制度试点的专业。统筹专业群资源，深入研究职业技能等级标准与有关专业教学标准，推进“1”和“X”的有机衔接，（导游、美团数字营销师、携程定制师、景区讲解员、研学导师证、旅行策划师、电子商务师、侍酒师、品茶师、咖啡师），将证书培训内容及要求有机融入专业人才培养方案，优化课程设置和教学内容。根据在校学生获取证书的需要，对专业课程未涵盖的内容或者需要特别强化的实训，在培训评价组织支持下，组织开展专门培训，同时可面向社会成员开展培训。

2. 打造一批双语、在线开放课程，建立服务“1+X”证书的专业群资源库

（1）校企深度合作，共同研制专业群课程标准

在充分调研人才需求的基础上，组建包括职业教育专家、专任教师、企业技术人员、高级管理人员、用人单位代表等多元主体在内的课程标准研制团队，开发专业群平台课程、基本技能训练课程的课程标准。

（2）按“以用促建、资源共享”的思路，建设一批高质量的精品在线开放课程

以国家级精品在线开放课程建设项目为抓手，大力推进在线课程建设，进一步更新完善已有学习平台中所有专业主干课程的数字化教学资源，让“共享”助推更多在线学习的学生成长成才。建设期内完成国家级精品资源在线开放课程 13 门，省级精品资源在线开放课程 13 门，在中国 MOOC（慕课）大学、学堂在线、超星尔雅等平台上线，每年计划开放若干期课程，累计受众超过 5000 人次。

（3）按照智慧教育融入个性化教学的思路，校企联合开发优质教学资源

按照国家信息技术应用示范区的标准，校企联合建设“中小微旅游企业技术服务平台”，紧跟产业前沿动态及热点，及时更新教学资源，满足教学双方多样化、个性化需求。

（4）打造在线双语核心课程，促进优质教育资源的海外输出

与泰国、老挝等国相关旅游与酒店管理学院合作，开发双语在线课程，将旅游资源赏析与线路设计、国际领队实务、商务沟通技巧、国际会展实务等专业群课程建成双语课程，配套建设双语教学视频及教材，实施双语授课教学，助力教育资源的海外输出。

（5）坚持专业教育与证书的培训教育有机统筹，校企共建“1+X”证书资源库建设

本专业群重视职业技能等级证书在促进人才培养中的积极作用，将证书

培训内容有机融入专业人才培养方案。通过调研旅游行业企业岗位设置、人才需求，谋求校企行政深化合作，探索构建旅游管理专业群“X证书”资源库，包括导游（领队）职业资格证书考试资源库、茶艺师考试资源库、旅游计调师（策划师、咨询师）考试资源库、酒店收益管理师考试资源库及职业技能大赛资源库等。

（三）实施教材教法改革，创新课程教学模式

1. 开发一批新形态的国家级规划教材

校企联合开发基于工作过程的“新内容、新媒介、新形式”教材。对旅游行业的典型工作岗位进行深入剖析，以“基于工作过程”“学生为中心”等理念为指导，在实践性较强的课程中开发“三新教材”。教材融入国际职业资格标准、创新创业教育、行业前沿技术等新内容，配套微课视频、拓展资源等新媒介，以工作手册或活页等新形式编排教材，让学习内容更加贴近岗位工作实际。

2. 持续开展教学方法改革，全面提升教学质量

（1）任务驱动，探索“三层交互”线上线下混合式教学法

实施以学生为中心、满足个性化学习需求的翻转课堂、微课和SPOC等多元混合教学模式，利用“爱课程”“泛雅”等校园智慧教学云平台和现代信息技术，将旅游专业所有核心和部分主干课程开发为精品资源在线开放课程。实现网络自主式学习，让学生的学习方式由被动接受转向主动探求。促进学生自主与个性化学习，提高线上学习与线下教学相融合的教学效果。充分发挥学生的自主学习意识，在三个层级——线上与课堂教学、小组协作与个体学习、“师生”与“生生”的互动中展开教学。工作情景设计最大限度依附课程核心内容，明确任务目标，以项目驱动的形式开展创意讨论，培养学生的职业道德和职业需要的自学能力和个性化能力。

（2）重组教学资源，实施模块化教学

根据行业新态势及导游业务流程和工作要求，重新编排课程内容，设计教学模块。围绕“教授、学习、训练、比赛”等实际教学活动及专业教师个人专长，实行课程负责人制和教师分工协作的模块化教学，采用项目导向、案例分析、情景模拟、角色换位等多形式教学方式方法，提高教学效率。

（3）创建“智慧旅游”立体化学习环境，拓宽实践教学通路

根据行业新技术新规范要求，更新、升级、改造或增建校内外实训基地。同时充分利用智能化信息技术手段，开发三维虚拟景区导游、校景合一智慧旅游等教学训练软件与系统，将课堂教学、工作场景和企业实习等实践环节融为一体，构建立体化“智慧旅游”课堂，解决旅游专业教学实践难题。

（4）采用基于“职业能力导向”的模拟教学法

教学过程打破传统课堂讲授模式，引入 VR 实景教学、沙盘模拟经营与管理技术（ERP），设计角色体验实验平台，融“教、学、做、训”为一体，提升课堂的知识性、趣味性和应用性。

（四）培育教学名师名匠，打造教学创新团队

以立德树人为根本，牢牢把握教师队伍建设方向，重视师德师风建设，着力实施并加强专业群教学团队建设，强化教师的专业能力、教学能力、实践能力、创新能力和服务能力的培养。在建设期内，专业群教学团队以“四有”标准着力打造一支“名师引领、专兼结合、国际视野”的创新型“双师结构”教学团队，造就出高水平专业领军人才和国家级教学创新团队。

1. 培养专业领军人才，提升教科研的综合实力

面向全球引进专业群高层次带头人 1 名。面向全球（全职或柔性）引进高水平专业群带头人，要求博士、教授，在全球旅游行业或旅游教育行业具有较高知名度和行业影响力；培养和引进专业（方向）带头人 3 人。面向校内外，培养（或引进）国际邮轮乘务专业带头人 1 人，要求具有相关行业企业经历，副教授及以上职称或博士学位。通过国内外访学、课题研究、技术服务、学术交流等多种途径，提升团队成员的教研、科研能力和水平。专业群和群内各专业将选择行业影响力大、技术技能水平高的行业企业专家，作为“双专业带头人”进行培养，提升团队的综合实力。

2. 创新校企双向交流机制，建设高水平的双师团队

建立稳定的、高素质的企业兼职教师队伍。按照专任教师与兼职教师为 1 ∶ 1 的标准，聘请和培养兼职教师。其中，高层次企业兼职教师每个专业至少 2 人。以内培、外引方式，提高专任教师的双师素质。新引进的副教授或博士以下教师必须具有行业企业工作经历，已在校的专任教师每 3 年必须全

脱产到行业企业挂职、实践半年，密切跟踪行业企业发展动态，以此提高教师的双师素质。

3. 建立大师工作室，打造省级教学创新团队

打造国家级优秀教学团队和教学名师各1人。按照生师比18∶1的标准，通过外引或内培，每个专业（方向）至少配备专任教师7人。其中，至少教授1人，副教授或博士3人，建设期内，本专业群至少需引进教授3人、副教授或博士6人，组建数量足够、素质较高的教学团队。5年内，争取打造校级优秀教学团队3个、省级教学团队1个、国家级教学团队1个，校级教学名师3人、省级教学名师2人、国家级教学名师1人。打造工匠精神，建设技能大师工作室。拟建导游技能大师至少1个、茶艺技能大师1个、咖啡或调酒技能大师1个。其中，5年内确保至少省级技能大师1个，争取国家级1个。

（五）完善校企共建机制，新建、升级改造实训基地

深化产教融合、政校行企社会合作，聚焦广东产业升级，尤其是粤港澳大湾区建设背景，密切结合旅游产业“新技术、新业态、新模式”，以大数据、人工智能、移动互联网为技术支撑，构建集具有“人才培养、创新创业、文化传承”功能，校企共享共建的校内外实践教学基地。本建设期拟新建校内4个实训室、升级改造10个；校外新建实训基地8个。

1. 新建校内实训室4个，升级改造10个

（1）智慧旅游体验中心

与广州市文化广电旅游局合作共建“智慧旅游实训中心”，主要以信息化建设为抓手，以信息平台建设为重点，运用成熟的项目管理工具实施，提升旅游类专业实训基地专业化水平，提高旅游类专业教学与实践的成效。首先，实训中心主要集合智慧旅游实训室、旅游咨询师、专业课程三大优势模块项目，创造旅游实训、理论、数据基础。其次，利用智慧旅游创业店、智慧旅游体验展示中心等项目，拓展学生所学理论知识，激发学生的创新创业意识，提升学生价值。最后，以智慧旅游平台为主，将旅游相关的教育培训咨询整合，进一步致力于大湾区的智慧旅游人才培养工作。智慧旅游实训中心软件系统主要包括智慧旅游业务流程管理系统、智慧旅游门店销售管理系统、智

慧旅游全景互动管理系统、智慧旅游大数据管理系统、智慧全域旅游目的地营销管理系统等。根据“旅游＋互联网”的专业人才素质需求，拟与广东省、广州市旅游局合作，结合智慧校园工程，采取政校企共建模式，在校内新建“智慧旅游体验中心”。

（2）广府文化博览室

与广州市文化广电旅游局合作共建“广府文化博览室”，通过实物、文字、图片、音像等现代形式，向人们展示广府乐曲音乐、建筑园林、工艺、饮食文化与民俗风情等，目标是：①充分挖掘、开发广府文化资源，使学生对广东境内的历史、经济、文化状况有所了解，进一步激发他们热爱家乡、建设家乡的热情，激发他们参与探索大自然、参与社会实践活动的积极性和创造性，为宣传、发展广东旅游文化、经济服务；②在广府文化熏陶中陶冶学生的情操，净化学生的心灵，在潜移默化中使其自觉地树立起正确的道德观、价值观，以便他们在将来的旅游从业工作中更好地继承和弘扬中华民族传统美德；③通过营造仿真教学环境，提高学生的实操技能水平。学生能够在该实训室完成广府文化知识理解、导游词创作等职业技能训练，提高自身的综合素养。

（3）烘焙实训室

建设艺术甜品烘焙工作室，结合现代餐饮业发展对健康饮食的要求，打造生态、健康、艺术性的甜品，培养技能型人才。购置烤箱、打蛋机、和面机、冰激凌机等焙烤食品加工设备，预计本实训室可同时容纳 50 名学生进行蛋糕、面包、曲奇、裱花等焙烤食品的制作。本实训室一方面传授学生烘焙技艺，另一方面酒店管理专业学生可以利用烘焙实训室更好地学习食品质量与安全监管方面的知识。对于专业学生，通过实验实训可以提升自身的生产意识、实践动手能力和产品研发能力；对于非专业学生，通过烘焙体验活动，可以学习丰富生活技能。

（4）校景合一校园实训基地

广州番禺职业技术学院校园与沙湾滴水岩森林公园同处一座山脉，左边是沙湾古镇（国家 AAAA 级景区），右边是宝墨园（国家 AAAA 级景区）。2018 年旅游管理专业已建设完成“校景合一实训基地”一期工程，初步建立了模拟游客服务中心。学校开展的新一轮双高校建设总体校园文化建设规划，将按照国家 AAAA 级景区的硬件配置与要求，继续完成二期工程，最终达到文化育人，服务师生、游客和开发校园的目标。

（5）校内运营酒店（酒店前厅客房实训室）

2020 年广州番职院在校园西区建成国际合作交流中心（培训中心），这同时也是一家按三星级标准建设的酒店，拥有 75 间客房和中西餐厅各 1 个，以及 6 个大小不等的培训会议室，该中心可承担旅游专业群的学生学习星级酒店服务、督导、运营等知识，全面提升学生的专业综合实战能力。

2. 对接区域龙头企业，新建校外实训基地一批

（1）建设长隆旅游学院，深化产教融合，打造校企协同育人平台

以广州长隆旅游度假区为基础，全方位深化与长隆集团的合作，筹建长隆旅游学院。依托长隆集团世界顶尖综合旅游度假区、优质旅游企业及粤港澳的国际性区位竞争优势，深度谋划与长隆集团的产教融合及校企合作方式，将长隆旅游学院建设成广州市特色学院，以校企双主体形式开展订单式培养，建立校企协同育人中心，形成“人才共育、过程共管、责任共担、成果共享”的协同合作机制，共同培养具有旅游国际视野、综合能力，适应粤港澳大湾区旅游行业发展的高素质人才。

（2）与岭南集团合作，共建智慧旅游创新基地，引领产业未来趋势

与岭南集团（广州岭南国际企业集团有限公司）开展全面合作，对接专业群旅游管理、酒店管理及国际商务方向，建设集旅行社、酒店、餐饮、会展服务于一体的综合性产业学院——岭南智慧旅游学院，共建共享智慧旅游创新基地。在学校智慧旅游实训室的基础上，引入岭南集团旗下广之旅“易起行”旅游平台、广之旅“行走网”交易平台，打造智能化交易生态圈。加强旅游行业技术升级的合作开发和利用，共同探索大数据、人工智能在导游、旅行策划、旅游产品精准营销、景区服务与管理等方面的理论可行性与实践推广。

（3）联合携程网、美团网，打造旅游电子商务实践基地

联合美团建成美团数字营销实训室。随着大数据、人工智能在酒店业的应用及消费者购买方式的转变，酒店业面临着产业升级的局面。为了解决酒

店业数据化运营人才的短缺，本专业与国内领先互联网生活服务平台美团合作，率先开展酒店业数字化人才培养计划。由番职院提供场地，美团提供笔记本电脑等相关信息化设备与软件，建成全国第一所美团大学美酒学院数字化人才实训中心（数字营销实训室），本实训室主要承担酒店业电子商务、OTA 运营及酒店收益管理等课程的教学。联合携程（华南总部）电商资源，建成携程番职电商实践基地。紧密对接专业群的旅游产品销售、酒店预订、国际旅游销售等电商营销岗位，打造基于企业真实工作任务，学生真实工作实践，教师、企业人员互派的，校企共建共赢的旅游电子商务实践基地。

（4）建设南沙邮轮港口（丽星邮轮）实训基地

广州南沙国际邮轮母港位于广东自贸试验区的南沙新区片区。项目规划岸线 1600 米，建设 4 个 10 万至 22.5 万总吨邮轮泊位。目前建设的一期工程岸线总长 770 米，建成 22.5 万总吨和 10 万总吨邮轮泊位各 1 个，以及建筑面积约 6 万平方米的航站楼，年设计通过能力达 75 万人次，可停靠目前世界上最大的邮轮。丽星邮轮集团为世界第三大联盟邮轮公司，连同旗下挪威邮轮、NCL 美国（NCL America）、东方邮轮及邮轮客运，集团正营运及将交付的邮轮共 22 艘、超过 3.5 万人的总载客量。航线遍及亚太区、南北美洲、加勒比海、阿拉斯加、欧洲、地中海、百慕大及南极。专业将依托南沙邮轮港口（丽星邮轮）共同培育邮轮服务、销售、管理人才。

（六）对接行业先进技术，打造技术技能平台

1. 建立“番禺全域旅游智库”，提供决策咨询服务

由旅游管理专业的专家团队组成。落实学校方案，对接番禺全域旅游发展战略，建立全域旅游“智库”基地，有效开展旅游决策咨询服务，面向旅游行业企业开展技术服务和社会培训，积极开展专利申请和成果转化。为番禺全域旅游提供“智库”服务，促进岭南优秀传统文化传播和旅游产业的发展。

2. 以旅游文化与经济研究所为依托，打造省级人文社科研究基地

专业群的旅游文化与经济研究所成立于 2009 年，为学校首批成立的研究机构之一。该研究所现有科研人员 10 余人，全部具有硕士及以上学位和中高级以上职称。拥有空气负离子测量仪、GPS 定位仪等比较先进、配套的仪器设备。旅游管理专业群以旅游文化与经济研究所为依托，瞄准旅游经济社会发展的问题开展科学研究，积极申报各级各类科研项目，加强学术研究，打造省级人文社科研究基地。

3. 建成中小单体酒店营销服务中心，开展数据化运营服务

成立中小单体酒店营销服务中心。第一，为中小单体酒店提供数据化运营培训课程、酒店经营诊断等顾问式咨询服务；第二，建设以美团为代表的各大 OTA 运营服务中心，提供 OTA 代运营服务，助力中小单体酒店赢得线上流量与订单；第三，与问途合作，建设问途直销运营实验室，逐步构建酒店的直销及全触点营销服务，手把手赋能中小单体酒店。通过上述三环节不同维度的把脉，切实提升中小单体酒店的数据化运营团队的运营能力。

（七）面向区域经济，扩大社会服务

1. 为大湾区旅游企业开展员工培训和咨询服务

通过“继续教育 + 互联网”融合创新的形式，政校行企合作共建继续教育培训资源库，实现优势互补、共建共享，通过课程联盟或协作组织的运营模式、课程标准与认证方法等机制共同培育和建设综合素质课、专业技能课、职业技能等级证书和职业资格证书认证培训课程，提供线下线上丰富的教学资源。面向社会，特别是面向在岗企业职工、下岗人员和退伍军人等群体开展职业技能培训工作，提高劳动者素质、促进就业。具体来说，可以为行业提供服务业员工职业形象塑造、员工茶艺、员工品酒、咖啡品鉴、数字化营销、客户服务、管理层督导技能、旅行社销售技能、景区服务技能提升等培训服务。

2. 为中高职学校开展旅游类师资培训

开展面向中职的旅游与酒店专业骨干师资培训，聚焦中职人才培养方案编制、中职旅游与酒店业对客服务技能提升等方面，全面帮助中职老师提升专业能力；开展面向高职旅游与酒店类专业的骨干师资培训，聚焦行业升级及数字化人才的培养，全面提升高职学校教师的酒旅数字化运营能力。

3. 为中小学生提供研学旅行服务

面向粤港澳大湾区的中小学，结合地方特色，针对小学、初中、高中等不同年龄段的学生，推出安全科普教育、科技教育、非遗教育、农事体验等

不同主题的研学旅行课程；并持续为各类中小学生研学旅行营地、基地提供集课程建设、专题教室、基地建设、营地建设、师生培训及运营管理于一体的整体解决方案。

4. 为欠发达地区兄弟院校提供帮扶服务

与行业龙头或代表性大中型企业合作，根据企业用工需求，面向贫困地区培训学员，实施“订单式”培训。按照企业要求，进行有针对性的职业技能培训，将通过培训考核的学员输送给企业，助力精准扶贫。同时也为毕节职院、清远职院、广州华商职院等番职帮扶兄弟院校提供旅游酒店类师资培养，帮助其做好相关学科建设工作。

5. 成立淑女绅士学院，提升社区居民文化素养

依托“移动的香气”开放型学习基地，面向社区开设茶文化、红酒文化、咖啡文化课程，发展美学教育，倡导生活美学，提高社区居民的审美素质，为社会培养更多“高品位、懂生活”的绅士与淑女。

（八）扩大国际交流，深化国际合作

在已有工作基础上，全面加强与职业教育发达地区的交流与合作，着力培养教学团队和学生的国际化视野。

1. 引进国际优质教育资源，培养国际化技术技能人才

（1）推进国际化教育合作。推进与英国布莱福德学院、澳大利亚昆士南科技学院、新加坡南洋理工学院等院校的合作交流。

（2）引进国际先进职教资源。与瑞士酒店管理学院、澳门旅游学院等旅游酒店相关专业的权威教育机构和研究机构开展互访和合作研究，吸收世界各国旅游酒店行业领域的优势与特长，促进专业群科技开发能力的提升。

（3）实施“请进来”战略。通过来校讲学、短期工作、合作研究等方式邀请国外、境外知名旅游行业专家、酒店服务行家。引入澳门旅游学院调酒MORS培训与考试等，提升专业的课程建设水平。

2. 加强国际学术交流合作，提升国际影响力和知名度

成立华南旅游职教联盟，与香港理工大学、澳门旅游学院合作交流，主办、承办国际会议，提升专业群在全球的知名度。加强与世界各国旅游、酒店相关专业的教育机构和研究机构之间的交流与合作，积极参与中国—西班牙旅

游与接待业国际学术会议，提升专业群在全球旅游行业研究领域的知名度。

3. 拓展学生海外实习、就业基地

拓展学生海外实习、就业机会，探索与新加坡樟宜机场，马来西亚爱彼迎，日本温泉酒店、邮轮外资企业等海外实习就业基地的深度合作，拓宽学生实习、就业途径，培养学生国际视野和国际化服务能力。

（九）健全建设发展机制，完善质量保障体系

以党建和思想政治工作为保障，积极引领学校改革发展方向，加快建立健全社会支持和监督专业群发展及动态调整的长效机制。

1. 建立健全专业群建设发展机制

（1）组织保障。成立高水平专业群建设项目工作领导小组，负责项目建设的规划、决策、组织、资源筹措与调配、指导、督促等工作。下设立项目管理办公室，负责项目建设的日常管理、协同工作。

（2）标准保障。根据学校的专业群设置和建设标准，建立专业群建设目标和方案。

（3）流程保障。定期对专业群建设进行分析，提出动态调整方案，经专业群指导委员会审议，提交学校教学工作委员会审定。对于与产业需求脱节或者相关性不强的专业要减少投入，逐步退出。若专业群发展中存在问题，则根据情况进行重组或者对要素进行升级。

2. 完善专业群质量保证体系

借鉴欧盟和世界旅游组织 WTO 质量认证体系，构建多方协同的专业群人才培养工作质量保证机制。在专业群所有专业中开展基于此机制改进的专业年审工作。从专业群和群内专业人才培养目标、发展规划出发，通过确定专业群学生核心能力，构建专业群课程体系，制定具体课程标准，对课程教学实施及人才培养成效进行测评，利用过程控制和校内专业年审制度，进行持续改进与提高。

参考文献

[1]《国家职业教育改革实施方案》(国发〔2019〕4号)

[2]《国务院办公厅关于深化产教融合的若干意见》(国办发〔2017〕95号)

[3]《教育部关于深化职业教育教学改革全面提高人才培养质量的若干意见》(教职成〔2015〕6号)

[4]《关于实施中国特色高水平高职学校和专业建设计划的意见》(教职成〔2019〕5号)

[5]《教育部关于印发〈职业教育专业目录(2021年)〉的通知》(教职成〔2021〕2号)

[6]《教育部 财政部关于实施国家示范性高等职业院校建设计划加快高等职业教育改革发展的意见》(教高〔2006〕14号)

[7]《教育部关于全面提高高等职业教育教学质量的若干意见》(教高〔2006〕16号)

[8]《教育部 财政部关于进一步推进"国家示范性高等职业院校建设计划"实施工作的通知》(教高〔2010〕8号)

[9]《国务院关于加快发展现代职业教育的决定》(国发〔2014〕19号)

[10]《教育部关于深化职业教育教学改革全面提高人才培养质量的若干意见》(教职成〔2015〕6号)

[11]《国务院关于印发国家职业教育改革实施方案的通知》(国发〔2019〕4号)

[12] 中共中央办公厅 国务院办公厅印发《关于推动现代职业教育高质

量发展的意见》

［13］《教育部关于职业院校专业人才培养方案制定与实施工作的指导意见》（教职成〔2019〕13号）

［14］《中国特色高水平高职学校和专业群建设计划申报书》（教职成厅函〔2019〕9号）

［15］教育部就《职业教育专业目录（2021年）》答记者问［OL］. 2021.

［16］相磊．基于产业集群理论的黑龙江省雪乡旅游产业发展研究［D］. 哈尔滨：黑龙江大学，2016.

［17］任艳明．产业集群理论在上海航运产业发展中的应用研究［D］. 上海：上海海事大学，2005.

［18］刘恋．基于产业集群理论的舟山远洋渔业提升发展研究［D］. 舟山：浙江海洋大学，2018.

［19］《甘肃省人民政府办公厅关于深化产教融合的实施意见》［OL］. 2018.

［20］左和平．产业集群与区域经济发展关联研究的回顾与展望［J］. 企业经济，2010（1）：66–68.

［21］丁文利．深化产教融合是建设山东职教高地的关键［J］. 现代教育，2020（1）：51–53.

［22］陈玉欣．育训结合背景下职业院校职业培训体系建设研究［J］. 中国职业技术教育，2021（22）：50–53.

［23］李运奎．共生教育理念下的课堂教学研究［D］. 桂林：广西师范大学，2011.

［24］龙助国．共生理论视域下中学体育教师育体、育德能力协同发展研究［D］. 大连：辽宁师范大学，2021.

［25］杨宝宝．共生理论视阈下工科大学生工程伦理教育研究［D］. 重庆：重庆交通大学，2016.

［26］左兴俊，石真．职业教育专业设置随产业发展动态调整机制研究——以临沂市为例［J］. 山东广播电视大学学报，2018（2）：34–38.

［27］刘海涛．中国高校本科专业设置研究［D］. 厦门：厦门大学，2019.

［28］郭燕，王强，方绪军．职业教育专业适应性发展的内在逻辑与应然选择［J］．成人教育，2021，41（12）：65–72.

［29］张新民，杨文涛．论高职学校专业群建设的组群逻辑［J］．职教论坛，2021，37（7）：6–12.

［30］平和光．论高职学校专业群组建的四重逻辑［J］．职业技术教育，2021，42（19）：1.

［31］邓子云，张放平．中国特色高水平专业群的组群逻辑［J］．现代教育管理，2020（4）：89–95.

［32］徐春红．“双高计划”建设背景下旅游类专业群建设思路与实践［J］．中国职业技术教育，2019（35）：31–35.

［33］刘哲宇.90 起步，力争 100：着力打造教学高地，培养眼视光专业人才——走进天津职业大学眼视光工程学院［J］．中国眼镜科技杂志，2019（11）：46–49.

［34］王亚南，成军，王斌．高职教育专业组群的逻辑依归、形态表征与实践方略——基于 253 个高水平专业群申报资料的质性文本分析［J］．高等教育研究，2021，42（4）：84–93.

［35］祝玉华．建好中国特色高水平高职学校关键在教师［J］．中国职业技术教育，2019（31）：14–18.

［36］蔡元萍．基于产业学院的跨境电商精英人才培养模式初探［J］．哈尔滨职业技术学院学报，2021（2）：4–6，58.

［37］李新月．旅游高职教育人才培养发展演变研究——以上海旅游高等专科学校为例［M］．上海师范大学硕士论文，2021.

［38］吴盈盈，王昆欣，褚倍，李冬．从高职旅游类专业目录变迁考察旅游人才培养的迭代 ——旅游高职教育人才培养发展演变研究［J］．旅游论坛，2021.

［39］王慧霞．基于 CIPP 模式的高职学校产教融合评价指标体系建构研究［D］．广东技术师范大学硕士论文，2022.

［40］韩德红．高等职业教育人才培养模式的概念及内涵［J］．科技信息，2008（17）：599.

[41] 易松 . 音乐表演专业“6+1”艺术实践改革模式研究与实践 [J]. 艺术科技，2016（8）：9，67.

[42] 姜士伟 . 浅析人才培养模式的概念、内涵及构成 [J]. 山东省青年管理干部学院学报，2008（3）：77–88.

[43] 刘献君，吴洪富 . 人才培养模式改革的内涵、制约与出路 . [J]. 中国高等教育，2009（12）：10–13.

[44] 朱晟利 . 论人才培养模式的概念及构成 [J]. 当代教育论坛，2005（3）：10–11.

[45] 郑群 . 关于人才培养模式的概念与构成 [J]. 河南师范大学学报（哲学社会科学版），2004（1）：187–188.

[46] 中国大百科全书总编辑委员会 . 中国大百科全书（教育卷）[M]. 北京：中国大百科全书出版社，1985：153–154.

[47] 卞建鸿 . 职业学校专业群建设理论与实践探索 [M]. 上海：华东师范大学出版社，2015：27.

[48] 田维维 . 学分制视角下高职专业群人才培养模式改革与实践 [J]. 山东农业工程学院学报，2018（4）：128–129.

[49] 许建民 . 高职专业群人才培养模式优化的原则及保障对策 [J]. 江苏教育研究，2016（5）：3–6.

[50] 刘奎武，边巍，孙铁波 . 专业群“校企融合五对接”人才培养模式的研究与实践 [J]. 职业技术教有，2015（5）：18–21

[51] 贾慧 . 校企合作的概念界定及其相关理论探讨 [J]. 天津职业大学学报，2013（4）：22–25.

[52] 兰小云 . 行业高职学校校企合作机制研究 [D]. 上海：华东师范大学，2013.

[53] 刘娟，张炼 . 英国三明治教育发展历程及其政策举措分析 [J]. 现代教育科学，2012（1）：35–39.

[54] 彭熙伟，徐瑾，廖晓钟 . 英国高等教育“三明治”教育模式及启示 [J]. 高教论坛，2013（7）：126–129.

[55] 樊大跃 . 再读英国三明治教育模式的特点及启发 [J]. 深圳职业技

术学院学报，2016（5）：69–73.

［56］刘洪一，李建求，卿中金，等．产学研用协同育人的理念与实践［M］．北京：商务印书馆，2013：30.

［57］陈鹏磊，李郡．英国职业教育协同育人模式的经验借鉴——基于“三明治”教育模式与现代学徒制模式［J］．职业教育研究，2015（7）：84–87.

［58］王艳红．高等职业教育课程内容开发的研究综述［J］．高等职业教育探索［J］.2017（3）：65–69，80.

［59］陆志慧．澳大利亚新学徒制及对我国学徒制教育的启示［J］．教育与职业，2017（6）：109–112.

［60］温世儒，吴霞．澳大利亚新学徒制培养模式优势特征分析［J］．教育观察，2018（4）：18–19，141.

［61］李曙明．发达国家校企合作的政策模型与特点分析［J］．中国高等教育，2010（12）：61–62.

［62］石伟平.STW：世纪之交美国职业教育改革与发展策略的抉择［J］．全球教育展望，2001（6）：71–76.

［63］王佳．基于“平台＋模块”课程体系的创新创业人才培养模式改革探析［J］．太原城市职业技术学院学报，2018（8）：160–161.

［64］宋蔚．高职学校专业群课程体系的构建——基于“底层共享、中层分立、高层互选”［J］．湖北函授大学学报，2015（12）：111–112.

［65］杨艳玲．专业群建设视角下高职实践教学体系的探索——以国际贸易专业群实践教学体系为例［J］．太原城市职业技术学院学报，2017（9）：164–165.

［66］丁馨．专业群视阈下实践教学体系的优化研究——以常州纺织服装职业技术学院为例［J］．才智，2015（16）：8–9.

［67］刘宝存．建设高水平教学团队 促进本科教学质量提高［J］．中国高等教育，2007（5）：29–31.

［68］马廷奇．高校教学团队建设的目标定位与策略探析［J］．中国高等教育，2007（11）：40–42.